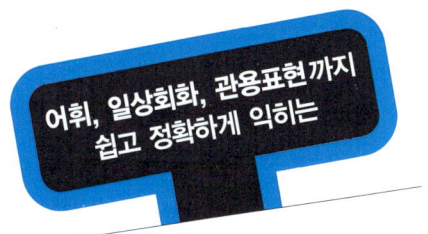

어휘, 일상회화, 관용표현까지
쉽고 정확하게 익히는

일본어 문법
라이브러리

저자 홍두표

머리말

이 책은 일본어를 제2외국어로 하는 한국인 학습자를 대상으로 하며, 문법, 필수 어휘, 문형 학습, 유의표현의 정확한 이해와 활용을 토대로 체계적인 일본어 문법 학습과 커뮤니케이션 향상을 위해 만들어졌다.

근래의 일본어 교육은 언어의 4기능을 토대로 한 커뮤니케이션 향상에만 초점이 맞추어져 있는 실정이다. 하지만 체계적인 문법 학습과 문형 연습을 통한 반복심화 과정이 부족하다면, 원활한 의사소통을 위한 효과적인 일본어 학습은 결코 그 결실을 맺지 못할 것이다.

이 책은 기초 문법에 필수적인 각 품사의 기본적인 의미 용법과 활용을 자세하게 제시하고 있으며, 기초 문법부터 중급 입문 수준 과정까지의 내용을 기본원리부터 체계화하고 있다. 또한 문법 사항의 설명과 더불어 다양하고 풍부한 예문을 제시하여 어휘, 일상 회화, 관용 표현에 이르기까지 문법을 쉽고 정확하게 습득할 수 있도록 하였으며, 교재에서 사용한 문법 용어는 한국인 학습자들이 쉽게 이해하고 접근할 수 있도록 신중을 기하여 선택하였다.

또한 초급 수준의 학습자는 문법의 기초를 체계화할 수 있을 것이고, 학습의 진행과 더불어 중급 문법과 일상생활에 적용할 수 있는 표현을 자연스럽게 습득해 나갈 수 있을 것이다. 포인트(Point)에서는 일본어 학습자들이 고전하는 요소 중의 하나인 유의표현을 예문과 더불어 일목요연하게 설명하고 있어서 중급과정에 접어들기 위한 기본기를 튼튼히 다질 수 있을 것이다. 또한 흔히 초급과정에서는 흔히 접할 수 없었던 일본인의 성(姓)을 문장에 다양하게 제시함으로써 일본인의 성씨 읽기에 많은 도움을 주게 될 것이다.

아무쪼록 이 교재를 통해 한국인 일본어 학습자가 일본어 문법 체계를 보다 정확하게 이해하고 활용하여 원활한 커뮤니케이션 향상에 많은 도움이 되었으면 하는 바람이다.

끝으로 이 책을 완성하기까지 아낌없는 도움을 주신 시사일본어사의 엄호열 사장님께 깊은 감사를 드린다.

홍두표

목차

- 일본어의 특징 ········· 8
- 일본어의 표기 ········· 8
- 일본어의 발음 ········· 11

01 명사 ········· 23
1 명사의 특징 ········· 24
2 명사의 종류 ········· 24
    1) 인칭대명사 ········· 26
    2) 지시대명사 ········· 29
    3) 수사 ········· 31
    4) 조수사 ········· 33
3 명사의 용법 ········· 35
    1) 명사의 응용표현 ········· 39

02 동사 ········· 41
1 동사의 특징 ········· 42
2 동사의 종류 ········· 42
3 동사의 활용 ········· 43
    1) 1그룹 동사의 활용형 ········· 43
    2) 2그룹 동사의 활용형 ········· 47
    3) 3그룹 동사의 활용형 ········· 51
4 동사 활용법의 용법 ········· 52
    1) 기본형의 용법 ········· 52
    2) 부정형의 용법 ········· 68
    3) 의지·권유형 용법 ········· 75
    4) 정중형의 용법 ········· 79
    5) 접속형의 용법(て형) ········· 93
    6) 과거형의 용법(た형) ········· 111
    7) 가정형의 용법 ········· 116
    8) 명령형의 용법 ········· 121

03 형용사 125

1 형용사의 특징 126
2 형용사의 종류 126
3 イ형용사의 활용 127
4 イ형용사 활용형의 용법 130
    1) 기본형의 용법 130
    2) 부정형의 용법 132
    3) 추측형의 용법 134
    4) 정중형의 용법 136
    5) 수식형의 용법 137
    6) 접속형의 용법 138
    7) 과거형의 용법 141
    8) 가정형의 용법 143
5 ナ형용사의 활용 147
6 ナ형용사 활용형의 용법 150
    1) 기본형의 용법 150
    2) 부정형의 용법 151
    3) 추측형의 용법 153
    4) 정중형의 용법 154
    5) 수식형의 용법 155
    6) 접속형의 용법 156
    7) 과거형의 용법 157
    8) 연체형의 용법 158
    9) 가정형의 용법 160

04 조동사 163

1 조동사의 특징 164
2 조동사의 종류 164

3 사역조동사(せる・させる) ……………… 165
　1) 사역 조동사의 활용형(동사별) …………… 165
　2) 자동사의 사역 표현 ………………………… 168
　3) 타동사의 사역 표현 ………………………… 169
　4) 무생물의 사역 표현 ………………………… 170
　5) 의미적인 측면의 사역표현 ……………… 170
　6) 사역 조동사 활용형의 용법 ……………… 171
4 수동 조동사(れる・られる) ……………… 173
　1) 수동 조동사의 활용형(동사별) …………… 173
　2) 직접 수동 …………………………………… 176
　3) 간접 수동 …………………………………… 177
　4) 불특정 주체의 수동 ………………………… 178
5 사역수동 조동사(せられる・させられる) …… 180
6 가능 조동사(れる・られる) ……………… 182
7 자발 조동사(れる・られる) ……………… 186
8 희망 조동사(たい・たがる) ……………… 187
9 추정(추량) 조동사(らしい) ……………… 191
10 불확실한 단정・비유・예시 조동사(ようだ) …… 195
11 전문 조동사(そうだ) ……………………… 198
12 양태 조동사(そうだ) ……………………… 201

05 조사 ……………………………………… 205
1 조사의 특징 …………………………………… 206
2 조사의 종류 …………………………………… 206
　1) 격조사 ………………………………………… 206
　2) 접속조사 …………………………………… 220
　3) 부조사 ……………………………………… 230
　4) 종조사 ……………………………………… 242

06 경어 253
1 경어의 특징 254
2 경어의 종류 254
    1) 존경어 254
    2) 겸양어 259
    3) 정중어 263

07 부사 265
1 부사의 특징 266
2 부사의 종류 266
    1) 정태부사 266
    2) 정도부사 272
    3) 진술부사 274

08 형식명사 281
1 형식명사의 특징 282

09 접속사 291
1 접속사의 특징 292
2 접속사의 종류 292

10 연체사, 감동사 303
1 연체사 304
2 감동사 307

• 핵심문형 310

도입

1 일본어의 특징

- 한국어와 문법체계가 비슷하다.
- 음절구조가 간단하다.
- 한자어의 사용 비중이 크다.
- 의미를 구별할 때에는 악센트가 사용된다.
- 띄어쓰기를 하지 않으며 쉼표·마침표·한자 반복기호가 한국어와 다르다.

2 일본어의 표기

현대 일본어는 ひらがな, カタカナ, 한자, 로마자, 숫자, 기호로 구성되어 있다.

1 ひらがな(平仮名)

헤이안시대(平安時代) 귀족 여성들이 사용한 문자이며 한자의 초서체에서 기원을 찾을 수 있다. 실질적인 의미를 갖는 부분은 한자로 표기되며, 문법적인 역할을 담당하는 부분은 히라가나로 표기된다.

2 カタカナ(片仮名)

헤이안시대 승려들이 불경을 읽기 위해 보조적으로 사용했고, 외국의 인명·지명·전보문·의성어·의태어·외래어·동식물의 이름·전문용어·강조용어에 사용하였다.

3 漢字

① 음독(音読)
한자를 소리 나는 대로 일본식 발음으로 읽는다.

> 先生 : せんせい [sense:]　　韓国 : かんこく [kaŋkoku]
> 学生 : がくせい [gakuse:]　　日本 : にほん [nihon]

② 훈독(訓読)

한자의 뜻을 새겨 일본 고유어로 읽는다.

鳥：とり [tori]　　東：ひがし [higashi]
右：みぎ [migi]　　雨：あめ [ame]

「ひらがな」의 자원

あ(安)	い(以)	う(宇)	え(衣)	お(於)
か(加)	き(幾)	く(久)	け(計)	こ(己)
さ(左)	し(之)	す(寸)	せ(世)	そ(曾)
た(太)	ち(知)	つ(川)	て(天)	と(止)
な(奈)	に(仁)	ぬ(奴)	ね(祢)	の(乃)
は(波)	ひ(比)	ふ(不)	へ(部)	ほ(保)
ま(末)	み(美)	む(武)	め(女)	も(毛)
や(也)		ゆ(由)		よ(与)
ら(良)	り(利)	る(留)	れ(礼)	ろ(呂)
わ(和)	ゐ(為)		ゑ(恵)	を(遠)
ん(无)				

「ひらがな」의 50음도

行 段	あ	か	さ	た	な	は	ま	や	ら	わ	
あ	あ a	か ka	さ sa	た ta	な na	は ha	ま ma	や ya	ら ra	わ wa	ん n
い	い i	き ki	し shi	ち *chi	に ni	ひ hi	み mi		り ri		
う	う u	く ku	す su	つ *tsu	ぬ nu	ふ hu	む mu	ゆ yu	る ru		
え	え e	け ke	せ se	て te	ね ne	へ he	め me		れ re		
お	お o	こ ko	そ so	と to	の no	ほ ho	も mo	よ yo	ろ ro	を wo	

「カタカナ」의 자원

ア(阿)	イ(伊)	ウ(宇)	エ(江)	オ(於)
カ(加)	キ(幾)	ク(久)	ケ(介)	コ(己)
サ(散)	シ(之)	ス(須)	セ(世)	ソ(曾)
タ(多)	チ(千)	ツ(川)	テ(天)	ト(止)
ナ(奈)	ニ(仁)	ヌ(奴)	ネ(禰)	ノ(乃)
ハ(八)	ヒ(比)	フ(不)	ヘ(部)	ホ(保)
マ(末)	ミ(三)	ム(牟)	メ(女)	モ(毛)
ヤ(也)		ユ(由)		ヨ(与)
ラ(良)	リ(利)	ル(流)	レ(礼)	ロ(呂)
ワ(和)	ヰ(井)		ヱ(恵)	ヲ(乎)
ン(尓)				

「カタカナ」의 50음도

行 段	ア	カ	サ	タ	ナ	ハ	マ	ヤ	ラ	ワ	
ア	ア a	カ ka	サ sa	タ ta	ナ na	ハ ha	マ ma	ヤ ya	ラ ra	ワ wa	ン n
イ	イ i	キ ki	シ shi	チ *chi	ニ ni	ヒ hi	ミ mi		リ ri		
ウ	ウ u	ク ku	ス su	ツ *tsu	ヌ nu	フ hu	ム mu	ユ yu	ル ru		
エ	エ e	ケ ke	セ se	テ te	ネ ne	ヘ he	メ me		レ re		
オ	オ o	コ ko	ソ so	ト to	ノ no	ホ ho	モ mo	ヨ yo	ロ ro	ヲ wo	

일본어의 발음

1 청음(清音)

오십음도의 「ん」을 제외한 모든 음

1 모음(母音)

일본어의 모음은 「あ・い・う・え・お」 다섯 개이며, 「う」는 입술을 앞으로 내밀지 말고 약간 옆으로 벌려 「으」에 가깝게 발음한다.

あ	い	う	え	お
[a]	[i]	[u]	[e]	[o]

- あなご[anago] 붕장어
- いぬ[inu] 개
- うどん[udon] 우동
- おかね[okane] 돈
- アニメ[anime] 애니메이션
- うみ[umi] 바다
- えび[ebi] 새우
- おでん[oden] 어묵

2 반모음(半母音)

일본어의 반모음은 「や・ゆ・よ・わ」 네 개이며, 한국어의 「ㅕ・ㅒ・ㅖ・ㅚ・ㅟ・ㅙ・ㅝ・ㅞ・ㅢ」에 해당하는 반모음은 존재하지 않는다.

や	ゆ	よ	わ
[ya]	[yu]	[yo]	[wa]

- やま[yama] 산
- ゆき[yuki] 눈
- わさび[wasabi] 고추냉이
- ようい[yo:i] 준비
- ゆとり[yutori] 여유
- ようび[yo:bi] 요일
- わいろ[wairo] 뇌물
- やき[yaki] 구이

3 자음(子音)

① か행

한국어의「ㅋ」과「ㄲ」의 중간발음에 해당한다. 단어의 첫머리에 올 때는「ㅋ」음을 약하게 발음하고(손바닥을 펴서 턱밑에 대고 숨이 나오는 정도로 확인), 단어의 중간이나 끝에 올 때는「ㄲ」에 가깝게 발음한다.

か	き	く	け	こ
[ka]	[ki]	[ku]	[ke]	[ko]

- かた[kata] 어깨
- きず[kizu] 상처, 흠집
- くせ[kuse] 버릇
- こんじょう[konjo;] 근성
- かく[kaku] 쓰다
- きく[kiku] 듣다
- けさ[kesa] 오늘 아침
- こぶん[kobun] 부하

② さ행

한국어의「ㅅ」처럼 발음한다.

さ	し	す	せ	そ
[sa]	[si]	[su]	[se]	[so]

- さけ[sake] 술
- しょうぶ[syoubu] 승부
- せんせい[sense;] 선생님
- ソフト[sohuto] 소프트
- さら[sara] 접시
- すり[suri] 소매치기
- そでなし[sodenashi] 민소매
- そらいろ[sorairo] 하늘색

③ た행

「た・て・と」는 한국어의「ㅌ」과「ㄸ」의 중간음에 가깝게 발음하고, 단어의 첫머리에 올 때는「ㅌ」음을 약하게 발음한다. 하지만 단어의 중간이나 끝에 오면「ㄸ」에 가깝게 발음한다.「ち」는 한국어의「치」와「찌」의 중간음에 가깝고,「つ」는「츠」와「쯔」의 중간발음이며 혀끝을 윗잇몸에 붙인 채 마찰시켜 나는 소리이다.

た	ち	つ	て	と
[ta]	[chi]	[tsu]	[te]	[to]

- たくあん [takuan] 단무지
- つきだし [tsukidashi] 기본안주
- てんぷら [tempura] 튀김
- タレント [tarento] 탤런트
- ちらし [chirashi] 광고지
- つめきり [tsumekiri] 손톱깎기
- テニス [tenisu] 테니스
- チーム [chi:mu] 팀

④ な행

한국어의「ㄴ」에 가깝게 발음한다.

な	に	ぬ	ね	の
[na]	[ni]	[nu]	[ne]	[no]

- ぬぐ [nugu] 벗다
- にんじん [ninjin] 당근
- ねこ [neko] 고양이
- ねじ [neji] 나사
- ならぶ [narabu] 늘어서다
- のりまき [norimaki] 김초밥
- にく [niku] 고기
- のむ [nomu] 마시다

⑤ は행

입술사이로 나오는 마찰음으로 한국어의「ㅎ」에 가깝게 발음한다.「は」는 주격 조사일 경우 [wa]로 발음하고「へ」도 방향조사일 경우에는 [e]로 발음한다.

は	ひ	ふ	へ	ほ
[ha]	[hi]	[hu]	[he]	[ho]

- はな [hana] 꽃
- ひき [hiki] 끌어당김
- へび [hebi] 뱀
- ほし [hoshi] 별
- はは [haha] 엄마
- ふろ [huro] 목욕, 욕조
- へや [heya] 방
- ほほえむ [hohoemu] 미소짓다

⑥ ま행

한국어의「ㅁ」에 가깝게 발음한다.

ま	み	む	め	も
[ma]	[mi]	[mu]	[me]	[mo]

- まがる [magaru] 돌다
- みみ [mimi] 귀
- むかう [mukau] 향하다
- もんぺ [mompe] 일바지
- ママ [mama] 엄마
- みしん [mishin] 재봉틀
- メモリー [memori:] 메모리
- もつ [motsu] 들다

⑦ ら행

한국어의 「ㄹ」에 가깝게 발음한다.

ら	り	る	れ	ろ
[ra]	[ri]	[ru]	[re]	[ro]

- らく [raku] 편안함
- リアカー [riaka:] 손수레
- ルビ [rubi] 루비
- れんあい [renai] 연애
- うら [ura] 안감
- りんご [ringo] 사과
- ルーム [ru:mu] 방
- ろうどう [ro:do:] 노동

2 탁음(濁音)

탁음이란 발음할 때 성대가 진동하는 유성자음(有聲子音)이다. 한국어의 「가·자·다·바」는 진동이 없는 무성음에 해당한다. 그러므로 탁음을 발음할 때에는 성대의 진동이 생기도록 발음해야 한다.

1 が행

「が행」은 한국어 어중의 「ㄱ」과 비슷한 음가를 갖는다. 하지만 「が」는 「아가」의 「가」와 같이 성대를 울려서 발음하는 유성음이다. 따라서 「が·ぎ·く·げ·ご」를 발음할 때에는 「(으)が, (으)ぎ, (으)ぐ, (으)げ, (으)ご」 등과 같이 「으」를 짧게 넣어 발음하면 효과적이다.

が	ぎ	ぐ	げ	ご
[ga]	[gi]	[gu]	[ge]	[go]
がくせい	ぎんこう	ぐあい	げんき	ごみ

2 ざ행

「ざ・じ・ぜ・ぞ」는 어두에서는 혀끝이 잇몸에 닿았다가 떨어지면서 마찰이 일어나는 발음이고, 「じ」는 혀가 경구개에 닿았다가 떨어지면서 마찰이 일어나는 발음이다. 어중에서는 [d]가 빠진 [za], [ʒi], [zu], [ze], [zo]로 발음된다. 즉, 혀가 입천장에 닿지 않고 마찰만 일으키면서 형성되는 발음이다.

ざ	じ	ず	ぜ	ぞ
[za]	[zi]	[zu]	[ze]	[zo]
ざる	きじ	きず	かぜ	ぞう

3 だ행

「だ행」중에서 「だ・で・ど」는 한국어의 어중에 나오는 「ㄷ」과 같으므로 어두에 올 때에는 「だ・で・ど」앞에 「으」를 짧게 삽입하여 발음해야 한다. 「ぢ」와 「づ」의 실제발음은 「じ・ず」와 같다.

だ	ぢ	づ	で	ど
[da]	[ji]	[zu]	[de]	[do]
だいがく	ちぢむ	つづく	でんしゃ	どこ

4 ば행

「ば행」도 한국어의 어중에 나오는 「ㅂ」과 같고 어두에 올 때에는 「ば」앞에 「으」를 짧게 삽입하여 발음해야 한다.

ば	び	ぶ	べ	ぼ
[ba]	[bi]	[bu]	[be]	[bo]
ばら	びん	ぶた	ベン	ぼく

3 반탁음(半濁音)

「ぱ행」의 자음은 한국어의 「ㅍ」에 가까운 음이며, 촉음이나 발음 다음에 올 때에는 「ㅃ」과 유사한 음으로 발음된다.

ぱ	ぴ	ぷ	ぺ	ぽ
[pa]	[pi]	[pu]	[pe]	[po]
パーマ	ぴったり	きっぷ	ペラペラ	さんぽ

4 요음(拗音)

요음은 「い」를 제외한 「い단」인 「き・し・ち・に・ひ・み・り/ぎ・じ・び・ぴ」의 우측 하단에 「や・ゆ・よ」를 작게 붙여 쓴 음절을 말한다. 요음은 2개의 문자로 구성되지만, 한 박(拍)으로 발음한다. 예를 들면 「びょういん(병원)」은 4박이고, 「びようじん(미용실)」은 5박의 길이를 갖는다.

きゃ [kya]	きゅ [kyu]	きょ [kyo]	ぎゃ [gya]	ぎゅ [gyu]	ぎょ [gyo]
しゃ [sya]	しゅ [syu]	しょ [syo]	じゃ [dʒa]	じゅ [dʒu]	じょ [dʒo]
ちゃ [tʃa]	ちゅ [tʃu]	ちょ [tʃo]	ぢゃ [dʒa]	ぢゅ [dʒu]	ぢょ [dʒo]
にゃ [nya]	にゅ [nyu]	にょ [nyo]			
ひゃ [hya]	ひゅ [hyu]	ひょ [hyo]	びゃ [bya]	びゅ [byu]	びょ [byo]
みゃ [mya]	みゅ [myu]	みょ [myo]	ぴゃ [pya]	ぴゅ [pyu]	ぴょ [pyo]
りゃ [rya]	りゅ [ryu]	りょ [ryo]			

- きゃく [kyaku] 손님
- しゃしん [syashin] 사진
- ひゃく [hyaku] 100
- りょうり [ryo:ri] 요리
- キャンパス [kyanpasu] 캠퍼스
- ちゅうごく [chu:goku] 중국
- びょういん [byo:in] 병원
- りゅうがく [ryu:gaku] 유학

5 장음(長音)

일본어는 장음과 단음이 분명하게 구별이 되며, 상황에 따라서는 의미적으로 구별되기도 한다. 히라가나는 현대 일본어 철자법에 따라「あ・い・う・え・お」를 가지고 장음으로 표기한다. 특히「え단」다음에「い」가 오는 경우와「お단」다음에「う」가 오는 경우를 주의하여 발음해야 한다.

① あ단+あ ⇨ お か あさん, お ば あさん
② い단+い ⇨ お に いさん, お じ いさん
③ う단+う ⇨ く う き, じゅ う ぶん
④ え단+え/い ⇨ お ね え さん, へ え, せ い と, と け い, え い が, せん せ い
⑤ お단+お/う ⇨ と お い, お お きい, お と う と, い も う と

6 촉음(促音)

한국어 받침인「ㄱ・ㅅ・ㄷ・ㅂ」의 음가를 지닌 음이며, 뒤에 오는 음의 영향을 받아 다르게 발음된다(다음에 오는 자음과 같이 발음한다).

1 [k] (ㄱ) ⇨ か행 앞
예 よっか, にっき, ゆっくり, とっけん, がっこう

2 [s] (ㅅ) ⇨ さ행 앞
예 いっさつ, ざっし, まっすぐ, けっせき, いっそう

3 [t] (ㄷ) ⇨ た행 앞
　예 よかった, どっち, みっつ, きって, おっと

4 [p] (ㅂ) ⇨ ぱ행 앞
　예 いっぱい, ろっぴゃく, きっぷ, いっぽん

7 발음(撥音)

발음은 한국어의 받침인「ㄴ・ㅁ・ㅇ」과 같은 음가를 가지며 촉음과 마찬가지로 뒤에 오는 음의 영향을 받아 다르게 발음된다. 발음도 역시 1박의 길이만큼 발음해야 한다.

1 [m] (ㅁ) ⇨ 입술소리이며「ま・ば・ぱ행」앞에 올 때
　예 しんぶん, えんぴつ, せんもん

2 [n] (ㄴ) ⇨ 혀끝이 잇몸에 닿는 소리로「ざ・た・だ・な・ら행」앞에 올 때
　예 かんじ, ほんとう, うんどう, おんな, べんり

3 [ŋ] (ㅇ) ⇨ 혀 뒷부분이 여린입천장에 닿아서 나는 소리이며「か・が행」앞에 올 때
　예 ぶんか, てんき, りんご

4 [N] ⇨ 혀가 입천장에 닿지 않고 나는 소리로 코를 막아도 발음된다.
　　　　모음・반모음・「さ・は행」앞・어말에 올 때
　예 れんあい, ほんや, でんわ, せんせい, まんねんひつ

8 특별한 음

1 は
단어일 경우에는 [ha]로 발음되고 조사로 사용될 경우에는 [wa]로 발음한다.
예 おはよう。 [ohayou]
これは[korewa] なんですか。 では[dewa]、また。
こんにちは。 [konnichiwa]

2 へ
단어일 경우에는 [he]로 발음되고 조사로 사용될 경우에는 [e]로 발음한다.
예 わたしの へや[heya]です。 まだ へた[heta]です。
うちへ[uchie] かえりたい。

3 を
발음은 「お」와 같고 단어 안에서는 사용되지 않고 조사로 사용된다.
예 テレビを[terebiwo] みる。

9 묵음(黙音)

「く」뒤에 「さ・し・す・せ・そ」가 오면 [ku]에서 [u]모음이 탈락되어 [k]로만 발음되는 현상

やくそく[yakusoku] ⇨ [ya:ksoku]

がくせい[gakuse:] ⇨ [ga:kse:]

たくさん[takusaŋ] ⇨ [ta:ksaŋ]

おくさん[okusaŋ] ⇨ [o:ksaŋ]

10 일본어의 표기

1 외래어

① 장음은 「ー」로 표시한다.
예 ball(ボール) team(チーム)

② 「f」음은 「ハ」행으로 표기한다.
표현하기 어려울 경우에는 「ファ・フィ・フェ・フォ」를 사용하여 표기한다.
예 front(フロント) film(フィルム)

③ 「v」음은 「バ」행으로 표기한다.
예 violin(バイオリン) VIP(ブイアイピー)

④ 「d」음은 「ダ・ザ」행으로 표기한다.
예 radio(ラジオ) drama(ドラマ)

⑤ 「t」음은 「た」행으로 표기한다.
예 tour(ツアー) terminal(ターミナル)

2 오쿠리 가나(送りがな)

현대 일본어에서 접속사・감동사・조사・조동사・부사 등은 순수한 「かな」로 표기한다. 「送りがな」는 한자 뒤에 붙는 「かな」를 말하며 동사・イ형용사・ナ형용사 등 용언 다음에 위치한다.

예 食べる 먹다 (동사)
　　美味しい 맛있다 (형용사)
　　真面目だ 성실하다 (형용동사/ナ형용사)

3 부호

① 구점(句点)

문장 끝에 찍는 마침표이며 의문문, 감탄문의 문장 끝에도 사용한다.

예 わたしは 大学生です。 저는 대학생입니다.

これは なんですか。 이것은 무엇입니까?

わたしは 日本人じゃありません。 저는 일본인이 아닙니다.

② 독점(読点)

문장 중간에 찍는 쉼표

예 いいえ、そうじゃありません。 아니오, 그렇지 않습니다.

それでは、また。 그럼, 또 뵙겠습니다.

もう秋なのに、まだ暑いですね。 이미 가을인데, 아직 덥군요.

③ 중점(中点)

대등한 사항을 열거할 때 쓰는 부호

예 アジア・アフリカ・モンゴルの文化について説明いたします。
아시아 · 아프리카 · 몽고의 문화에 대해 설명하겠습니다.

④ 오도리지(おどり字)

같은 글자나 단어가 반복될 경우에 사용하는 반복부호

예 色々(いろいろ) 가지각색   人々(ひとびと) 사람들

01 명사

名詞

1 명사의 특징

- 사물의 이름을 나타내며 주어가 될 수 있다.
- 자립어이며 활용을 하지 않는다.
- が・は・を・の・に에 접속하여 문절을 만든다.

2 명사의 종류

명사는 보통명사·고유명사·전성명사·복합명사·인칭대명사·형식명사로 분류할 수 있다.

1 보통명사

일반적인 사물의 이름을 나타내며 형태적인 것, 추상적인 것, 위치와 방향을 나타내는 것이 있다.

> 예 学校(がっこう) 학교   人(ひと) 사람   会社(かいしゃ) 회사   桜(さくら) 벚꽃

2 고유명사

인명이나 지명과 같은 고유한 사물의 이름을 나타낸다.

> 예 アメリカ 미국   ソウル大学(だいがく) 서울대학교   西村(にしむら) 니시무라(인명)

3 전성명사

동사나 형용사가 명사화된 것이다.

> 예 考(かんが)え(← 考える) 생각   ねむけ(← ねむい) 졸음
>   親切(しんせつ)さ(← 親切だ) 친절함   さわやかさ(← さわやかだ) 상쾌함

4 복합명사

둘 이상의 단어가 결합하여 만들어진 명사이다.

> 예 入(い)り口(ぐち)(← 入る + 口) 입구   近道(ちかみち)(← 近い + 道) 지름길
>   深緑(ふかみどり)(← 深い + 緑) 진초록색   遠山(とおやま)(← 遠い + 山) 먼 산

5 형식명사

단독으로 사용되지 않으며 실질적인 의미가 없는 명사이다.

> 예 ところ 점, 곳　　こと 것, 일　　はず 것　　つもり 예정, 작정
>   もの 것　　　　ほう 쪽

6 인칭대명사

화자나 화자와 관계있는 것을 부를 때 사용하는 말이다.

> 예 わたし 나, 저　　ぼく 나　　　おれ 나　　　あなた 당신
>   きみ 자네　　　おまえ 너　　 このかた 이 분　どのひと 어느 사람

1 인칭대명사

지칭하는 대상이나 친소관계에 따라 1인칭 · 2인칭 · 3인칭 · 부정칭으로 분류된다.

1인칭	2인칭	3인칭			부정칭
		근칭	중칭	원칭	
わたくし 저	あなた 당신	このかた 이 분	そのかた 그 분	あのかた 저 분	どなた 어느 분
わたし 나 · 저	きみ 너 · 자네	このひと 이 사람	そのひと 그 사람	あのひと 저 사람	だれ 누구
ぼく 나	おまえ 너			かれ 그 · 그이	どのひと 어느 사람
おれ 나				かのじょ 그녀	

1 1인칭대명사

(1) 私(わたし)

일상생활에서 많이 사용되는 대표적인 1인칭 인칭대명사이며, 「僕(ぼく)」나 「俺(おれ)」보다 격식을 갖춘 말이다. 「わたし」보다 더 격식을 갖춘 것으로는 「わたくし」가 있다.

예) どちら様(さま)ですか。 누구십니까?
私(わたし)は毎日新聞(まいにちしんぶん)の鈴木(すずき)です。 저는 마이니치 신문사의 스즈키입니다.

(2) 僕(ぼく)

남성들이 주로 사용하는 인칭대명사로, 성인이 사용했을 때에는 친밀감을 나타내고 어린이들이 사용했을 때에는 상대방에게 개의치 않고 자신을 가리키는 표현이 된다.

예) 僕(ぼく)は末(すえ)っ子(こ)です。 나는 막내입니다.

(3) 俺(おれ)

남성어이며 동년배나 손아랫사람에게 사용할 수 있는 표현이다.

예) 俺(おれ)はお前(まえ)と一緒(いっしょ)に行(い)きたい。 나는 너와 함께 가고 싶다.

2 2인칭대명사

(1) あなた

동년배나 손아랫사람에게 사용하는 대표적인 2인칭 대명사로, 손윗사람에게는 사용하지 않는 것이 좋다.

예 あなたのお住まいはどこですか。 당신은 어디에 거주하나요?

(2) きみ・おまえ

남성어이며, 동년배나 손아랫사람에게 사용할 수 있는 표현이다.

예 君に一つあげよう。 자네에게 하나 주지.

　　お前はどうかしているよ。 너 좀 이상해!

Point　　　　　　　　　　　　　　あなた

「あなた」는 영어에서 사용하는 「you」와는 별도의 의미를 나타낸다. 손윗사람에게 사용하는 것은 결례가 되므로 이름에 「さん」을 붙여 사용하는 것이 바람직하다. 그러한 상황이 아니라면 「木村先生」, 「中村課長」처럼 직책을 붙여 호칭하는 것이 바람직하다. 또한 친구나 손아랫사람에게는 「ちゃん・くん」을 사용할 수 있다.

❶ あなたはこの銀行で働いていますか。 당신은 이 은행에서 근무합니까?
　→ 佐藤さんはこの銀行で働いていますか。 사토 씨는 이 은행에서 근무합니까?

❷ あなたはこの頃忙しいですか。 당신은 요즘 바쁘십니까?
　→ 渡辺部長、この頃忙しいですか。 와타나베 부장님, 요즘 바쁘십니까?

❸ あなたはどこへ行きますか。 당신은 어디에 갑니까?
　→ 吉男ちゃん(くん)、どこへ行くの。 요시오(군), 어디에 가니?

3 3인칭대명사

지칭하는 대상이 존재하는 거리에 따라 분류할 수 있으며 연체사(この·その·あの·どの)와 같이 사용한다. 남자와 여자를 표현할 때에는「男」나「女」로 하지 않고,「男の人」·「女の人」또는「男の方」·「女の方」로 표현해야 한다.

근칭	중칭	원칭	부정칭
このかた 이 분	そのかた 그 분	あのかた 저 분	どのかた·どなた 어느 분
このひと 이 사람	そのひと 그 사람	あのひと 저 사람	どのひと·だれ 어느 사람
こいつ 이 녀석	そいつ 그 녀석	あいつ 저 녀석	どいつ 어느 녀석
かれ·かのじょ 그·그녀			

❶ あの方が山村課長です。 저 분이 야마무라 과장님입니다.
❷ どの方が鈴木さんですか。 어느 분이 스즈키 씨입니까?
❸ この方が姉です。 이 사람이 누나입니다.
❹ あいつはそういう男だ。 저 녀석은 그런 남자다.
❺ 彼は韓国人です。 그는 한국인입니다.
❻ 彼女ができたみたい。 여자친구가 생긴 것 같다.

> **Point** — 가족호칭

일본어는 가족의 호칭이 상황에 따라 다르다. 가령「자신의 가족을 상대방 앞에서 호칭할 때」나「상대방의 가족을 호칭할 때」가 서로 다르므로 주의해서 사용해야 한다. 또한 상대방의 가족을 호칭할 때에는 화자보다 나이가 어릴지라도 반드시 경칭을 사용해야 한다.

	나의 가족(家族)	타인의 가족(ご家族)		나의 가족	타인의 가족
할아버지	祖父	お祖父さん	할머니	祖母	お祖母さん
아버지	父	お父さん	어머니	母	お母さん
형·오빠	兄	お兄さん	누나·언니	姉	お姉さん
남동생	弟	弟さん	여동생	妹	妹さん
남편	主人	ご主人	아내	家内	奥さん
형제	兄弟	ご兄弟	아이	子供	子供さん
아들	息子	息子さん	딸	娘	娘さん
손자	孫	お孫さん	사촌	従兄弟·従姉妹	従兄弟さん

2 지시대명사

사물·위치·방향을 가리킬 때 사용하며 화자와 지칭하는 대상의 거리에 따라 「こ・そ・あ・ど」로 나뉜다.

	근칭	중칭	원칭	부정칭
사물	これ 이것	それ 그것	あれ 저것	どれ 어느 것
장소	ここ 여기	そこ 거기	あそこ 저기	どこ 어디
방향	こちら(こっち) 이쪽	そちら(そっち) 그쪽	あちら(あっち) 저쪽	どちら(どっち) 어느 쪽

「これ・それ・あれ・どれ」는 한국어의 「이것·그것·저것·어느 것」과 같은 의미이며, 회화체로 방향을 나타낼 경우에는 「こっち・そっち・あっち・どっち」를 사용하기도 한다.

❶ これは何ですか。 이것은 무엇입니까?
❷ それは日本語の本です。 그것은 일본어 책입니다.
❸ 市役所はどこにありますか。 시청은 어디에 있습니까?
❹ この道をまっすぐ行くと、あそこにあります。 이 길을 곧장 가면 저기에 있습니다.
❺ どちらに5番出口がありますか。 어느 쪽에 5번 출구가 있습니까?

Point こちら・そちら・あちら・どちら

「こちら・そちら・あちら・どちら」는 「ここ・そこ・あそこ・どこ」의 정중한 표현으로, 사람을 가리킬 경우에도 사용된다. 또한 「どちら」는 비교 선택을 할 경우에 사용하기도 하며, 선택을 할 경우에는 「〜のほう」를 사용한다.

❶ こちらが私の母です。 이쪽이 저의 어머니입니다.
❷ 佐藤さんのお国はどちらですか。 사토 씨의 고향은 어디십니까?
❸ りんごといちごとどちらが好きですか。 사과와 딸기 중 어느 것을 좋아합니까?
❹ りんごの方が好きです。 사과 쪽을 좋아합니다.

こそあど 용법

- こ : 화자에 가까이에 있는 것을 가리킨다.
- そ : 화자보다 청자 가까이에 있는 것을 가리킨다.
- あ : 화자와 청자로부터 먼 거리에 있는 것을 가리킨다.
- ど : 확실하지 않은 의문을 나타낼 때 사용한다.

	명사 용법			명사수식 용법		부사 용법
	사물	장소	방향			
근칭	これ 이것	ここ 여기	こちら 이쪽	この 이	こんな 이런	こんなに 이렇게
중칭	それ 그것	そこ 거기	そちら 그쪽	その 그	そんな 그런	そんなに 그렇게
원칭	あれ 저것	あそこ 저기	あちら 저쪽	あの 저	あんな 저런	あんなに 저렇게
부정칭	どれ 어느 것	どこ 어디	どちら 어느 쪽	どの 어느	どんな 어떤	どんなに 어떻게

❶ あそこに学生会館があります。 저쪽에 학생회관이 있습니다.

❷ あなたはどんな日本料理が好きですか。 당신은 어떤 일본요리를 좋아하나요?

❸ この車はそんなに高くありません。 이 자동차는 그렇게 비싸지 않습니다.

❹ 駅までどう行けば、いいでしょうか。 역까지 어떻게 가면 좋을까요?

❺ そういうふうに言わないでください。 그런 식으로 말하지 마세요.

Point — あ계열

「あ계열」은 화자와 청자 모두로부터 멀리 있는 것을 가리킬 때에 사용하지만, 아래의 예문처럼 화자와 청자가 언급된 화제에 대해 모두 알고 있을 경우에도 사용되며, 「저」가 아닌 「그」로 해석해야 한다.

❶ 昨日見たあの映画は面白かったですね。 어제 본 그 영화는 재미있었지요!
   はい、とても面白かったですよ。 예, 정말 재미있었어요.

❷ 一年前立てたあの計画はどうなりましたか。 1년 전에 세웠던 그 계획은 어떻게 되었나요?
   順調に進んでいますよ。 잘 진행되고 있어요.

3. 수사

수량과 순서를 나타내는 명사이다. 중국어 음으로 읽는 「한자어 수사」와 일본 고유어로 읽는 「고유어 수사」가 있다.

(1) 수 읽기

고유어 수사	한자어 수사				
1 ひとつ	10 じゅう	100 ひゃく	1000 せん	10000 いちまん	십만 じゅうまん
2 ふたつ	20 にじゅう	200 にひゃく	2000 にせん	20000 にまん	백만 ひゃくまん
3 みっつ	30 さんじゅう	300 さんびゃく	3000 さんぜん	30000 さんまん	천만 せんまん
4 よっつ	40 よんじゅう	400 よんひゃく	4000 よんせん	40000 よんまん	일억 いちおく
5 いつつ	50 ごじゅう	500 ごひゃく	5000 ごせん	50000 ごまん	
6 むっつ	60 ろくじゅう	600 ろっぴゃく	6000 ろくせん	60000 ろくまん	
7 ななつ	70 ななじゅう	700 ななひゃく	7000 ななせん	70000 ななまん	
8 やっつ	80 はちじゅう	800 はっぴゃく	8000 はっせん	80000 はちまん	
9 ここのつ	90 きゅうじゅう	900 きゅうひゃく	9000 きゅうせん	90000 きゅうまん	
10 とお					

(2) 날짜 읽기

월	일		요일
1月 いちがつ	1日 ついたち	16日 じゅうろくにち	日曜日 にちようび
2月 にがつ	2日 ふつか	17日 じゅうしちにち	月曜日 げつようび
3月 さんがつ	3日 みっか	18日 じゅうはちにち	火曜日 かようび
4月 しがつ	4日 よっか	19日 じゅうくにち	水曜日 すいようび
5月 ごがつ	5日 いつか	20日 はつか	木曜日 もくようび
6月 ろくがつ	6日 むいか	21日 にじゅういちにち	金曜日 きんようび
7月 しちがつ	7日 なのか	22日 にじゅうににち	土曜日 どようび
8月 はちがつ	8日 ようか	23日 にじゅうさんにち	何曜日 なんようび
9月 くがつ	9日 ここのか	24日 にじゅうよっか	
10月 じゅうがつ	10日 とおか	25日 にじゅうごにち	
11月 じゅういちがつ	11日 じゅういちにち	26日 にじゅうろくにち	
12月 じゅうにがつ	12日 じゅうににち	27日 にじゅうしちにち	
何月 なんがつ	13日 じゅうさんにち	28日 にじゅうはちにち	
	14日 じゅうよっか	29日 にじゅうくにち	
	15日 じゅうごにち	30日 さんじゅうにち	何日 なんにち

おととい 一昨日 그저께	きのう 昨日 어제	きょう 今日 오늘	あした 明日 내일	あさって 明後日 모레
せんせんしゅう 先々週 지지난주	せんしゅう 先週 지난주	こんしゅう 今週 이번 주	らいしゅう 来週 다음 주	さらいしゅう 再来週 다다음 주
せんせんげつ 先々月 지지난달	せんげつ 先月 지난달	こんげつ 今月 이번 달	らいげつ 来月 다음 달	さらいげつ 再来月 다다음 달
おととし 一昨年 재작년	きょねん 去年 작년	ことし 今年 금년	らいねん 来年 내년	さらいねん 再来年 내후년

4 조수사

숫자에 접속하여 단위를 나타내는 명사이다.

(1) 시간 표현

시(時)	분(分)	주(週)	개월(ヶ月)	년(年)
1時 いちじ	1分 いっぷん	1週 いっしゅう	1ヶ月 いっかげつ	1年 いちねん
2時 にじ	2分 にふん	2週 にしゅう	2ヶ月 にかげつ	2年 にねん
3時 さんじ	3分 さんぷん	3週 さんしゅう	3ヶ月 さんかげつ	3年 さんねん
4時 よじ	4分 よんぷん	4週 よんしゅう	4ヶ月 よんかげつ	4年 よねん
5時 ごじ	5分 ごふん	5週 ごしゅう	5ヶ月 ごかげつ	5年 ごねん
6時 ろくじ	6分 ろっぷん	6週 ろくしゅう	6ヶ月 ろっかげつ	6年 ろくねん
7時 しちじ	7分 ななふん	7週 ななしゅう	7ヶ月 ななかげつ	7年 しちねん
8時 はちじ	8分 はっぷん	8週 はっしゅう	8ヶ月 はっかげつ	8年 はちねん
9時 くじ	9分 きゅうふん	9週 きゅうしゅう	9ヶ月 きゅうかげつ	9年 きゅうねん
10時 じゅうじ	10分 じゅっぷん	10週 じゅっしゅう	10ヶ月 じゅっかげつ	10年 じゅうねん
11時 じゅういちじ	11分 じゅういっぷん	11週 じゅういっしゅう	11ヶ月 じゅういっかげつ	11年 じゅういちねん
12時 じゅうにじ	12分 じゅうにふん	12週 じゅうにしゅう	12ヶ月 じゅうにかげつ	12年 じゅうにねん
何時 なんじ	何分 なんぷん	何週 なんしゅう	何ヶ月 なんかげつ	何年 なんねん

(2) 수 표현

	1	2	3	4	5	6	7	8	9	10	몇
人	ひとり	ふたり	さんにん	よにん	ごにん	ろくにん	しちにん	はちにん	きゅうにん	じゅうにん	なんにん
円	いちえん	にえん	さんえん	よえん	ごえん	ろくえん	ななえん	はちえん	きゅうえん	じゅうえん	なんえん
枚	いちまい	にまい	さんまい	よんまい	ごまい	ろくまい	なな(しち)まい	はちまい	きゅうまい	じゅうまい	なんまい
台	いちだい	にだい	さんだい	よんだい	ごだい	ろくだい	なな(しち)だい	はちだい	きゅうだい	じゅうだい	なんだい
本	いっぽん	にほん	さんぼん	よんほん	ごほん	ろっぽん	ななほん	はっぽん	きゅうほん	じゅっぽん	なんぼん
杯	いっぱい	にはい	さんばい	よんはい	ごはい	ろっぱい	ななはい	はっぱい	きゅうはい	じゅっぱい	なんばい
匹	いっぴき	にひき	さんびき	よんひき	ごひき	ろっぴき	ななひき	はっぴき	きゅうひき	じゅっぴき	なんびき
足	いっそく	にそく	さんぞく	よんそく	ごそく	ろくそく	ななそく	はっそく	きゅうそく	じゅっそく	なんぞく
個	いっこ	にこ	さんこ	よんこ	ごこ	ろっこ	ななこ	はっこ	きゅうこ	じゅっこ	なんこ
回	いっかい	にかい	さんかい	よんかい	ごかい	ろっかい	ななかい	はっかい	きゅうかい	じゅっかい	なんかい
階	いっかい	にかい	さんがい	よんかい	ごかい	ろっかい	ななかい	はっかい	きゅうかい	じゅっかい	なんがい
軒	いっけん	にけん	さんげん	よんけん	ごけん	ろっけん	ななけん	はっけん	きゅうけん	じゅっけん	なんけん
箱	ひとはこ	ふたはこ	さんぱこ	よんはこ	ごはこ	ろっぱこ	ななはこ	はっぱこ	きゅうはこ	じゅっぱこ	なんはこ
皿	ひとさら	ふたさら	さんさら	よんさら	ごさら	ろくさら	ななさら	はっさら	きゅうさら	じゅっさら	なんさら
冊	いっさつ	にさつ	さんさつ	よんさつ	ごさつ	ろくさつ	ななさつ	はっさつ	きゅうさつ	じゅっさつ	なんさつ
歳	いっさい	にさい	さんさい	よんさい	ごさい	ろくさい	ななさい	はっさい	きゅうさい	じゅっさい	なんさい
号	いちごう	にごう	さんごう	よんごう	ごごう	ろくごう	ななごう	はちごう	きゅうごう	じゅうごう	なんごう
束	ひとたば	ふたたば	み(さん)たば	よんたば	ごたば	ろくたば	ななたば	はったば	きゅうたば	じゅったば	なんたば

3. 명사의 용법

	형식	의미	예문
(1)	~だ	~이다	これは日本語の新聞だ。 이것은 일본어 신문이다.
(2)	~ではない	~이(가) 아니다	彼女は看護師ではない。 그녀는 간호사가 아니다.
(3)	~で	~이고	彼は医者で、私の友達だ。 그는 의사이고, 내 친구다.
(4)	~だった	~이었다	3年前は大学生だった。 3년 전에는 대학생이었다.
(5)	~だろう	~일 것이다	彼はたぶん有名な政治家だろう。 그는 아마 유명한 정치가일 것이다.
(6)	~でも~でもない	~도 ~도 아니다	今日は月曜日でも水曜日でもない。 오늘은 월요일도 수요일도 아니다.
(7)	~だったら	~라면	もし明日雨だったら、休みます。 만약 내일 비가 오면 쉽니다.
(8)	~なのに	~인데도	彼は金持ちなのにけちだ。 그는 부자인데도 불구하고 인색하다.
(9)	~なので	~이므로	木村さんは病気なのでいつも貧乏だ。 기무라 씨는 병 때문에 늘상 가난하다.

unit 01 명사 + だ ~이다

명사에 접속하여 단정을 나타내며 상대에게 설명하고 명령하는 기분을 나타낸다. 신문이나 논문과 같은 문장체에서는「~である」를 사용하기도 하며, 정중형은「~です」이고, 의문형은「~ですか」이다. 또한 격식을 차린 표현에서는「~であります」,「~でございます」를 사용하기도 한다.

❶ あそこに見えるのが有名な富士山だ。 저기에 보이는 것이 유명한 후지산이다.

❷ 勉強というのは自分でやるんだ。 공부라는 것은 스스로 하는 것이다.

❸ 民主主義は国家の発展において重要な要素である。
민주주의는 국가발전에 있어서 중요한 요소이다.

❹ 吉田さんがこの団体の責任者でございます。 요시다 씨가 이 단체의 책임자이십니다.

❺ あそこは春ですが、ここはまだ冬であります。 그곳은 봄이지만, 이곳은 아직 겨울입니다.

unit 02 명사 + ではない ~가(이) 아니다

「명사+だ」의 부정형이며 회화체에서는 「~じゃない」를 사용하기도 한다. 정중형은 「~ではありません(~じゃないです)」, 과거부정형은 「~ではありませんでした(~じゃなかったです)」이다.

❶ ここは私の部屋ではない。弟の部屋だ。 이곳은 내 방이 아니다. 남동생 방이다.
❷ 私はプロではありませんので、まだ下手です。 저는 프로가 아니므로 아직 서툽니다.
❸ 1年前は有名な美術家ではありませんでした。 1년 전에는 유명한 미술가가 아니었습니다.
❹ 昨日は休日ではなかったです。金曜日でした。
어제는 휴일이 아니었습니다. 금요일이었습니다.
❺ あなたのお誕生日は先月じゃありませんでしたか。 당신의 생일은 지난달이 아니었습니까?

unit 03 명사 + で ~이고, ~이며

두 개의 문장을 연결하는 역할을 하며, 격식을 차린 표현에서는 「~であり」를 사용한다.

❶ 伊藤さんは音楽家で、息子は詩人だ。 이토 씨는 음악가이고, 아들은 시인이다.
❷ 吉田さんは歌手で、画家です。 요시다 씨는 가수이자 화가입니다.
❸ これは社説であり、先生が書かれたものです。 이것은 사설이고, 선생님이 쓰신 것입니다.

unit 04 명사 + だった ~이었다

단정을 나타내는 「~だ」에 과거・완료를 나타내는 조동사 「~た」가 접속된 형태로 정중형은 「~だったです」이다. 과거・완료를 나타내는 「~でした」와 같은 의미이며, 의미를 강조하기 위해 「ん(の)」를 삽입하여 「~だったん(の)です」로 표현하기도 한다.

❶ ここは今は病院だが、以前は学校だった。 이곳은 지금은 병원이지만, 이전에는 학교였다.
❷ 今日は晴れていますが、昨日は大雪だったんです。
오늘은 맑지만, 어제는 많은 눈이 왔습니다.

❸ 彼はフランス語の先生でしたが、今は政治に取り組んでいる。
그는 프랑스어 선생님이었지만, 지금은 정치에 몰두하고 있다.

unit 05　명사 + だろう　~일 것이다

추량과 의문을 나타내며, 끝부분의 인토네이션을 올리면 확인이나 동의를 구하는 화자의 기분을 나타내기도 한다. 정중형은 「でしょう」이며, 문어체에서는 「であろう」를 사용하기도 한다.

❶ 寒いから、明日はきっと雪だろう。 춥기 때문에 내일은 분명히 눈이 올 것이다.
❷ あの車はだれのだろうか。 저 자동차는 누구의 것일까?
❸ 天気予報です。明日は雨時々曇りでしょう。
　일기예보입니다. 내일은 비가 오고 가끔 흐리겠습니다.
❹ アフリカの食糧問題は深刻であろうと言われている。
　아프리카의 식량문제는 심각할 것이라고 한다.

unit 06　명사 + でも ~でもない　~도 ~도 아니다

두 가지 요소를 모두 부정하는 양자 부정표현이다. 정중형은 「~でも ~でもないです」 또는 「~でも ~でもありません」이다. 과거형은 「~でも ~でもなかったです」 또는 「~でも ~でもありませんでした」이다.

❶ これは中国語の本でも英語の本でもない。日本語の本だ。
　이것은 중국어 책도 영어 책도 아니다. 일본어 책이다.
❷ 論文のテーマは語学でも文学でもない。日本の文化だ。
　논문의 테마는 어학도 문학도 아니다. 일본문화이다.
❸ 私の職業は公務員でも会社員でもありません。小説家です。
　저의 직업은 공무원도 회사원도 아닙니다. 소설가입니다.
❹ 昨日は土曜日でも日曜日でもありませんでした。平日でした。
　어제는 토요일도 일요일도 아니었습니다. 평일이었습니다.

unit 07   명사 + だったら 만일 ~라면

전건의 사항이 성립·완료될 경우, 후건의 사항이 이루어짐을 나타낸다.

❶ もし雨だったら、学校は休みます。 만약 비가 온다면 학교는 쉽니다.
❷ 図書館が閉館だったら、どうしますか。 도서관이 폐관되면 어떻게 하죠?
❸ タクシーだったら早く着きます。 택시라면 빨리 도착합니다.

unit 08   명사 + なのに ~인데도, ~임에도 불구하고

의외의 결과에 대해 단념할 수 없는 화자의 심정이나, 의도했던 대로 되지 않았던 사항에 대한 불만스러운 기분이나 원망을 나타내기도 한다.

❶ 春なのに寒すぎる。 봄인데도 불구하고 너무 춥다.
❷ 会長なのに口下手だ。 회장인데도 말주변이 없다.
❸ 日曜日なのに学校へ行かなきゃならないんです。
일요일인데도 학교에 가지 않으면 안 됩니다.

unit 09   명사 + なので ~이므로, ~이기 때문에

앞문장은 뒷문장의 객관적인 원인이나 이유를 나타낸다. 또한 「~であるので」, 「~ですので」 등으로 표현할 수 있다. 이와 의미가 비슷한 「~から」는 개인적인 생각을 토대로 한 주관적인 표현에 사용된다.

❶ 一階が受付なのでとても便利です。 일층이 접수처라서 매우 편리합니다.
❷ 明日は雨なので遠足は延期された。 내일은 비 때문에 (비가 오기 때문에) 소풍은 연기되었다.
❸ 授業ですので早く起きなければならない。 수업이 있으므로 일찍 일어나야 한다.
❹ 幹部ですので不正なことはしてはなりません。 간부이므로 부정한 행동은 해서는 안 됩니다.

1 명사의 응용표현

1 ～は ～のです(か)。 ～은 ～의 것입니다(까?)

❶ この書類はあそこに立っている担当者のです。
　이 서류는 저쪽에 서 있는 담당자의 것입니다.

❷ あのすてきな車は伊藤部長のです。 저 멋진 자동차는 이토 부장님의 것입니다.

❸ 壁にかけてあるスーツはだれのですか。 벽에 걸려 있는 양복은 누구의 것입니까?

2 ～は/が ～にあります(か)。 ～은/이 ～에 있습니다(까?)

❶ バラの花がテーブルの上にあります。 장미꽃이 테이블 위에 있습니다.

❷ 図書館は学生会館の左側にあります。 도서관은 학생회관의 좌측에 있습니다.

❸ 日本の小説は三階にありますか。 일본소설은 3층에 있습니까?

Point　「いる」 vs 「ある」

(1) いる

사람과 동물의 존재를 나타낸다. 하지만 사람이나 동물이 문장 안에서 의지성을 지니지 않는 존재로 파악될 경우에는「いる」대신에「ある」를 사용하기도 한다. 예를 들면 시장 판매대에「イカあります(오징어 있습니다)」라는 글귀가 적혀있는 경우에는 무의지성의 존재를 나타내는 것이라고 할 수 있다.

❶ 教室の中に学生が三人いる。 교실 안에 학생이 세 명 있다.
❷ 動物園にはライオンや象や猿などがいる。 동물원에는 사자랑 코끼리랑 원숭이 등이 있다.
❸ イカあります。 오징어 있습니다. [무의지성의 존재]

(2) ある

사물·건물·식물 등과 같은 무생물의 존재를 나타낸다. 하지만 가족 등과 같은 구성원의 존재·이야기 속의 인물·전체를 중시한 표현 등에서는「ある」로 표현할 수 있다. 예를 들면 자신의 아내·자식·동생처럼 화자보다 낮은 서열에 있는 구성원을 나타낼 때 사용되기도 한다.

❶ 時計は机の上にある。 시계는 책상 위에 있다.
❷ 郵便局は銀行の右側にある。 우체국은 은행의 오른쪽에 있다.
❸ 朴さんには妹が二人あります。 박 씨에게는 여동생이 두 명 있습니다. [소유나 소속]
❹ 昔々あるところにおじいさんとおばあさんがありました。 [이야기 속의 인물]
　옛날 옛적 어느 곳에 할아버지와 할머니가 있었습니다.
❺ 着物を着てくる女性もあるし、浴衣を着てくる人もある。 [전체중심의 표현]
　기모노를 입고 오는 여성도 있고, 유카타를 입고 오는 사람도 있다.

3 ～は/が～ にいます(か)。～은/이 ～에 있습니다(까?)

❶ 幸子さんは名古屋にいます。 사치코 씨는 나고야에 있습니다.

❷ 田中さんはあのビルにあるすし屋にいます。
다나카 씨는 저 빌딩에 있는 초밥가게에 있습니다.

❸ すみませんが、先生はどちらにいらっしゃいますか。
죄송하지만, 선생님은 어디에 계십니까?

4 ～もいます(か)。～도 있습니다(까?)

❶ バスの中に子供もいます。 버스 안에 어린이도 있습니다.
❷ 参加者の中に公務員もいますか。 참가자 중에 공무원도 있습니까?
❸ レストランの中に吉田さんもいますか。 레스토랑 안에 요시다 씨도 있습니까?

5 ～と ～がいます(か)。～과(와) ～이 있습니다(까?)

❶ 庭には木村さんのおじいさんとおばあさんがいらっしゃいます。
정원에는 기무라 씨의 할아버지와 할머니가 계십니다.

❷ 受付に大勢の学生たちと先生たちがいます。
접수처에 많은 학생들과 선생님들이 있습니다.

❸ 父のとなりに母と弟が立っています。 아버지 옆에 어머니와 남동생이 서 있습니다.

6 ～や ～などがあります。～이랑(나) ～등이 있습니다

❶ 公園の近くにはトイレや遊び場などがあります。
공원 근처에는 화장실이랑 놀이터 등이 있습니다.

❷ この本屋には日本の雑誌やアメリカの雑誌などがあります。
이 서점에는 일본 잡지랑 미국 잡지 등이 있습니다.

❸ アパートの前にはクリーニング屋や八百屋などがあります。
아파트 앞에는 세탁소랑 채소가게 등이 있습니다.

02

동사

動詞

1 동사의 특징

- 자립어이며 사태를 서술하는 역할을 한다.
- 사람이나 사물의 동작·존재·작용을 나타내며, 활용어미가 모두 「u」모음으로 끝난다.
- 형태적인 측면에서는 1그룹 동사(5단 활용동사), 2그룹 동사(상하1단 활용동사), 3그룹 동사(변격 활용동사)로 분류할 수 있다.

2 동사의 종류

일본어의 동사는 형태적인 측면에서는 1그룹 동사(5단 활용동사), 2그룹 동사(상하1단 활용동사), 3그룹 동사(변격 활용동사)로 분류되며, 의미적인 측면에서는 자동사와 타동사로 분류할 수 있다.

1 1그룹 동사 (5단 활용동사)

활용어미가 모두 「u」모음으로 끝나고, 「る」로 끝나는 동사일 경우 「る」 앞의 모음이 「i」나 「e」모음이 아닌 동사가 해당된다. (예 う・く・ぐ・す・つ・ぬ・ぶ・む・る)

あう	[a-u]	만나다	いく	[ik-u]	가다
いそぐ	[isog-u]	서두르다	はなす	[hanas-u]	이야기하다
まつ	[mats-u]	기다리다	しぬ	[sin-u]	죽다
あそぶ	[asob-u]	놀다	よむ	[yom-u]	읽다
のる	[nor-u]	타다	うる	[ur-u]	팔다

2 2그룹 동사 (상하1단 활용동사)

활용어미가 「る」로 끝나며 「る」 앞의 모음이 「i」나 「e」모음인 동사가 해당된다.

みる	[mi-ru]	보다	おきる	[oki-ru]	일어나다
にる	[ni-ru]	닮다	たべる	[tabe-ru]	먹다
なげる	[nage-ru]	던지다	ねる	[ne-ru]	자다

3 3그룹 동사 (변격 활용동사)

「くる」와 「する」가 해당된다.

3 동사의 활용

활용이란, 하나의 단어가 쓰임에 따라 어형(語形)이 규칙적이고 체계적으로 바뀌어 의미도 변화되는 현상이다. 활용형은 기본형, 부정형(ない형), 의지·권유형, 정중형(ます형), 접속형(て형), 과거형(た형), 연체형, 가정형, 명령형으로 분류된다.

동사
動詞

1 1그룹 동사의 활용형

	활용형	활용형태	의미
よむ 읽다	기본형	よむ	읽는다
	부정형(ない형)	よまない	읽지 않는다
	의지·권유형	よもう	읽겠다/읽자
	정중형(ます형)	よみます	읽습니다
	접속형(て형)	よんで	읽고/읽어서
	과거형(た형)	よんだ	읽었다
	연체형	よむ とき	읽을 때
	가정형	よめば	읽는다면
	명령형	よめ	읽어라

1 기본형

동사의 활용어미가 모두 「u」모음으로 끝나며 문장을 마칠 때에 사용한다.

- いく ⇨ 私(わたし)も行(い)く 나도 간다
- かう ⇨ ペンを買(か)う 펜을 사다
- とぶ ⇨ 空(そら)を飛(と)ぶ 하늘을 날다
- のむ ⇨ 水(みず)を飲(の)む 물을 마시다
- ぬぐ ⇨ 服(ふく)を脱(ぬ)ぐ 옷을 벗다
- けす ⇨ 火(ひ)を消(け)す 불을 끄다
- まつ ⇨ 彼女(かのじょ)を待(ま)つ 그녀를 기다리다
- のる ⇨ バスに乗(の)る 버스에 타다

2 부정형 (ない형)

활용어미인 「u」모음을 「a」모음으로 바꾸고 부정의 조동사 「ない」를 접속한다. 단, 「う」로 끝나는 동사는 「あ」가 아닌 「わ」로 활용한다.

• いく	⇨ 行かない	가지 않는다	• ぬぐ	⇨ 脱がない	벗지 않는다
• いう	⇨ 言わない	말하지 않는다	• けす	⇨ 消さない	끄지 않는다
• あそぶ	⇨ 遊ばない	놀지 않는다	• まつ	⇨ 待たない	기다리지 않는다
• のむ	⇨ 飲まない	마시지 않는다	• のる	⇨ 乗らない	타지 않는다

3 의지·권유형

활용어미인「u」모음을「o」모음으로 바꾸고 조동사「う」를 접속시킨다. 또한 추측형도 의지·권유형과 형태가 동일하지만, 현대일본어에서는「기본형+だろう」형태를 많이 사용한다. (**예** あうだろう/かうだろう…)

• いく	⇨ 行こう	가야지/가자	• ぬぐ	⇨ 脱ごう	벗어야지/벗자
• いう	⇨ 言おう	말해야지/말하자	• けす	⇨ 消そう	꺼야지/끄자
• あそぶ	⇨ 遊ぼう	놀아야지/놀자	• まつ	⇨ 待とう	기다려야지/기다리자
• のむ	⇨ 飲もう	마셔야지/마시자	• のる	⇨ 乗ろう	타야지/타자

4 정중형 (ます형)

활용어미인「u」모음을「i」모음으로 바꾸고 정중의 조동사「ます」를 접속시킨다.「~합니다, ~하겠습니다」와 같이 공손함을 나타내며, 규칙적으로 반복되는 동작이나 미래시제를 나타내기도 한다.

• いく	⇨ 行きます	갑니다	• ぬぐ	⇨ 脱ぎます	벗습니다
• いう	⇨ 言います	말합니다	• けす	⇨ 消します	끕니다
• あそぶ	⇨ 遊びます	놉니다	• まつ	⇨ 待ちます	기다립니다
• のむ	⇨ 飲みます	마십니다	• のる	⇨ 乗ります	탑니다

5 접속형 (て형)

「て형」은 한국어의「~하고, ~해서」의 의미로, 문장의 전후를 연결하는 역할을 한다. 또한 1그룹 동사의「て형」은 동사의「활용어미 형태」에 따라 4가지로 분류된다.

(1) 활용어미가「う・つ・る」인 경우

활용어미를 탈락시키고「って」를 접속시킨다. (촉음편)

(2) 활용어미가「く・ぐ」인 경우

활용어미를 탈락시키고「いて・いで」를 접속시킨다. (イ음편)

(3) 활용어미가 「ぬ・ぶ・む」인 경우

활용어미를 탈락시키고 「んで」를 접속시킨다. (발음편)

(4) 활용어미가 「す」인 경우

활용어미를 탈락시키고 「して」를 접속시킨다.

・いう	⇨	言って 말하고/말해서	・まつ	⇨	待って 기다리고/기다려서
・のる	⇨	乗って 타고/타서	・あるく	⇨	歩いて 걷고/걸어서
・ぬぐ	⇨	脱いで 벗고/벗어서	・しぬ	⇨	死んで 죽고/죽어서
・あそぶ	⇨	遊んで 놀고/놀아서	・のむ	⇨	飲んで 마시고/마셔서
・はなす	⇨	話して 이야기하고/이야기해서	・けす	⇨	消して 끄고/꺼서

6 과거형 (た형)

「た형」은 한국어의 「~했다」의 의미로 과거시제를 나타낸다. 1그룹 동사의 「た형」은 「て형」에서 「て」를 탈락시키고 과거·완료의 조동사 「た」를 접속시키면 된다. 또한 1그룹 동사의 「た형」은 동사의 「활용어미 형태」에 따라 4가지로 분류된다.

(1) 활용어미가 「う・つ・る」인 경우

활용어미를 탈락시키고 「った」를 접속시킨다.

(2) 활용어미가 「く・ぐ」인 경우

활용어미를 탈락시키고 「いた・いだ」를 접속시킨다.

(3) 활용어미가 「ぬ・ぶ・む」인 경우

활용어미를 탈락시키고 「んだ」를 접속시킨다.

(4) 활용어미가 「す」인 경우

활용어미를 탈락시키고 「した」를 접속시킨다.

・いう	⇨	言った 말했다	・まつ	⇨	待った 기다렸다
・のる	⇨	乗った 탔다	・あるく	⇨	歩いた 걸었다
・ぬぐ	⇨	脱いだ 벗었다	・しぬ	⇨	死んだ 죽었다
・あそぶ	⇨	遊んだ 놀았다	・のむ	⇨	飲んだ 마셨다
・はなす	⇨	話した 이야기했다	・けす	⇨	消した 껐다

7 연체형

동사의 형태가 변화되지 않고 기본형 그대로 뒤에 오는 체언을 수식한다.

- いく ⇨ 行く とき 갈 때
- いう ⇨ 言う とき 말할 때
- あそぶ ⇨ 遊ぶ とき 놀 때
- のむ ⇨ 飲む とき 마실 때

- ぬぐ ⇨ 脱ぐ とき 벗을 때
- けす ⇨ 消す とき 끌 때
- まつ ⇨ 待つ とき 기다릴 때
- のる ⇨ 乗る とき 탈 때

8 가정형

활용어미인 「u」모음을 「e」모음으로 바꾸고 접속조사 「ば」를 접속시켜 「~(하)면」이라는 의미를 나타낸다.

- いく ⇨ 行けば 가면
- いう ⇨ 言えば 말하면
- あそぶ ⇨ 遊べば 놀면
- のむ ⇨ 飲めば 마시면

- ぬぐ ⇨ 脱げば 벗으면
- けす ⇨ 消せば 끄면
- まつ ⇨ 待てば 기다리면
- のる ⇨ 乗れば 타면

9 명령형

활용어미인 「u」모음을 「e」모음으로 바꾸면 명령의 의미로 말을 마치는 형태가 되며, 「~하여라, ~해라」의 의미를 나타낸다.

- いく ⇨ 行け 가라
- いう ⇨ 言え 말해라
- あそぶ ⇨ 遊べ 놀아라
- のむ ⇨ 飲め 마셔라

- ぬぐ ⇨ 脱げ 벗어라
- けす ⇨ 消せ 꺼라
- まつ ⇨ 待て 기다려라
- のる ⇨ 乗れ 타라

2 2그룹 동사의 활용형

2그룹 동사는 1그룹 동사와는 달리 활용할 때에 활용어미인 「る」가 탈락된다. 따라서 활용할 때에는 활용어미를 탈락시키고 각각의 활용규칙을 적용하면 된다.

동사 動詞

	활용형	활용형태	의미
みる 보다	기본형	みる	보다
	부정형(ない형)	みない	보지 않는다
	의지·권유형	みよう	보겠다/보자
	정중형(ます형)	みます	봅니다
	접속형(て형)	みて	보고/봐서
	과거형(た형)	みた	보았다
	연체형	みる とき	볼 때
	가정형	みれば	본다면
	명령형	みろ(よ)	보아라

1 기본형

활용어미가 모두 「る」로 끝나고 「る」앞의 모음이 「i」나 「e」인 동사이며, 문장을 마칠 때 사용한다.

- みる ⇨ 私(わたし)を見(み)る 나를 본다
- にる ⇨ 母(はは)に似(に)る 엄마를 닮다
- でる ⇨ うちを出(で)る 집을 나가다
- なげる ⇨ 石(いし)を投(な)げる 돌을 던지다
- おきる ⇨ 早(はや)く起(お)きる 일찍 일어나다
- いる ⇨ 人(ひと)がいる 사람이 있다
- たべる ⇨ ご飯(はん)を食(た)べる 밥을 먹다
- ねる ⇨ うちで寝(ね)る 집에서 자다

2 부정형 (ない형)

활용어미인 「る」를 탈락시키고 부정의 조동사 「ない」를 접속시킨다.

- みる ⇨ 見(み)ない 보지 않다
- にる ⇨ 似(に)ない 닮지 않다
- でる ⇨ 出(で)ない 나가지 않다
- なげる ⇨ 投(な)げない 던지지 않다
- おきる ⇨ 起(お)きない 일어나지 않다
- いる ⇨ いない 없다
- たべる ⇨ 食(た)べない 먹지 않다
- ねる ⇨ 寝(ね)ない 자지 않다

3 의지·권유형

활용어미인 「る」를 탈락시키고 「よう」를 접속시켜 「~하겠다, ~하자」의 의미를 나타낸다.

・みる ⇨ 見よう	봐야지/보자
・きる ⇨ 着よう	입어야지/입자
・でる ⇨ 出よう	나가야지/나가자
・なげる ⇨ 投げよう	던져야지/던지자

・おきる ⇨ 起きよう	일어나야지/일어나자
・いる ⇨ いよう	있어야지/있자
・たべる ⇨ 食べよう	먹어야지/먹자
・ねる ⇨ 寝よう	자야지/자자

4 정중형 (ます형)

활용어미인 「る」를 탈락시키고 정중의 조동사 「ます」를 접속시킨다. 「~합니다, ~하겠습니다」와 같이 공손함을 나타내며, 규칙적으로 반복되는 동작이나 미래시제를 나타내기도 한다.

・みる ⇨ 見ます	봅니다
・きる ⇨ 着ます	입습니다
・でる ⇨ 出ます	나갑니다
・なげる ⇨ 投げます	던집니다

・おきる ⇨ 起きます	일어납니다
・いる ⇨ います	있습니다
・たべる ⇨ 食べます	먹습니다
・ねる ⇨ 寝ます	잡니다

5 접속형 (て형)

2그룹 동사의 「て형」은 한국어의 「~하고, ~해서」의 의미로 문장의 전후를 연결하는 역할을 한다. 1그룹 동사와는 달리 활용어미인 「る」를 탈락시키고 곧바로 「て」를 접속시킨다.

・みる ⇨ 見て	보고/보아서
・きる ⇨ 着て	입고/입어서
・でる ⇨ 出て	나가고/나가서
・なげる ⇨ 投げて	던지고/던져서

・おきる ⇨ 起きて	일어나고/일어나서
・いる ⇨ いて	있고/있어서
・たべる ⇨ 食べて	먹고/먹어서
・ねる ⇨ 寝て	자고/자서

6 과거형 (た형)

2그룹 동사의 「た형」은 한국어의 「~했다」의 의미로 과거시제를 나타낸다. 1그룹 동사와는 달리 활용어미「る」를 탈락시키고 과거·완료의 조동사「た」를 접속시킨다.

・みる ⇨ 見た 보았다	・おきる ⇨ 起きた 일어났다
・きる ⇨ 着た 입었다	・いる ⇨ いた 있었다
・でる ⇨ 出た 나갔다	・たべる ⇨ 食べた 먹었다
・なげる ⇨ 投げた 던졌다	・ねる ⇨ 寝た 잤다

7 연체형

기본형 그대로 뒤에 오는 체언을 수식하는 형태이다.

・みる ⇨ 見るとき 볼 때	・おきる ⇨ 起きるとき 일어날 때
・きる ⇨ 着るとき 입을 때	・いる ⇨ いるとき 있을 때
・でる ⇨ 出るとき 나갈 때	・たべる ⇨ 食べるとき 먹을 때
・なげる ⇨ 投げるとき 던질 때	・ねる ⇨ 寝るとき 잘 때

8 가정형

활용어미인「る」를 탈락시키고「れば」를 접속시켜「~(하)면」이라는 의미를 나타낸다.

・みる ⇨ 見れば 보면	・おきる ⇨ 起きれば 일어나면
・きる ⇨ 着れば 입으면	・いる ⇨ いれば 있으면
・でる ⇨ 出れば 나가면	・たべる ⇨ 食べれば 먹으면
・なげる ⇨ 投げれば 던지면	・ねる ⇨ 寝れば 자면

9 명령형

활용어미인「る」를 탈락시키고「ろ·よ」를 접속시켜,「~하여라, ~해라」의 의미를 나타낸다. 명령형에는 두 가지 형태가 있는데,「ろ」는 주로 회화체에서 사용하고「よ」는 주로 문장체에서 사용한다.

・みる ⇨ 見ろ·よ 봐라	・おきる ⇨ 起きろ·よ 일어나라
・きる ⇨ 着ろ·よ 입어라	・いる ⇨ いろ·よ 있어라
・でる ⇨ 出ろ·よ 나가라	・たべる ⇨ 食べろ·よ 먹어라
・なげる ⇨ 投げろ·よ 던져라	・ねる ⇨ 寝ろ·よ 자라

Point — 활용규칙의 영향을 받지 않는 예외동사

형태적으로는 2그룹 동사(활용어미가 「る」이며, 활용어미 앞의 모음이 「i」, 「e」단인 경우)에 속하지만, 실제 활용할 때에는 1그룹 동사처럼 활용하는 동사를 말한다.

동사	활용형(정중형)	의미
走る(はし)	はしります	달립니다
知る(し)	しります	압니다
入る(はい)	はいります	들어갑니다
蹴る(け)	けります	찹니다
減る(へ)	へります	줄어듭니다
散る(ち)	ちります	떨어집니다
握る(にぎ)	にぎります	쥡니다
寝る(ね)	ねます (2그룹동사)	잡니다
練る(ね)	ねります (1그룹동사)	손질합니다
居る(い)	います (2그룹동사)	있습니다
要る(い)	いります (1그룹동사)	필요합니다
着る(き)	きます (2그룹동사)	입습니다
切る(き)	きります (1그룹동사)	자릅니다
変える(か)	かえます (2그룹동사)	바꿉니다
帰る(かえ)	かえります (1그룹동사)	돌아갑니다

Point — 특수 활용을 하는 1그룹 동사

형태적으로는 1그룹 동사에 속하지만, 다음과 같은 경어 동사들은 「정중형」과 「명령형」에서 활용법칙에 적용되지 않는 독자적인 형태를 취한다.

동사	정중형	명령형
なさる	○ なさいます	なさい
	× なさります	なさろ/よ
おっしゃる	○ おっしゃいます	おっしゃい
	× おっしゃります	おっしゃろ/よ
くださる	○ くださいます	ください
	× くださります	くださろ/よ
いらっしゃる	○ いらっしゃいます	いらっしゃい
	× いらっしゃります	いらっしゃろ/よ

3 3그룹 동사의 활용형

	활용형	활용형태	의미
来る 오다	기본형	くる	오다
	부정형(ない형)	こない	오지 않는다
	의지・권유형	こよう	오겠다/오자
	정중형(ます형)	きます	옵니다
	연체형	くる とき	올 때
	접속형 (て형)	きて	오고/와서
	과거형 (た형)	きた	왔다
	가정형	くれば	온다면
	명령형	こい	와라
する 하다	기본형	する	하다
	부정형(ない형)	しない	하지 않는다
	의지・권유형	しよう	하겠다/하자
	정중형(ます형)	します	합니다
	접속형(て형)	して	하고/해서
	과거형(た형)	した	했다
	연체형	する とき	할 때
	가정형	すれば	하면
	명령형	しろ・せよ	해라

4 동사 활용형의 용법

1 기본형의 용법

(1)	기본형	문장의 종결	図書館へ行く。 도서관에 간다.
(2)	체언수식	~하는	彼と口喧嘩をする時もある。 그와 말다툼을 할 때도 있다.
(3)	~だろう	~할 것이다	明日は遠足に行くだろう。 내일은 소풍 갈 것이다.
(4)	~でしょう	~하겠지요	たぶん行くでしょう。 아마 가겠지요.
(5)	~の(ん)です	~합니다	明日は学校へ行くの(ん)です。 내일은 학교에 갑니다.
(6)	~前に	~하기 전에	寝る前に薬を飲みなさい。 자기 전에 약을 드세요.
(7)	~し、	~하고	病院もあるし、デパートもある。 병원도 있고 백화점도 있다.
(8)	~と思う	~라고 생각한다	きっと来ると思います。 반드시 올 것이라고 생각합니다.
(9)	~かもしれない	~할지도 모른다	暇なので出かけるかもしれない。 한가해서 외출할지도 모른다.
(10)	~そうだ	~라고 한다(전문)	あさって雪が降るそうだ。 모레 눈이 온다고 한다.
(11)	~ようだ	~인(한) 것 같다	退社したようです。 퇴근한 것 같습니다.
(12)	~ようにする	~하도록 하다	運動をするようにした。 운동을 하도록 했다.
(13)	~ようになる	~하게 되다	食べられるようになった。 먹을 수 있게 되었다.
(14)	~から	~하니까	疲れているから休む。 피곤하니까 쉰다.
(15)	~ので	~때문에	急用があるのでちょっと。 급한 일이 있어서 잠깐.
(16)	~ことがある	~하는 일이 있다	外食をすることがある。 외식을 하는 경우가 있다.
(17)	~ことができる	~할 수 있다	日本語を話すことができる。 일본어를 말할 수 있다.
(18)	~ことになる	~하게 되다	結婚することになった。 결혼하게 되었다.
(19)	~ことにする	~하기로 하다	禁煙することにした。 금연하기로 했다.

| ⑳ | ~まい | ~않겠다/~않을 것이다 | 二度と同じ間違いはするまい。
두 번 다시 같은 실수를 하지 않겠다. |

동사 / 動詞

unit 01 기본형 ~하다, ~하겠다

문장을 끝맺는 형식으로 습관적으로 계속되는 동작을 나타내기도 하고 화자의 의지나 미래의 사태를 나타내기도 한다.

❶ 来年アメリカから取引先の人が来る。 내년에 미국에서 거래처 사람이 올 것이다.
❷ 私はいつも友だちと一緒にサッカーをする。 나는 항상 친구와 함께 축구를 한다.
❸ 留学のためこれから日本の歴史を勉強する。 유학을 위해 이제부터 일본 역사를 공부하겠다.

unit 02 체언 수식(명사) ~하는(~할)

뒤에 오는 명사, 대명사와 같은 체언을 수식한다.

❶ あそこで本を読んでいる人はだれですか。 저쪽에서 책을 읽고 있는 사람은 누구입니까?
❷ コンサートで歌を歌っている歌手はだれですか。
   콘서트에서 노래를 부르고 있는 가수는 누구입니까?
❸ 旅行でスケジュール通りに動く人は少ない。 여행에서 스케줄대로 움직이는 사람은 적다.

Point 「言う」 vs 「話す」

(1) 言う

혼잣말과 같이 마음 속에 생각했던 것이나 곰곰이 생각하지 않고 순간적으로 나오는 말 등에 사용되는 일방적인 「언어 전달」이라고 할 수 있다. 「話す」보다는 주제의 구체성이 떨어지는 일반적인 표현이라고 할 수 있으며, 문장체에서도 많이 사용된다.

❶ もう一度言ってください。 한 번 더 말해 주세요.
❷ 彼の言うことは難しいです。 그가 말하는 것은 어렵습니다.

(2) 話す

말하려는 내용이 구체적이고, 생각하고 있는 것을 상대방에게 설명·전달하려고 할 때 사용하는 「상호간의 전달」이라고 할 수 있다.

❶ 本当のことを母に話した。 사실을 어머니에게 이야기했다.
❷ 経験を大きな声で話してください。 경험을 큰 소리로 이야기해 주세요.

unit 03 ～だろう ～할 것이다, ~하겠지

어떠한 사태의 실현 가능성을 개인적인 판단에 의해 추측하는 표현이다. 또한「～と思います」를 접속하여 화자가 표현하고자 하는 내용을 주관적으로 나타내기도 한다.

❶ 来年は、紅葉を見に行くだろう。 내년은 단풍구경을 갈 것이다.

❷ この答えはこうだろうと思います。 이 답은 이럴 거라고 생각합니다.

❸ 花子さんはたぶん明日の集まりに来ないだろう。
   하나코 씨는 아마 내일 모임에 오지 않을 것이다.

unit 04 ～でしょう ～하겠지요, ~할 것입니다

추측을 나타내는「だろう」보다 더욱 정중하고 예의를 갖춘 공손한 표현이다.

❶ 彼女は結婚したら、仕事をやめるでしょう。 그녀는 결혼하면 일을 그만 둘 겁니다.

❷ 努力しなかったから、失敗するでしょう。 노력하지 않았기 때문에 실패할 것입니다.

❸ サラリーマンは残業が多いから疲れるでしょう。
   샐러리맨은 잔업이 많기 때문에 피곤하겠지요.

Point 「～だろう」vs「～でしょう」

(1) ～だろう

화자의 추량이나 의문 등과 같은 표현을 주관적인 판단에 의해 나타낼 경우에 사용할 수 있으며, 상대방에 대해 다짐이나 동의를 구하는 느낌을 나타낸다. 이러한 경우에는 오름세의 인토네이션이 된다.

❶ 怒って出てきたからたぶん心配しているだろう。
   화를 내고 나왔으므로 아마 걱정하고 있을 것이다.

❷ まさかその事件についてぜんぜん知らないことはないだろう。
   설마 그 사건에 대해 전혀 모르고 있는 것은 아니겠지?

(2) ～でしょう

추량이나 의문을 나타내는「～だろう」의 공손한 표현이다. 사태의 성립이 비교적 확실한 경우에 사용하며 객관적인 근거나 자료에 의해 판단하고 추측하는 표현이다. 일반적으로「～だろう」는 남성이,「～でしょう」는 여성이 많이 사용하는 편이다.

❶ 今ごろの北海道はよく雪が降るでしょう。 지금쯤 홋카이도는 자주 눈이 내리고 있겠지요.

❷ 9時だからみんな会議室で待っているでしょう。 9시니까 모두 회의실에서 기다리고 있겠지요.

unit 05 ～の(ん)です  ～인 것입니다, ～합니다, ～입니다

이유의 설명, 설명의 요구, 행동의 강조, 놀람, 부탁·권유 등을 나타낸다. 이 표현은 화자가 상대방에게 무언가를 강하게 전하고 설명하고자 할 때 사용하는 표현으로, 주로 회화체에서 많이 사용한다.

❶ インチョンから日本まで2時間もかかるのです。[이유의 설명]
  인천에서 일본까지 2시간이나 걸립니다.

❷ どうして参加しないんですか。왜 참가하지 않나요? [설명의 요구]

❸ すみません、7時に約束があるんです。죄송합니다. 7시에 약속이 있어요. [화자의 행동 강조]

❹ 漢字の読み方がよくわからないんですが、(教えていただけますか。) [부탁·권유]
  한자 읽는 법을 잘 모르는데…. (가르쳐 주시겠습니까?)

Point — 시간+に(は)

한국어에서 시간을 나타낼 경우「7시에(는)」처럼 조사「～에(는)」을 접속하여 표현하는 것이 일반적이지만, 일본어에서는「절대적인 시간」과「상대적인 시간」에 따라 조사의 접속이 제약을 받을 수 있다.

(1) 절대적인 시간
발화하는 시점과 상관없이 일정한 시간이 지나도 달라지지 않는 시간을 의미한다. 이러한 경우에는 조사「～に」또는「～には」를 접속시킬 수 있다.

❶ 日曜日に(は) 일요일에(는)
❷ 2008年に(は) 2008년에(는)
❸ 5時間後に(は) 5시간 후에(는)

(2) 상대적인 시간
발화하는 시점을 기준으로 하여 일정한 시간이 지나면 달라지는 시간을 의미한다. 이러한 경우에는「～には」,「～にも」가 아니라「～は」,「～も」만을 접속시킨다. 또한「7時頃」와 같이「頃」뒤에는「～に」를 붙일 수도 있다.

❶ 朝 아침에, 昼 점심에, 夜 저녁에
❷ 先月 지난달에, 今月 이번 달에, 来月 다음 달에
❸ 先月は 지난달에는, 今月は 이번 달에는, 来月は 다음 달에는
❹ 午後6時頃に会いましょう。6시 쯤에 만납시다.

Point 「わかる」vs「しる」

(1) わかる
어떤 사항에 대한 내용의 파악, 심정이나 사정을 이해하고 있는지의 여부를 나타낼 때에 사용한다. 즉 의미내용을 이해하고 분별하는 경우에 사용할 수 있다.

❶ この内容(ないよう)がわかりますか。 이 내용을 이해합니까? [내용을 충분히 이해했는지 묻는 경우]

❷ この人(ひと)、誰(だれ)かわかりますか。 이 사람 누군지 알아볼 수 있어요? [청자와 이 사람은 아는 사이]

(2) しる
외부의 경험과 학습을 통해 얻은 지식이나 지적인 측면, 또는 대상에 대한 단순한 지식을 나타낸다. 일반적으로 「知(し)っている」의 형태를 취한다.

❶ 新宿(しんじゅく)という所(ところ)を知(し)っていますか。 신주쿠라는 곳을 알고 있습니까? [들어 본 경험의 유무를 묻는 경우]

❷ この人(ひとだれ)誰か知(し)っていますか。 이 사람 누군지 알고 있습니까? [이름・직업 대상에 관한 지식]

❸ 彼(かれ)の電話番号(でんわばんごう)を知(し)っていますか。 그의 전화번호를 알고 있습니까? [대상에 관한 지식]

❹ あなたが政治家(せいじか)だなんて知(し)らなかったです。 당신이 정치가라는 것을 몰랐습니다. [대상에 관한 지식]

unit 06 〜前(まえ)に 〜하기 전에

사태가 발생하기 이전의 상황을 나타낸다.

❶ 韓国(かんこく)へ来(く)る前(まえ)に友達(ともだち)から話(はなし)を聞(き)きました。 한국에 오기 전에 친구에게 이야기를 들었습니다.

❷ 日本(にほん)へ行(い)く前(まえ)にNHKニュースをよく見(み)ていた。
일본에 가기 전에 NHK뉴스를 자주 보고 있었다.

unit 07 〜し、 〜하고

비슷한 사항의 첨가 및 보충의 의미를 나타내며, 이유가 되는 여러 사항 중에서 하나만을 예로 들어 말할 때 사용하기도 한다.

❶ 雨(あめ)も降(ふ)るし、風邪(かぜ)も引(ひ)いているから今日(きょう)は家(いえ)で休(やす)みたい。
비도 오고 감기도 들고 해서 오늘은 집에서 쉬고 싶다.

❷ ここは近(ちか)くに大学(だいがく)もあるし、大(おお)きい本屋(ほんや)もあるし、本当(ほんとう)に便利(べんり)です。
여기는 근처에 대학도 있고, 큰 서점도 있고, 정말로 편리합니다.

❸ いやだと断(ことわ)るわけにもいかないし、仕方(しかた)がないですね。
싫다고 거절할 수도 없고, 어쩔 수 없군요.

Point 「〜て」 vs 「〜し」

(1) 〜て
두 가지 사실이나 동작에 대한 단순한 사실을 열거할 때 사용한다.

❶ 罪を憎んで、人を憎まず。 죄를 미워하고 사람을 미워하지 않는다.

❷ 田中さんがピアノを弾いて、井上さんが歌いました。
다나카 씨가 피아노를 연주하고 이노우에 씨가 노래했습니다.

(2) 〜し
「〜て」가 단순한 사태의 나열을 나타내는 것과는 달리 「〜し」는 앞문장의 내용에 대해 뒷문장에서 추가(또한·게다가)와 보충의 의미를 나타낸다. 그러므로 단순한 사태의 나열일 경우에는 사용할 수 없으며, 뒷문장에 오는 체언을 수식할 수 없다.

❶ 彼は英語でも歌えるし、日本語でも歌えます。
그는 영어로도 노래할 수 있고, (게다가) 일본어로도 노래할 수 있습니다.

彼は英語でも歌えるし、日本語では歌えません。(×)

❷ 運動を終えて、休んでいる選手。 운동을 마치고 쉬고 있는 선수.

運動を終えるし、休んでいる選手。(×)

unit 08 ～と思う ～라고 생각한다

화자가 느끼고 마음에 정한 결심을 감정적·주관적으로 표현한다.

❶ 明日の試合はきっと勝てると思います。 내일 시합은 반드시 이길 수 있을 거라고 생각합니다.

❷ 渡辺さんは上手に話せると思います。 와타나베 씨는 능숙하게 말할 수 있을 거라고 생각합니다.

❸ 池田さんは喉が悪いので、タバコをやめると思います。
이케다 씨는 목이 좋지 않아서 담배를 끊을 거라고 생각합니다.

Point 「思う」 vs 「考える」

(1) 思う

감각적·감성적·의지적·주관적인 내용을 나타낼 경우에 사용하는 표현이다. 그러므로 머릿속에 자연적으로 떠오른다는 의미를 갖는다.

❶ これは面白い雑誌だと思います。 이것은 재미있는 잡지라고 생각합니다.

❷ 昨年会った橋本さんをどう思いますか。 작년에 만났던 하시모토 씨를 어떻게 생각하십니까?

(2) 考える

논리적·지적·객관적인 내용을 나타낼 경우에 사용하는 표현이다. 「思う」가 자발적인 내용을 나타내는 표현이라면 「考える」는 의도적이고 능동적인 사고력을 나타내는 표현이라고 할 수 있다. 그러나 화자의 주장을 완곡하게 표현할 경우에는 「考える」 대신에 「思う」를 사용하기도 한다.

❶ ものは考えようだ。 일은 생각하기 나름이다.

❷ 人間は考える動物だ。 인간은 생각하는 동물이다.

❸ 民主主義は推進されなければならないと思います。(=考えます)
민주주의는 추진되어야 한다고 생각합니다.

unit 09 ～かもしれない ～할지도 모른다

확실한 사항은 아니지만 발생할 수 있는 가능성을 화자의 주관적인 판단과 느낌으로 나타내며, 이유를 설명할 때에는 「～のかもしれない」의 형태를 취하기도 한다. 실현 가능성 측면에서는 「～だろう」보다 실현성의 정도가 낮다.

❶ 発表のため苦労しているかもしれません。 발표 때문에 고생하고 있을지도 모릅니다.

❷ 恋人ができたのかもしれませんね。 애인이 생겨서 그럴지도 몰라요.

❸ 彼らは夫婦同伴で来るかもしれない。
그들은 부부동반으로 올지도 모른다.

Point 「〜たち」vs「〜ら」

(1) 〜たち

일본어의 복수 접미사에는 「〜たち」「〜ら」 등이 있다. 「〜たち」는 대부분 명사나 대명사에 접속하여 복수를 나타내며, 존경의 뜻을 포함하지 않는다. 따라서 손윗사람을 표현하고자 할 때에는 「〜がた」를 접속하는 것이 바람직하다. 또한 「〜たち」는 무생물에 접속하여 사물을 의인화해서 표현하기도 한다.

❶ 子供たち 어린이들, 私たち 우리들, あなたたち 여러분들, 彼女たち 그녀들
❷ 先生がた 선생님들, お母様がた 어머님들
❸ 星たち 별들, 鹿たち 사슴들

(2) 〜ら

지시대명사에 접속하여 사물의 위치와 정도를 나타내며, 주로 아랫사람에게 사용하는 표현이다.

❶ ここら 이 근방, そこら 그 근방, あそこら 저 근방
❷ おまえら 너희들, これら 이것들, かれら 그들

unit 10 〜そうだ 〜라고 한다(전문)

화자가 다른 곳에서 보거나 들어서 얻은 정보를 상대방에게 전달하는 용법이다. 대부분 정보의 출처가 되는 부분에 「〜によると・〜によれば」가 접속된다. 또한 전해들은 이야기를 자신의 주관적인 의견이나 감정을 첨가하지 않고 있는 그대로 전달할 경우에는 「〜と言っていた(〜って言ってた)」를 사용하기도 한다.

➡ 04 조동사 참조

❶ 来月からだんだん涼しくなるそうです。 다음 달부터는 점점 서늘해질 거라고 합니다.
❷ 福田さんは留学を終えて5月ごろ帰るそうです。
후쿠다 씨는 유학을 마치고 5월경에 돌아온다고 합니다.
❸ 天気予報によると、あさっては晴れるそうです。 일기예보에 의하면 모레는 맑다고 합니다.
❹ 大野さんが明日は曇ると言っていたよ。
오노 씨가 내일은 흐리다고 하던데.

> **Point** 「そうだ(전문)」의 주의해야 할 용법

(1) 「そうだ」 다음에는 과거형이 올 수 없다.

❶ 知り合いが入院したので、お見舞いに行くそうでした。(×)

知り合いが入院したので、お見舞いに行ったそうです。
아는 사람이 입원해서 병문안을 갔다고 합니다.

(2) 「そうだ」 다음에는 부정형이 올 수 없다.

❶ ニュースによれば、為替レートは上がるそうではありません。(×)

ニュースによれば、為替レートは上がらないそうです。
뉴스에 의하면 환율은 오르지 않을 것이라고 합니다.

(3) 전문의 내용이 실현되지 않았을 경우에는 「そうだ」를 사용하지 않고 「~と言っていた(~って言ってた)」를 사용해야 한다.

❶ 物価が上がるそうでしたが、まだですね。(×)

物価が上がると言っていましたが、まだですね。
물가가 오른다고 했는데, 아직 그렇지 않네요.

unit 11 ~ようだ ~한(인) 것 같다, ~한(인) 듯하다

불확실한 단정 · 추측 · 비유 · 예시와 같은 표현을 나타내며, 격식을 차리지 않은 회화체에서는 「~みたいだ」가 사용되기도 한다. ➜ 04 조동사 참조

(1) 추측, 불확실하고 완곡한 단정

화자의 체험 · 경험 · 감각 등을 근거로 주관적인 판단과 추측을 나타낸다.

❶ 明日から寒くなるようです。 내일부터 추워질 것 같습니다.

❷ 今日はなんだか疲れていらっしゃるようですね。 오늘은 왠지 피곤하신 것 같군요.

(2) 비유

다른 것에 비유하거나 비교하는 것을 나타내며 「まるで」와 접속하기도 한다.

❶ 彼女はどことなく母親に似ているようです。 그녀는 왠지 어머니를 닮은 것 같습니다.

❷ まるでとなりの部屋にだれかがいるようです。 마치 옆방에 누군가가 있는 것 같습니다.

Point : 「ようだ」 vs 「らしい」

(1) ようだ

화자의 실제경험이나 주관적인 견해가 반영된 불확실한 단정을 나타낸다.

❶ 豚肉を食べて、太ったようです。 돼지고기를 먹고 살이 찐 것 같습니다.

❷ 雨がやんだようですね。 비가 그친 것 같네요.

(2) らしい

화자의 경험이나 견해가 개입되지 않고 외부의 정보를 근거로 한 객관적인 판단을 나타낸다.

❶ ニュースによると、物価が上がるらしい。 뉴스에 의하면 물가가 오를 것 같다.

❷ 産経新聞によると、株価が下がるらしい。 산케이 신문에 의하면 주가가 떨어질 것 같다.

unit 12 ～ようにする ～하도록(하게) 하다

「する」의 실질적인 내용을 나타낸다. ➡ 04 조동사 참조

❶ 授業中に漢字を覚えるようにする。 수업시간에 한자를 외우도록 한다.

❷ 理解できるように詳しく説明してください。 이해할 수 있도록 상세하게 설명해 주세요.

unit 13 ～ようになる ～하게 되다

「なる」의 실질적인 내용을 나타낸다. ➡ 04 조동사 참조

❶ 日本の映画を字幕なしで理解できるようになりました。
일본영화를 자막없이 이해할 수 있게 되었습니다.

❷ 入院してからはいつも気をつけるようになった。 입원하고부터는 항상 조심하게 되었다.

unit 14 ～から ～때문에

원인·이유를 나타내며 문말에 화자의 주장·의지·명령 등과 같은 주관적인 표현이 올 수 있다.

❶ よくエアコンを使うから、風邪を引きます。 자주 에어컨을 사용하니까 감기에 걸립니다.

❷ お金がかかるから、大変だと思います。 돈이 들기 때문에 애로가 많을 거라고 생각합니다.

접두어「お」vs「ご」

일반적으로「お」는 훈독(訓讀)으로 읽을 경우에,「ご」는 음독(音讀)으로 읽을 경우에 붙인다. 접두어「お」·「ご」는 본래 존경의 의미를 나타냈지만, 차츰 말을 아름답게 하는 미화어(유아나 여성들이 주로 사용)와 관용어(원래 미화어이지만 생략할 수 없는 말)로 의미가 확장되었다.

(1)「お」를 붙이는 경우 (훈독)

お金　　お菓子　　お子さん　　お願い　　お花　　お世話　　お名前
お祝い　お知らせ　お腹　　お話　　お弁当　　お手洗い　　おかげ
お許し　お祈り　　お見舞い　お父さん　お母さん　お姉さん　お兄さん ……

(2)「ご」를 붙이는 경우 (음독)

ご両親　ご家族　ご心配　ご満足　ご主人　ご相談　ご希望
ご注意　ご連絡　ご安心　ご親切　ご挨拶　ご出席　ご紹介
ご案内　ご結婚　ご配慮　ご報告　ご健康　ご病気　ご苦労 ……

(3) 존경의 의미인 경우

❶ ご家族はお元気ですか。 가족은 건강하신지요?

❷ ほかのご意見はありませんか。 다른 의견은 없습니까?

❸ 失礼ですが、お名前は？ 실례지만, 성함이 어떻게 되십니까?

❹ 失礼ですが、中村先生のお宅ですか。 실례합니다만, 나카무라 선생님 댁인가요?

(4) 미화어(美化語)인 경우

❶ あしたお天気はよさそうですね。 내일 날씨는 좋을 것 같네요.

❷ あなたはお刺身が好きですか。 당신은 생선회를 좋아하십니까?

❸ お金が足りなくて、買えなくなりました。 돈이 모자라서 살 수 없게 되었습니다.

❹ お水1杯下さい。 물 한 잔만 주세요.

(5) 관용어인 경우

❶ ご馳走さまでした。 잘 먹었습니다.

❷ 長らくご無沙汰しております。 오래 격조하였습니다.

❸ お返しは何がいいでしょうか。 답례선물로는 무엇이 좋을까요?

❹ このレストランはおかずがおいしいです。 이 레스토랑은 반찬이 맛있습니다.

unit 15 ～ので ～때문에

원인·이유를 나타내는「から」에 비해 객관적이고 정중하게 이유를 나타내는 표현이다.

❶ すみません、今日は仕事があるので…。 죄송합니다. 오늘은 일이 있어서요….

❷ 映画館で友達に会うので、今日はちょっと…。
극장에서 친구를 만나기 때문에 오늘은 좀….

Point 「～から」 vs 「～ので」 vs 「～ために」

(1) ～から

금지·명령·의뢰를 나타낼 경우에는「～이므로(하니까) 당연히 ～해야 한다, ～이므로(하니까) 당연히 ～하지 않아야 한다」처럼 화자의 강한 주장이 내재되어 있으므로 ❷번 문장의 경우「～から」를 사용하게 되면「내가 잘못한 것이 아니고 길이 막혔으므로 당연히 참석할 수 없었다」라는 화자의 주관적인 변명의 표현이 된다. 때에 따라서 상대방에게 불쾌감을 줄 수도 있으므로 오히려「～ので」를 사용하는 것이 자연스러운 표현이 될 수 있다.

❶ つまらないからやめた方がいい。 재미가 없으니까 그만 두는 것이 좋다.

❷ 道が込んでいたから(ので)参席できませんでした。 길이 막혀서 참석할 수 없었습니다.

(2) ～ので

「～から」에 비해 완곡하고 정중한 표현이므로 강한 금지·명령·의뢰표현에는 부자연스러우며,「～でしょう」「～だろう」「～です」등과는 접속하지 않으므로「～から」나「～ため」를 사용하는 것이 자연스럽다.

❶ もうすぐ雪が降るでしょうので、暖かい服を準備してください。(×) →「から」
이제 눈이 올 테니까 따뜻한 옷을 준비하세요.

❷ あたふたと急いでいたのは遅れていたのでです。(×) →「から」「ため」
허겁지겁 서둘렀던 것은 늦었기 때문입니다.

(3) ～ために

「～から」에 비해 완곡하고 정중한 표현이므로 강한 금지·명령·의뢰·의지표현에는 부자연스러우며,「～でしょう」「～よう」「～そう」「～らしい」와 접속하지 않는다. 또한「～때문(위해서)이다」처럼 목적을 나타낼 때에는「～ために」만 사용할 수 있다.

❶ 暑いために、窓を開けてください。(×) →「から」「ので」
더우니까 창문을 열어주세요.

❷ 日本に行きたいために、日本語を勉強するつもりだ。(×) →「から」「ので」
일본에 가고 싶기 때문에 일본어를 공부하려고 합니다.

❸ 明日も疲れるだろうために、早く休みたいです。(×) →「から」
내일도 피곤할 테니까 일찍 쉬고 싶습니다.

❹ 徹夜をしたのは入社試験があるためです。(×) →「から」
밤을 새웠던 것은 입사시험 때문이었습니다.(입사시험을 위해서였습니다)

unit 16 ～ことがある ～하는 일이 있다

기본형과 접속하여 가끔 발생할 수 있는 사태를 나타내기도 한다. 「時々」・「たまに」와 같은 부사와 접속되는 경우가 많고, 「いつも」・「よく」와 같은 부사와는 접속하지 않는다.

❶ うっかりするとやり損なうことがあります。 깜빡하면 실패할 때가 있습니다.
❷ まだ２月なのに南の方では桜が咲くことがあるそうだ。
아직 2월인데도 남쪽에서는 벚꽃이 피는 경우가 있다고 한다.
❸ 時々寝坊して遅刻することがある。 가끔 늦잠을 자서 지각할 때가 있다.

unit 17 ～ことができる ～을 할 수 있다

능력의 유무나 실현 가능성을 나타내며 일반적인 가능동사와 달리 문어체에서 많이 사용된다.

❶ インターネットで切符を買うことができます。 인터넷으로 표를 살 수 있습니다.
❷ 博物館では写真を撮ることができません。 박물관에서는 사진을 찍을 수 없습니다.
❸ 遊泳禁止なので、ここで泳ぐことができません。
수영금지이므로 여기에서 수영할 수 없습니다.

Point — 가능동사의 목적격 조사 「を」

일반적으로 가능동사 「できる」의 목적격 조사는 「が」를 사용한다. 하지만 이동 동사인 경우, 목적어가 사람인 경우, 「～に会う」「～に乗る」처럼 「に」와 접속하는 동사인 경우에는 「が」를 사용할 수 없다.

(1) 이동 동사인 경우

❶ 熱があるから、外に出られません。 열이 있으므로 밖에 나갈 수 없습니다.
　熱があるから、外が出られません。（×）

(2) 목적어가 사람인 경우

❶ 社長に鈴木さんを堂々と紹介できます。 사장님에게 스즈키 씨를 당당하게 소개할 수 있습니다.
　社長に鈴木さんが堂々と紹介できます。（×）

(3) 목적격 조사 「に」와 접속하는 동사인 경우

❶ 予約しなくても新幹線に乗れます。 예약 안 해도 신칸센을 탈 수 있습니다.
　予約しなくても新幹線が乗れます。（×）

unit 18 　～ことになる　～하게 되다

타인에 의해 결정된 예정·규칙·습관 등을 나타낸다. 「～ことになっている」 형태를 취하면 「이미 ~하기로 되어 있다(예정·규칙·습관)」의 의미가 된다.

❶ 車は左側通行をすることになっています。　자동차는 좌측통행을 하게 되어 있습니다.
❷ 今年から大幅に税金が増えることになる。　금년부터 큰 폭으로 세금이 늘어나게 된다.
❸ 日本では家で靴を脱ぐことになっています。　일본에서는 집에서 신발을 벗게 되어 있습니다.
❹ 今度アメリカに留学することになりました。　이번에 미국에 유학하게 되었습니다.

unit 19 　～ことにする　～하기로 하다

자신의 결정사항이나 각오를 나타내는 표현이다. 예의를 갖춘 회화문에서는 「～ことになる」 형태를 사용하기도 한다.

❶ ぶらぶらしていないで、就職することにしました。
　빈둥거리지 않고 취직하기로 했습니다.
❷ 健康のため甘いものとタバコをやめることにしました。
　건강을 위해 단 것과 담배를 끊기로 했습니다.
❸ 風邪を引かないように、ビタミンをたくさん摂ることにしました。
　감기에 걸리지 않도록 비타민을 많이 섭취하기로 했습니다.
❹ 国内の事業はやめて、アメリカに進出することにしました。
　＝国内の事業はやめて、アメリカに進出することになりました。
　국내의 사업은 그만두고, 미국에 진출하기로 했습니다.

Point : 「ようにする」「ことにする」「ようになる」「ことになる」「ことになっている」

(1) ~ようにする
화자의 결심이나 결의가 결정적인 계기나 사실 등을 바탕으로 한 것이 아니며, 사태를 성립시키기 위해 노력하겠다는 의미이므로 「~ようにしている」 형태로 많이 사용된다. 따라서 화자의 행동이 습관적이고 가변적이므로 실행에 옮겨질 확률이 낮다.

❶ 私は朝早く水泳をするようにしている。 [습관적인 행위]
나는 (될 수 있는 한) 아침 일찍 수영하려고 노력하고 있다.

❷ 月曜日から試験なのでお酒を飲まないようにした。 [일회적인 행동]
월요일부터 시험이므로 (될 수 있는 한) 술을 마시지 않기로 했다.

(2) ~ことにする
결정적인 계기나 사실 등을 토대로 자신의 행동에 대한 결심과 결의를 나타내는 표현이므로 실행에 옮겨질 확률이 높다. 또한 화자의 결심이 현재에도 계속 진행 중인 경우에는 「~ことにしている」를 사용한다.

❶ これから一家の生計を支えていくことにしました。
앞으로 한 집안의 생계를 지탱하기로 했습니다.

(3) ~ようになる
능력이나 상황의 영향에 의해 사태가 성립되어 가는 과정을 나타내는 표현이며 가능성이나 실현 과정에 중점을 둔 표현이다.

❶ 五ヶ月間の練習で泳げるようになりました。 [수영을 못했던 상황]
5개월간의 연습으로 수영할 수 있게 되었습니다.

❷ 辛い韓国料理が食べられるようになりました。 [예전에는 먹지 못했던 상황]
매운 한국요리를 먹을 수 있게 되었습니다.

(4) ~ことになる
어떠한 사태가 자신의 의지보다는 주변 상황에 의해 결정되며, 자신의 일을 객관적으로 표현하기도 한다.

❶ アメリカに5年間滞在することになりました。 미국에 5년 동안 머무르게 되었습니다.

❷ 来年佐々木さんと結婚することになりました。 내년에 사사키 씨와 결혼하기로 했습니다.

(5) ~ことになっている
이미 정해진 예정 사항을 나타내는 표현이다.

❶ ゼミは午後6時に終ることになっている。 세미나는 오후 6시에 끝나기로 되어 있다.

❷ 卒業式は午前10時から始まることになっている。 졸업식은 오전 10시부터 시작되기로 되어 있다.

Point 조사「を」대신에「に」를 사용하는 경우

(1) ～를(을) 만나다 (～に会う)
昨日パン屋で村上さんに会いました。 어제 제과점에서 무라카미 씨를 만났습니다.

(2) ～를(을) 깨닫다 (～に気づく)
自分の欠点に気づくことが重要です。 자신의 결점을 알아차리는 것이 중요합니다.

(3) ～를(을) 닮다 (～に似る)
弟は父に似ています。 남동생은 아버지를 닮았습니다.

(4) ～를(을) 타다 (～に乗る)
自転車に乗って学校へ通っています。 자전거를 타고 학교에 다니고 있습니다.

(5) ～를(을) 반대하다 (～に反対する)
野党は政府の増税に反対している。 야당은 정부의 증세를 반대하고 있다.

(6) ～를(을) 따르다 (～に従う)
年をとるに従って頑固になるものだ。 나이가 많아짐에 따라 완고해지는 법이다.

(7) ～를(을) 대신하다 (～に代わる)
父に代わってお客様を案内します。 아버지를 대신해 손님을 안내하겠습니다.

(8) ～를(을) 따르다 (～に沿う)
道に沿ってきれいな店が並んでいます。 길을 따라 깨끗한 상점이 줄지어 있습니다.

(9) ～를(을) 헤매다 (～に迷う)
野村さんは最近去就に迷っている。 노무라 씨는 최근 거취를 결정하지 못하고 갈팡질팡하고 있다.

(10) ～를(을) 배신하다 (～に背く)
そんなことをしたら、会社との約束に背くことになります。
그런 행동을 하면 회사와의 약속을 배신하는 것이 됩니다.

(11) ～를(을) 만지다 (～に触る)
濡れた手で電灯に触れると、危ないです。 젖은 손으로 전등을 만지면 위험합니다.

unit 20 ～まい ～지 않겠다, ～지 않을 것이다

부정의 의지표현과 부정의 추량표현을 나타낸다.

❶ 二度と言うまいと誓った。 두 번 다시 말하지 않을 것을 맹세했다.

❷ 汚くて不親切なあの食堂にはもう行くまい。
지저분하고 불친절한 그 식당에는 이제 가지 않겠다.

❸ あの怠け者には大事な仕事をさせまい。 저 게으름뱅이에게는 중요한 일을 시키지 않겠다.

2 부정형의 용법

(1)	～ない	～하지 않다	今日は休まない。 오늘은 쉬지 않는다.
(2)	～なかった	～하지 않았다	昨日は仕事をしなかった。 어제는 일을 하지 않았다.
(3)	～ないで	～하지 않고	仕事をしないで遊んでいる。 일하지 않고 놀고 있다.
(4)	～なくて	～하지 않아서	誰も来なくて先に行きました。 아무도 오지 않아서 먼저 갔습니다.
(5)	～ない方がいい	～하지 않는 편이 좋다	無理しない方がいい。 무리하지 않는 편이 좋다.
(6)	～なければならない	～하지 않으면 안 된다	9時まで学校へ行かなければならない。 9시까지 학교에 가지 않으면 안 된다.
(7)	～なくてはいけない	～하지 않으면 안 된다	会社の規則を守らなくてはいけない。 회사의 규칙을 지키지 않으면 안 된다.
(8)	～ないように	～하지 않도록	忘れないようにメモしてください。 잊지 않도록 메모하세요.
(9)	～ないうちに	～하기 전에	終わらないうちに急いで行きましょう。 끝나기 전에 서둘러 갑시다.

unit 01 ～ない ～(하)지 않다, ～(하)지 않겠다

부정의 의미를 나타내어 문장을 끝맺는 형식이며 경우에 따라서는 부정의 의지를 나타내기도 한다. 문말의 억양을 올려서 권유나 부탁의 의미를 표현하기도 하며 정중형은「～ないです」이다.

❶ いくら言っても勉強をしない。 아무리 이야기해도 공부하지 않는다.

❷ 三浦さんはうるさいところは行かない。 미우라 씨는 시끄러운 곳에는 가지 않는다.

❸ 健康によくないのでこれから肉は食べない。
　건강에 좋지 않으므로 이제부터 고기는 먹지 않겠다.

❹ 今度の休みに、ヨーロッパツアーでも行かない。（↗）
　이번 휴가 때 유럽 패키지여행이라도 가지 않을래?

unit 02　～なかった　～(하)지 않았다

「～ない」의 과거 부정형으로, 문장을 끝맺을 수도 있으며 연체형으로 사용될 수도 있다. 「～なかった」에 「～です」를 접속한 「～なかったです」는 「～ませんでした」 처럼 정중형이 된다.

❶ 暇がないので、行かなかった。　시간적인 여유가 없어서 가지 않았다.

❷ 体調がよくないので、肉は食べなかったです。
　＝体調がよくないので、肉は食べませんでした。
　건강이 좋지 않아서 고기를 먹지 않았습니다.

unit 03　～ないで　～(하)지 않고, ～(하)지 말고

뒷문장이 성립될 때의 상황·태도·방법·수단 등을 나타내며 「～하지 않은 상태로」라는 의미가 되어 앞문장과 뒷문장은 연속성을 지닌다.

또한 「～ください」, 「～ほしい」와 함께 쓰면 상대방에게 부탁하거나 완곡하게 명령하는 의미를 나타내기도 하므로, 손윗사람에게는 「ご遠慮ください」나 「～は困ります」를 사용하는 것이 바람직하다. 보조동사와 함께 사용하는 경우 주로 「ある」, 「くる」, 「みる」, 「しまう」 등과 쓰인다.

1　부대상황
❶ 出勤もしないで何をしていますか。　출근도 하지 않고 뭐하고 있나요?
❷ 答えもしないで外に出てしまった。　대답도 하지 않고 밖으로 나가 버렸다.

2　완곡한 부탁과 명령
❶ 怒らないでじっくり考えてください。　화내지 말고 차분하게 생각하세요.
❷ 客室では大声で話さないでください。　객실에서는 큰 소리로 말하지 마세요.

3　손윗사람일 경우
❶ この本の持ち出しは困りますが。　이 책의 반출은 곤란합니다만.
❷ すみませんが、ここでのおタバコはご遠慮ください。
　죄송하지만, 여기서 담배는 삼가해 주세요.

4 보조동사와 접속할 경우

❶ 彼に会えないでいる。 그를 만나지 않고 있다.

❷ 食べないでそのまま捨ててしまった。 먹지 않고 그대로 버려버렸다.

unit 04 ～なくて ～(하)지 않아서, ～없어서, ～않아서

앞문장과 뒷문장의 인과관계나 대립관계를 나타내며, 「～てもいい(허가)」, 「～てはいけない(금지)」 등과 접속하기도 한다. 허가 표현일 경우에는 「はい、どうぞ」를 사용하고, 금지 표현일 경우에는 「～ては困ります」나 「～ないでください」를 사용해야 상대방을 배려하는 표현이 된다.

1 인과관계

❶ 単語を覚えられなくて苦戦しました。 단어를 외울 수 없어서 고전했습니다.

❷ 講義の内容がわからなくて困りました。 강의 내용을 몰라서 난처했습니다.

❸ 急がなくて遅刻しちゃいました。 서두르지 않아서 지각해 버렸습니다.

2 대립관계

❶ 野菜は食べなくて、肉を食べます。 야채는 먹지 않고, 고기를 먹습니다.

❷ その事件は偶然じゃなくて、必然です。 그 사건은 우연이 아니고, 필연입니다.

❸ この商品は偽物じゃなくて、本物です。 이 상품은 가짜가 아니고, 진품입니다.

3 「～てもいい」와 「～てはいけない」 접속

❶ いやだったら、食べなくてもいいです。 싫다면 먹지 않아도 됩니다.

❷ 星野さんは帰らなくてはいけません。 호시노 씨는 귀국하지 않으면 안 됩니다.

❸ 今、退社してもいいですか。 지금 퇴근해도 좋습니까?

はい、どうぞ。 예, 좋습니다.

❹ あなたの携帯電話、使ってもいいですか。 당신의 휴대전화를 사용해도 될까요?

いいえ、使わないでください。 아니오, 사용하지 말아 주세요.

Point 「ないで」와 「なくて」를 모두 사용할 수 있는 경우

화자의 감정이나 감성을 나타내는 경우(うれしい・くやしい・さびしい・かなしい・こまる・いい 등)에는 두 형식을 모두 사용할 수 있다.

❶ 競技には出なくてもいいです。 경기에는 나가지 않아도 됩니다.

❷ 何も言わないで困っています。 아무 말도 하지 않아서 곤란합니다.

unit 05 ~ない方がいい ~하지 않는 편이 좋다

상대방에게 가벼운 권유나 충고, 조언 등을 나타내는 표현이다.

❶ 大変だから一人で行かない方がいいです。 힘드니까 혼자 가지 않는 편이 좋습니다.

❷ 熱があるから、お風呂に入らない方がいいです。
열이 있으니까 목욕을 하지 않는 편이 좋습니다.

❸ 重要な計画なら、途中で止めない方がいいです。
중요한 계획이라면 중도에 포기하지 않는 편이 좋습니다.

Point 「~ほうがいい」 vs 「~ないほうがいい」

(1) ~ほうがいい

상대방의 의견이나 생각을 수용하기보다는 자신의 의견을 제시하는 표현이다.

▶ 접속 : イ형용사의 기본형, 동사의 과거형, ナ형용사의 연체형(な), 명사+の

❶ 飲みすぎたから、はやく寝たほうがいいです。 과음했기 때문에 일찍 자는 편이 좋습니다.

❷ 新入社員は明るくて、真面目なほうがいいです。 신입사원은 쾌활하고 성실한 편이 좋습니다.

❸ 危ない仕事だから、女性よりも男性のほうがいいです。
위험한 일이므로 여성보다 남성 쪽이 좋습니다.

(2) ~ないほうがいい

상대방의 의견과 생각에 대해 조언하거나 충고하는 표현이다.

▶ 접속 : 부정형

❶ 面接なので夜更かししないほうがいい。 면접이므로 밤 늦게까지 일어나있지 않는 편이 좋다.

❷ 具合が悪いからお酒を飲まないほうがいい。 몸 상태가 안 좋으므로 술을 마시지 않는 편이 좋다.

❸ 大雨だから外出しないほうがいいです。 비가 많이 내리고 있으므로 외출하지 않는 편이 좋습니다.

unit 06 ～なければならない ～하지 않으면 안 된다

반드시 그렇게 해야 한다는 일반적인 법률·규칙·관습·의무 등을 나타낸다. 따라서 개인의 의지대로 선택하거나 변경할 수 없는 사항을 나타낸다.

❶ 室内では靴を脱がなければならない。 실내에서는 신발을 벗지 않으면 안 된다.
❷ 会社に行くには背広を着なければならない。 회사에 가려면 정장을 입지 않으면 안 된다.
❸ 運転をするためには信号を守らなければならない。
　 운전을 하기 위해서는 신호를 지켜야 한다.

unit 07 ～なくてはいけない ～하지 않으면 안 된다

개별적인 상황이나 입장에 비추어 보아 가장 적절하고 바람직한 사항을 나타낸다. 또한 어떠한 행위에 대한 금지나 규제를 나타내는 표현으로 개별적이고 구체적인 내용에 사용된다.

❶ 図書館では静かに歩かなくてはいけない。 도서관에서는 조용히 걷지 않으면 안 된다.
❷ 留学を決める前に、親と相談しなくてはいけない。
　 유학을 결정하기 전에 부모님과 상의해야 한다.
❸ 上手になるには毎日練習しなくてはいけない。 능숙해지려면 매일 연습하지 않으면 안 된다.

Point 「～なければならない」vs「～なくてはいけない」vs「～べきだ」

(1) ～なければならない

자신의 의지로 바꿀 수 없는 의무나 필요사항을 나타내는 표현이며 변화가 불가능한 법률이나 규칙 등과 같은 표현에 사용된다. 회화체에서는 「～なきゃならない」를 사용하기도 한다.

❶ 火曜日までレポートを書かなければならない。 화요일까지 리포트를 쓰지 않으면 안 된다.
❷ 休日も勤務しなきゃならない。 휴일도 근무하지 않으면 안 된다.

(2) ～なくてはいけない

개인적이고 개별적인 필요 사항을 구체적으로 표현하는 데에 사용되며 상대방에게 주의를 인식시키고자 할 경우에는 「～てはいけません」이라고 표현하면 된다. 회화체에서는 「～なくちゃいけない」를 사용하기도 한다. 좀 더 부드러운 금지를 나타내고자 할 경우에는 「～ては困ります」를 사용할 수 있다.

❶ 日本に行くので大使館に行かなくてはいけない。 일본에 가기 때문에 대사관에 가야 한다.
❷ 朝8時までにこの薬を飲まなくちゃいけない。 아침 8시까지 이 약을 먹지 않으면 안 된다.
❸ 美術館内で写真を撮るのは困ります。 미술관 안에서 사진을 찍는 것은 곤란합니다.

(3) ～べきだ

화자의 객관적인 상식을 바탕으로 판단하는 용법이며, 「～なければならない」는 실제 행동을 제약하는 의미를 가지는 표현이지만, 「～べきだ」는 규범으로서의 원칙을 나타내는 표현이다.

❶ 他人のことに干渉するべきではない。 남의 일에 간섭하는 것은 아니다.
❷ 悪いと思ったら、すぐ謝るべきだ。 잘못했다고 생각하면 곧 사과해야 한다.

unit 08 ～ないように ～하지 않도록

어떤 동작이나 행위에 대한 목적을 나타내기도 하고 공손하게 예의를 갖추어 상대방에게 요구할 때에도 사용되는 표현이다.

❶ 成績が下がらないように努力しています。 성적이 떨어지지 않도록 항상 노력하고 있습니다.
❷ 失敗しないように完璧に準備しておきます。 실패하지 않도록 완벽하게 준비해 두겠습니다.
❸ 風邪を引かないように気をつけてください。 감기에 걸리지 않도록 조심하세요.

unit 09 ～ないうちに ～하기 전에

어떤 상황이 일정 시점까지 진행되기 이전의 상황을 나타내며 항상 시간적인 간격을 나타내는 「に」와 함께 사용된다. 의미로는 「～する前に」와 같다.

❶ 暗くならないうちに帰りましょう。 어두워지기 전에 돌아갑시다.
❷ 雨が降らないうちに着いたらいいのに。 비가 오기 전에 도착했으면 좋으련만.
❸ パーティーが終わらないうちに急いで行きましょう。
파티가 끝나기 전에 서둘러서 갑시다.

Point: 「~つもりだ」 vs 「~予定だ」 vs 「~(よ)うと思う」

(1) ~つもりだ

화자의 생각이나 계획을 타내는 표현으로, 언제, 어떻게 해야 할지 구체적으로 아직 정해지지는 않았지만 화자의 결심과 마음가짐이 되어 있는 상태를 나타낸다. 따라서 상황에 따라서 세워진 계획이 변경될 수도 있다. 주로 미래시제를 나타내지만, 동사의 과거형과 접속하면 이미 실행된 행동과 사태에 대한 화자의 심정을 나타내기도 한다. 또한 일반적인 사항에는 사용하지 않으며 사람에 대해서만 사용할 수 있다.

❶ 今度は必ず訪問するつもりです。 이번에는 반드시 방문할 생각입니다.
❷ 家賃を払ったつもりだったか、まだだった。 집세를 지불한 줄 알았는데 아직이었다.
❸ これからは徹夜をしないつもりです。 이제부터는 철야를 하지 않을 생각입니다.
❹ 来週に展覧会が開催されるつもりです。(×)

(2) ~予定だ

예정이나 계획을 나타내는 표현으로「~つもりだ」와는 달리 계획된 사항이 구체적이어서 변경이 어려운 경우를 나타낸다.

❶ 来月に論文を出す予定です。 다음 달에 논문을 제출할 예정입니다.
❷ 一ヶ月間の予定で、出張に出た。 1개월 예정으로 출장을 나섰다.

(3) ~(よ)うと思う

어떠한 사항에 대해서 완전히 결정하지 않은 상태이며 상대방에게 조언이나 충고를 구하고자 할 경우에 사용한다. 또한「~(よ)うと思っています」를 사용하여 3인칭이나 다른 사람의 의지를 나타낼 수 있다.

❶ 卒業してからアメリカへ留学に行こうと思います。 졸업 후에 미국으로 유학가려고 생각합니다.
❷ 仕事をやめて、ハワイへ行こうと思います。 일을 그만두고 하와이에 가려고 생각합니다.
❸ 金子さんは国へ帰ろうと思っています。 가네코 씨는 고국에 돌아가려고 합니다.

3 의지·권유형 용법

(1)	~(よ)う	~하겠다	西村さんが行くなら、私も行こう。 니시무라 씨가 간다면 나도 가겠다.
(2)	~(よ)う	~하자	二人でおいしいものを食べよう。 둘이서 맛있는 것을 먹자.
(3)	~(よ)う	~할 것이다	そのくらいの問題なら、簡単に解けよう。 그 정도의 문제라면 간단하게 풀 것이다.
(4)	~(よ)うと思う	~하려고 생각하다	山へ行こうと思っている。 산에 가려고 생각하고 있다.
(5)	~(よ)うとしている	~하려고 하다	映画を見に行こうとしています。 영화를 보러 가려고 합니다.
(6)	~(よ)うではないか	~할까?	疲れるから、この辺でやめようじゃないか。 피곤하니까 이쯤에서 그만둘까?
(7)	~(よ)うが ~まいが~	하든지 안 하든지 관계없이	食べようが食べまいが払います。 먹든지 안 먹든지 상관없이 지불하겠습니다.
(8)	~(よ)うものなら	만일 ~하면	それに触ろうものなら、危険だ。 만일 그걸 만진다면 위험해진다.

unit 01　~(よ)う　~하겠다(의지)

화자가 생각하고 있는 의지나 지향을 나타내며, 「ます형」을 이용한 의지표현(예 出発します)보다 좀 더 적극적인 의지를 나타내는 표현이다.

❶ 雨が降らないうちに出発しよう。　비가 오기 전에 출발하겠다.
❷ 来月からアルバイトを始めよう。　다음 달부터 아르바이트를 시작하겠다.
❸ 明日までに卒論のテーマを決めよう。　내일까지 졸업논문의 테마를 결정하겠다.

unit 02　~(よ)う　~하자(권유)

화자가 생각하고 있는 의지나 생각을 전하고 상대방의 동의를 구하는 표현이다. 「~(よ)うか」의 형태로도 사용된다.

❶ そろそろ出かけようか。 슬슬 나가볼까?
❷ みんなで一緒に考えよう。 모두 함께 생각하자.
❸ 来週から勉強会を始めよう。 다음 주부터 스터디 모임을 시작하자.
❹ もう一度よく考えようじゃありませんか。 다시 한 번 잘 생각해 보시지 않겠습니까?

unit 03 ～(よ)う ～할 것이다(추측)

객관적인 사태에 대한 추측이나 상상을 나타내며 현대 일본어에서는 주로「기본형＋だろう」를 많이 사용한다.

❶ もうすぐ長雨も始まるだろう。 이제 곧 장마도 시작될 것이다.
❷ もう痛みはなくなるだろうと思います。 이제 통증은 없어질 거라고 생각합니다.
❸ 入社試験にきっと合格するだろう。 입사시험에 꼭 합격할 것이다.
❹ それは大きな問題として提起されよう。 그것은 큰 문제로서 제기될 것이다.

unit 04 ～(よ)うと思う ～하려고 생각하다

아직은 확실하게 결정한 사항은 아니지만, 화자의 의지나 계획에 대한 주관적인 판단을 완곡하게 나타내는 표현이다.「～(よ)うと思う」는 주로 순간의 판단을 나타내는데,「～(よ)うと思っている」의 형태로 쓰이면 이전부터 그렇게 생각하고 있었고 현재에도 변함이 없으며 앞으로도 계속 유지하겠다는 화자의 의지를 나타내는 표현이 될 수 있다.

❶ 明日はゆっくり休もうと思います。 내일은 푹 쉬려고 생각합니다.
❷ まだはっきりしてないが、転職しようと思います。
  아직 확실하지는 않지만, 전직하려고 생각합니다.
❸ 今年のお正月も着物を着ようと思っています。
  이번 설에도 기모노를 입으려고 생각하고 있습니다.

unit 05 ～(よ)うとしている ～하려고 하다

어떠한 상황이 아직 실현되지 않았지만, 이제 곧 실현되려고 하는 상태를 나타내는 용법이며 제 3자의 의지를 나타낼 경우에도 사용된다.

❶ 祭りが始まろうとしている。 축제가 시작되려고 하고 있다.
❷ 宮本さんは政治学を学ぼうとしています。 미야모토 씨는 정치학을 공부하려고 합니다.
❸ 谷口さんは3月に帰ろうとしています。 다니쿠치 씨는 3월에 돌아가려고 합니다.

Point 「習う」 vs 「学ぶ」

(1) 習う

일본어에서 「배우다」라는 의미의 단어에는 「習う」와 「学ぶ」가 있는데, 이 두 단어에는 약간의 의미 차이가 있으므로 주의해서 사용해야 한다. 우선 「習う」는 「흉내내다」, 「모방하다」, 「따르다」처럼 어떠한 현상·사태·행동 등을 보고 답습하거나 기능적인 측면의 기술을 익힐 경우에 사용할 수 있다.

❶ 先生に技術を習っています。 선생님에게서 기술을 배우고 있습니다.
❷ 放課後、ピアノを習っています。 방과 후에 피아노를 배우고 있습니다.

(2) 学ぶ

기능적인 측면을 나타내는 「習う」와는 달리 「배워 익히다」, 「학문을 하다」처럼 이론적인 체계나 깊이 있는 학문을 배울 경우에 사용할 수 있다. 따라서 「専攻する」에 가깝다고 할 수 있다.

❶ 私はオーストラリアで観光学を学んでいます。 나는 호주에서 관광학을 배우고 있습니다.
❷ 日本語の文法の中で形態論を学んでいます。 일본어 문법 중에서 형태론을 배우고 있습니다.

unit 06 ～(よ)うではないか ～할까요?

화자의 의지나 의향을 상대방에게 강하게 강요하는 표현이 아니라, 상대방의 생각이나 의향을 묻는 표현이다. 따라서 권유하는 표현이라기보다는 제안에 가까운 표현이라고 할 수 있다.

❶ もう遅いからやめようではないか。 이제 늦었으니 그만 둘까?
❷ 一緒にゼミに行こうじゃありませんか。 함께 세미나에 가지 않겠습니까?
❸ 今度の冬休みにスキーに行こうじゃありませんか。
이번 겨울방학에 스키타러 가지 않을래요?

unit 07 〜(よ)うが 〜まいが, 〜(よ)うと 〜まいと 〜하든지 〜안 하든지 상관없이

어떠한 상황에 대한 가정이나 가상의 사태를 나타낸다.

❶ 勉強しようがしまいが放っておけばいいですよ。
공부하든지 안 하든지 그대로 내버려두면 됩니다.

❷ 他人が見ていようと見ていまいと、不正はよくない。
타인이 보고 있든 안 보고 있든 부정은 좋지 않다.

❸ 仕事をしていようとしていまいと、早く起きるのがよい。
일을 하든 안 하든 있든 일찍 일어나는 것이 좋다.

unit 08 〜(よ)うものなら 만일 〜할 것 같으면, 〜하면

강한 가정의 의미를 나타내며 뒤에 오는 문장에는 화자의 충고와 같은 주관적인 표현이 올 수 있다.

❶ このような天気に出かけようものなら、すぐ病気になるよ。
이런 날씨에 외출하면 금방 병에 걸려.

❷ 風の吹く日にドアを開けようものなら、吹き飛ばされます。
바람이 부는 날에 문을 열면 죄다 날아가 버립니다.

❸ また約束を破ろうものなら、もう二度と会わないよ。
또 다시 약속을 어기면 두번 다시 만나지 않을 거에요.

4 정중형의 용법

동사
動詞

(1)	~ます	~합니다 ~하겠습니다	たまに韓国の映画を見ます。 가끔 한국영화를 봅니다. 今日はゆっくり休みます。 오늘은 푹 쉬겠습니다.
(2)	~ません	~하지 않습니다 ~하지 않겠습니다	私は野菜を食べません。 나는 야채를 먹지 않습니다. 明日は行きません。 내일은 가지 않겠습니다.
(3)	~ました	~했습니다	久しぶりに東京へ行きました。 오랜만에 도쿄에 갔습니다.
(4)	~ませんでした	~하지 않았습니다	夕食を食べませんでした。 저녁밥을 먹지 않았습니다.
(5)	~ましょう	~합시다	そろそろ行きましょう。 슬슬 갑시다.
(6)	~ませんか	~할까요?	買い物に行きませんか。 쇼핑하러 갈까요?
(7)	~ますが	~합니다만	お願いしたいことがありますが。 부탁이 있습니다만.
(8)	~なさい	~하세요	例から正しい答えを選びなさい。 예문에서 올바른 답을 고르시오.
(9)	~やすい	~하기 쉽다	冬は風邪を引きやすい。 겨울에는 감기에 걸리기 쉽다.
(10)	~にくい	~하기 어렵다	このペンは書きにくい。 이 펜은 쓰기 어렵다
(11)	~すぎる	너무 ~하다	食べ過ぎないでください。 과식하지 마세요.
(12)	~はじめる	~하기 시작하다	9時から働きはじめる。 9시부터 일하기 시작한다.
(13)	~おわる	다 ~하다	本を読みおわる。 책을 다 읽는다.
(14)	~つづける	계속 ~하다	新聞を読みつづけている。 신문을 계속 읽고 있다.
(15)	~ながら	~하면서	歩きながら考えてみよう。 걸으면서 생각해 보자.
(16)	~かた	~하는 방법	この単語の読み方、わかりますか。 이 단어 읽는 법 알고 있나요?
(17)	~にいく(くる)	~하러 가다(오다)	本を買いに行きました。 책을 사러 갔습니다.

(18)	～しだい	～하는대로	でき次第に出発します。 되는대로 출발하겠습니다.
(19)	～がち	～하기 쉽다	支払いが遅れがちだ。 지불이 늦기 십상이다.
(20)	～っこない	～할 리가 없다	親に言ってもわかりっこない。 부모에게 말해도 알 리 없다.

unit 01 ～ます ～합니다, ～하겠습니다

일상적인 대화에서 가장 많이 사용되는 활용 형태이며, 상대방에게 공손함을 나타낼 때에 사용하는 표현이다. 또한 규칙적으로 반복되는 동작이나 의지를 포함한 미래에 하거나 일어날 사항을 말하는 미래시제를 나타내기도 한다. 의지를 포함한 미래시제를 나타낼 때에는「きっと」,「必ず」,「できるだけ」,「ぜひ」등과 같은 부사를 사용하기도 한다.

❶ とにかくよかったと思います。 어쨌든 다행이라고 생각합니다.
❷ 暑い夏になると、いつもプールで泳ぎます。 더운 여름이 되면 항상 풀에서 수영합니다.
❸ 今日は雨なので傘を持っていきます。 오늘은 비가 오므로 우산을 가지고 나가겠습니다.

unit 02 ～ません ～하지 않습니다, ～하지 않겠습니다

「ます」의 부정형이며 일반적인 습관이나 버릇 등을 나타낸다. 또한「これから」등과 접속하여 부정의 미래 의지를 나타내기도 한다.

❶ 私は中華料理をめったに食べません。 저는 좀처럼 중화요리를 먹지 않습니다.
❷ 私はめったに前髪を短く切りません。 저는 좀처럼 앞머리를 짧게 자르지 않습니다.
❸ これからは花柄の靴下をはきません。 이제부터는 꽃무늬 양말을 신지 않겠습니다.

unit 03 ～ました ～했습니다

정중형「ます」의 과거를 나타내는 표현이다.

❶ 必要(ひつよう)なものはもう買(か)いました。 필요한 물건은 이미 샀습니다.
❷ 先週(せんしゅう)車(くるま)の免許(めんきょ)を取(と)りました。 지난주에 자동차 면허를 취득했습니다.
❸ 昨日(きのう)は一日中(いちにちじゅう)雪(ゆき)が降(ふ)りました。 어제는 하루 종일 눈이 내렸습니다.

Point 「中」vs「中」(じゅう vs ちゅう)

(1) じゅう

어느 한정된 시간이나 범위를 나타내며, 「～내내」, 「온～」, 「전～」으로 해석된다.

一晩中(ひとばんじゅう) 밤새껏, 世界中(せかいじゅう) 전 세계, 一日中(いちにちじゅう) 하루 종일

(2) ちゅう

동작이 진행 중이거나 지금 그 상태에 있는 것을 나타내며, 「～하는 동안」, 「～하는 중」으로 해석한다.

会議中(かいぎちゅう) 회의 중, 作業中(さぎょうちゅう) 작업 중, 不在中(ふざいちゅう) 부재 중, 授業中(じゅぎょうちゅう) 수업 중

unit 04 ～ませんでした ～하지 않았습니다

정중형에 대한 과거 부정을 나타내는 표현이며, 「～なかったです」와 같은 의미이다.

❶ 喉(のど)が痛(いた)かったので無理(むり)に仕事(しごと)をしませんでした。
목이 아파서 무리하게 일을 하지 않았습니다.
❷ 込(こ)んでいるから、市内(しない)へ行(い)きませんでした。 혼잡해서 시내에는 가지 않았습니다.
❸ コーヒーを飲(の)んだので寝(ね)れませんでした。 커피를 마셔서 잠을 잘 수 없었습니다.

Point 「寝る」 vs 「眠る」

(1) 寝る

「잠을 자다」,「수면을 취하다」,「눕다」,「묵다」처럼 잠이 들지 않고 누워있는 상태에서도 사용될 수 있다. 따라서 잠을 자지 않고 누워서 어떠한 행동을 할 경우에는 「眠る」를 사용할 수 없다. 하지만 구체적인 잠을 자는 행위를 나타내는 표현이 아닌, 한 개인의 습관적인 행동을 나타낼 때에는 「寝る」와 「眠る」 둘 다 사용할 수 있다.

❶ いつのまにか寝てしまった。 어느 틈엔가 잠들고 말았다.

❷ ベッドに寝ころんで雑誌を読んだ。 침대에 누워서 잡지를 읽었다.
　ベッドに眠りながら雑誌を読んだ。(×)

❸ 弟はいつも9時間寝ます/眠ります。 남동생은 늘상 9시간 잠을 잡니다.

(2) 眠る

「잠을 자다」,「수면을 취하다」처럼 수면을 취할 경우에 사용된다.

❶ 昨日はぐっすり眠りました。 어제는 푹 잤습니다.

❷ 心配なことがあってよく眠れませんでした。 걱정스러운 일이 있어서 잘 자지 못했습니다.

unit 05 ～ましょうか ~합시다, ~하지 않겠습니까?

사전에 약속되어 있는 구체적인 계획에 대해 상대방의 의지를 확인하는 적극적인 권유표현이며, 추량이나 상대방의 의향을 물어 완곡한 권유를 나타내기도 한다. 「～ましょう」보다는 권유의 적극성이 떨어지는 표현이다.

1 상대방의 의지 확인(적극적인 권유)

❶ 何を食べましょうか。 무엇을 먹을까요?

❷ 何曜日に行きましょうか。 무슨 요일에 갈까요?

❸ 何時ごろ出ましょうか。 몇 시쯤에 나갈까요?

2 완곡한 권유

❶ 先生、手伝いましょうか。 선생님, 도와드릴까요?

❷ 今晩、懇親会に行きましょうか。 오늘밤, 간친회에 갈까요?

❸ 年末なので、大掃除でもしましょうか。 연말이니까 대청소라도 할까요?

Point 「何(なに)」 vs 「何(なん)」

(1) なに

가) 뒤에 오는 명사의 내용·이름·성질·형태를 나타내는 경우

❶ 何事(なにごと) 무슨 일, 何者(なにもの) 어떤 놈, 何空港(なにくうこう) 무슨 공항, 何人(なにじん) 어느 나라 사람

나) 조사「が·を·から·まで·も·は」의 앞에 올 경우

❶ 向(む)こうに何(なに)がありますか。 맞은편에 무엇이 있습니까?

❷ あそこには何(なに)もありません。 저곳에는 아무것도 없습니다.

(2) なん

가) 수량을 나타낼 경우

❶ 何枚(なんまい) 몇 장, 何個(なんこ) 몇 개, 何冊(なんさつ) 몇 권, 何円(なんえん) 몇 엔, 何人(なんにん) 몇 사람

나) 조사「の」의 앞에 올 경우

❶ これは何(なん)の雑誌(ざっし)ですか。 이것은 무슨 잡지입니까?

❷ あなたは何(なん)の先生(せんせい)ですか。 당신은 무엇을 가르치는 선생님입니까?

다) 인용문일 경우(~という)

❶ あれは何(なん)という小説(しょうせつ)ですか。 그것은 뭐라고 하는(무슨) 소설입니까?

(3) 둘 다 사용 가능한 경우

가) 조사「で」의 앞에 올 경우

❶ アメリカには何(なに)で行(い)きましたか。 미국에는 무엇으로 갔었습니까? [교통수단]

❷ アメリカには何(なん)で行(い)きましたか。 미국에는 무슨 일로 갔었습니까? [이유·원인]

나) 조사「か」,「に」의 앞에 올 경우 → 대체로 「なに」가 많이 사용된다.

❶ 昼(ひる)ご飯(はん)は何/何(なん/なに)にしましょうか。 점심은 무엇으로 할까요?

❷ 何/何(なん/なに)かおかしい感(かん)じがします。 무언가 수상한 느낌이 듭니다.

다) 조사「と」의 앞에 올 경우

❶ 祭(まつ)りには何/何(なん/なに)となにが必要(ひつよう)ですか。 축제에는 무엇과 무엇이 필요합니까?

❷ 治療(ちりょう)には何/何(なん/なに)となにが必要(ひつよう)ですか。 치료에는 무엇과 무엇이 필요합니까?

unit 06 〜ませんか 〜할까요?

「〜ましょうか」가 적극적인 권유인 반면, 「〜ませんか」는 완곡한 권유표현이라고 할 수 있다. 또한 상대방에게 조심스럽게 의뢰하거나 권유하는 의미를 나타내기도 한다.

❶ 今晩、野球の試合を見に行きませんか。 오늘 저녁 야구시합 보러 가지 않겠습니까?
❷ 宮崎さん、一緒に旅行に行きませんか。 미야자키 씨 함께 여행가지 않을래요?
❸ 藤井さん、晩御飯を食べに行きませんか。 후지이 씨 저녁 먹으러 가지 않겠습니까?

Point 「〜ませんか」vs「〜ましょうか」

(1) 〜ませんか

계획이나 상황이 설정되어 있지 않은 상태에서 상대방에게 조심스럽게 의사를 묻는 경우에 사용할 수 있는 권유표현이다.

❶ 一緒にゴルフをしに行きませんか。 함께 골프 치러 안 갈래요?
❷ 一緒にフランス語を習いに行きませんか。 함께 프랑스어를 배우러 가지 않을래요?
❸ 山登りに行きませんか。 등산 가지 않겠습니까?

(2) 〜ましょうか

계획이나 상황이 설정되어 있고 구체적인 방법이나 수단 등을 묻는 경우에 사용하는 권유표현이며, 「〜ませんか」보다 적극적인 느낌을 준다. 아래의 예문은 이미 계획이 설정되어 있는 상황을 나타내고 있으며 「누구와」, 「어느 학원에서」, 「몇 시에」라는 구체적인 장소・시간・상황 등을 나타내고 있다.

❶ だれと一緒にゴルフをしに行きましょうか。 누구와 함께 골프 치러 갈까요?
❷ どの学校でフランス語を習いましょうか。 어느 학원에서 프랑스어를 배울까요?
❸ 何時ごろ山登りに行きましょうか。 몇 시쯤에 등산 갈까요?

unit 07 〜ますが 〜합니다만

두 개의 문장을 역접관계로 연결한다. 또한 두 문장의 사항을 자연스럽게 연결하기도 하며 접속조사 「〜けれども」와 같은 의미가 된다.

❶ 冷たいコーヒーは飲みますが、熱いコーヒーは飲みません。
　차가운 커피는 마시지만 뜨거운 커피는 마시지 않습니다.

❷ ギタは弾けますが、ピアノは弾けません。 기타는 칠 수 있지만, 피아노는 칠 수 없습니다.
❸ タバコは吸いますけれども、お酒は飲みません。 담배는 피웁니다만, 술은 마시지 않습니다.

동사
動詞

Point 목적격조사「を」대신에「が」를 사용해야 하는 경우

(1) 기호를 나타내는 경우

❶ 私は魚料理が好きですが、久保さんは？ 저는 생선 요리를 좋아합니다만, 구보 씨는?
❷ 魚料理はあまり好きじゃありません。肉料理は大好きですが。
생선요리는 별로 좋아하지 않습니다. 고기요리는 좋아합니다만.

(2) 능력을 나타내는 경우

❶ 日本の納豆が食べられますか。 일본 낫토를 먹을 수 있나요?
❷ 彼は日本語の新聞が読める。 그는 일본어 신문을 읽을 수 있다.
❸ 彼は日本語が上手ですが、数学はできません。 그는 일본어를 잘하지만, 수학은 못합니다.

(3) 인지능력을 나타낼 경우

❶ この音楽がわかりますか。 이 음악을 알겠습니까?
❷ これについての説明がわかりますか。 이것에 대한 설명을 이해하겠습니까?

(4) 희망이나 욕구를 나타내는 경우

❶ 冷たい飲み物がほしいです。 차가운 음료수를 마시고 싶습니다.
❷ 疲れているから、休みがほしいです。 피곤하기 때문에 쉬고 싶습니다.
❸ つまらないから、席を立ちたい。 재미가 없으므로 자리를 뜨고 싶다.

Point 「コーヒーが 飲みたい」vs「コーヒーを 飲みたい」

(1) コーヒーが飲みたい

화자가 원하고 있는 「구체적인 대상물」을 나타낸다.

❶ あなたは何が飲みたいですか。 당신은 무엇을 마시고 싶나요?
❷ 私はコーヒーが飲みたいです。 저는 커피를 마시고 싶습니다. [구체적인 대상물 : 커피]

(2) コーヒーを飲みたい

화자가 원하고 있는 「동작 전체」를 나타낸다.

❶ あなたは何をしたいですか。 당신은 무엇을 하고 싶나요?
❷ 私はコーヒーを飲みたいです。 저는 커피를 마시고 싶습니다. [동작 전체 : 커피를 마시는 행위]

(3) ～を～たい만 사용하는 경우

「～と思う」「～と言う」와 접속하거나, 「～と結婚する」처럼 상호동사일 경우에는 「～を～たい」를 사용한다.

❶ 旅行会社を経営したいと思っています。 여행사를 경영하고 싶습니다.

❷ 山内さんは韓国製の車を買いたいと言っています。
야마우치 씨는 한국산 자동차를 사고 싶다고 합니다.

❸ 小松さんと結婚をしたいです。 고마츠 씨와 결혼하고 싶습니다.

(4) ～に会う・～になる・～に住む・～に行く 등의 경우

원래 「に」와 접속하는 동사일 경우에는 「～に～たい」를 그대로 사용한다.

❶ 将来外交官になりたいんです。 장래 외교관이 되고 싶습니다.

❷ ぜひ先生に会いたいです。 꼭 선생님을 만나고 싶습니다.

(5) 제 3자의 희망인 경우

제 3자의 희망을 나타낼 때에는 「～をたがっている」의 형태를 사용해야 하며, 개인적인 희망이 아닌 일반적인 희망을 나타낼 경우에는 「～たがる」를 사용한다.

❶ 富田さんは自分の会社を作りたがっている。 도미타 씨는 자신의 회사를 만들고 싶어한다.

❷ 子供たちは親の真似をしたがる。 어린이는 부모의 흉내를 내고 싶어한다. [일반적인 희망]

❸ 若者はたいてい高級品を持ちたがる。 젊은이는 대체로 고급 브랜드를 갖고 싶어한다.

unit 08 ～なさい ～하세요

「する」의 가벼운 명령형으로 학교와 같은 일정한 규칙이 적용되는 공간이나 상하관계가 확실한 회사와 같은 공간에서 사용되는 완곡한 명령표현이다. 또한 상황에 따라서는 강한 권유를 나타내기도 한다.

❶ 早く起きなさい。 어서 일어나거라.

❷ 次の質問に対して正しい答えを選びなさい。 다음 질문에 대해 알맞은 답을 고르시오.

❸ もうすぐ試験だから、一生懸命勉強しなさい。 이제 곧 시험이니까 열심히 공부하세요.

Point 「〜について」 vs 「〜に対して」 vs 「〜に関して」

(1) 〜について

언급하고 있는 것에 대한 주제나 내용을 구체적으로 나타내며, 문말에 언어활동이나 사고활동(言う·聞く·考える·調べる…)등을 나타내는 동사가 오기도 한다.

❶ 上田さんについて何も知りません。 우에다 씨에 대해서는 아무것도 모릅니다.

❷ 近代の歴史について調べてみようと思います。 근대 역사에 대해 조사해 보려고 합니다.

(2) 〜に対して

동작이나 감정이 향하고 있는 대상을 나타내며, 「〜について」와는 달리 상대방에게 직접 동작이 미칠 때 사용한다. 또한 뒷 문장에는 앞문장과 대립관계를 나타내는 표현이 오기도 한다.

❶ 親に対して申し訳ない。 부모님에 대해 면목이 없다.

❷ 学生に対してとりわけ親しみを持っている。 학생들에 대해 특히 친밀감을 가지고 있다.

❸ 私は英語が上手なのに対して、弟は日本語が上手だ。
나는 영어를 잘하는 데 비해 남동생은 일본어를 잘한다.

(3) 〜に関して

「〜について」의 문어체이며 격식을 차린 표현에 사용된다.

❶ バブル経済に関して発表してください。 버블경제에 관해 발표해 주세요.

❷ 貿易協力に関してさまざまな意見が寄せられた。 무역협력에 관해 다양한 의견이 나왔다.

unit 09 〜やすい ~하기 쉽다

의지동사와 접속하면 「~하는 것이 쉽다」로 해석되고, 무의지동사와 접속하면 「간단히 ~하게 된다」로 해석된다. 「〜やすい」는 사람의 속성이나 성질을 나타낼 때에는 사용되지 않는다.

❶ このソファーは座りやすいですね。 이 소파는 앉기 편안하군요.

❷ 福田先生の説明はわかりやすいです。 후쿠다 선생님의 설명은 알아듣기 쉽습니다.

❸ この薬は甘くて、飲みやすいです。 이 약은 달아서 먹기 쉽습니다.

❹ あの人はすぐほめる人です。 저 사람은 칭찬을 잘 하는 사람이다.

あの人はほめやすい人です。(×)

unit 10 ～にくい ～하기 어렵다

의지동사와 접속하면 「～하는 것이 어렵다」로 해석되고, 무의지동사와 접속하면 「좀처럼 ～하게 되지 않는다」로 해석되어 「대상의 성질 자체」를 나타낸다. 또한 「～にくい」는 사람의 속성이나 성질을 나타낼 때에는 사용하지 않는다.

❶ この自動車は運転しにくいです。 이 자동차는 운전하기 어렵습니다.
❷ 雪の日すべるので歩きにくいです。 눈 오는 날은 미끄러워서 걷기 어렵습니다.
❸ このスーツは丈夫で破れにくいです。 이 수트는 튼튼해서 잘 찢어지지 않습니다.
❹ 彼女はなかなか泣かない人です。 그녀는 좀처럼 울지 않는 사람이다.
　彼女は泣きにくい人です。(×)

unit 11 ～すぎる 너무(지나치게) ～하다

동작・작용 등이 보통의 정도에서 벗어나서 지나친 상태를 나타낸다. 또한 「～にすぎない」처럼 부정형을 사용하여 「단지 ～에 지나지 않는다」라는 의미를 나타내기도 한다.

❶ 晩御飯を食べすぎて、お腹をこわした。 저녁밥을 너무 많이 먹어서 배탈이 났다.
❷ タバコを吸いすぎると、肺が悪くなる。 담배를 지나치게 피우면 폐가 나빠진다.
❸ 私は働きすぎだと言われています。 저는 지나치게 일한다는 말을 듣고 있습니다.
❹ それはただ私の希望にすぎないのです。 그것은 단지 저의 희망에 지나지 않습니다.

unit 12 ～はじめる ～하기 시작하다

어느 시점부터 동작・작용 등이 시작됨을 나타내며, 비슷한 표현으로는 「～だす」가 있다.

❶ 昨年からスノーボードを習いはじめた。 작년부터 스노우보드를 배우기 시작했다.
❷ お酒を飲むと、愚痴をこぼしはじめた。 술을 마시자 푸념을 늘어놓기 시작했다.
❸ 彼はいきなり本気で怒りだした。 그는 갑자기 정색을 하고 화내기 시작했다.

Point 「～始める」 vs 「～出す」

(1) 동사 ます형 + はじめる

화자의 일반적인 의지를 나타내며 「行く」와 같은 이동동사와 접속하면 일반적·반복적 행위의 시작을 나타내며, 「作る」와 같은 동작동사와 접속하면 개별적·일회적 행위의 시작을 나타낸다.

❶ テレビを見はじめた時、電話がかかってきた。 TV를 보기 시작했을 때 전화가 걸려왔다.
❷ 明日から茶道を習いはじめようと思います。 내일부터 다도를 배우려고 합니다.
❸ 昨日からスポーツセンターへ通いはじめた。 어제부터 스포츠센터에 다니기 시작했다.
❹ じゃ、これからパンを作りはじめましょう。 자, 그럼 지금부터 빵을 만들어 봅시다.

(2) 동사 ます형 + だす

일회적·돌발적·무의지적·인간의 생리작용 등과 같은 동작을 나타내며 주로 순간적인 시점을 나타내는 「いきなり」, 「突然」, 「急に」 등과 접속한다. 따라서 화자의 의지를 나타내는 문장에는 쓰이지 않는다.

❶ 急に熱が上がりだした。 갑자기 열이 오르기 시작했다.
❷ 僕を見たら、急に泣きだした。 나를 보자 갑자기 울기 시작했다.
❸ 雷とともに突然雨が降りだした。 천둥과 함께 돌연 비가 오기 시작했다.
❹ 川が溢れて人々が避難しだした。 강이 흘러넘쳐 주변 사람들이 피난하기 시작했다.

unit 13 ～おわる 다 ～하다, 끝까지 ～하다

일정한 시점에서 동작·작용이 종료되는 것을 나타내며 이와 비슷한 표현으로는 「～きる」, 「～やむ」 등이 있다.

❶ 仕事はおわったのですが、また仕事が入ってきました。
일이 다 끝났지만, 또 일이 들어왔습니다.

❷ すみませんが、ご飯を食べおわるまで少々お待ちください。
죄송하지만, 식사를 다 할 때까지 잠시 기다려주세요.

❸ 荷物を運びおわった後で、連絡してください。 짐을 다 옮긴 후에 연락주세요.

Point 　　　　　　　　　「〜おわる」 vs 「〜きる」 vs 「〜やむ」

(1) 동사 ます형 + おわる

동작·작용의 종료를 나타내며 사람의 의지적인 행동을 나타낸다. 일반적으로 어떠한 사태나 상황이 끝난다고 하는 명확한 시간 표현이므로 「歩く」, 「遊ぶ」와 같은 계속동사와는 접속하지 않으며, 「行く」, 「来る」와 같은 이동동사도 종결이라는 시간적인 시점을 갖지 않으므로 함께 쓸 수 없다.

❶ その本を読みおわったら、貸してくれませんか。그 책 다 읽으면 빌려 주지 않겠습니까?

❷ 広場で思いきり走りおわった。(×)
広場で思いきり走った。광장에서 마음껏 달렸다.

❸ 応急手当てをしてから、病院に行きおわった。(×)
応急手当てをしてから、病院に行った。응급처치를 하고나서, 병원에 갔다.

(2) 동사 ます형 + きる

「끝까지 ~하다」라는 의미이며 동작이나 사태가 완전히 완료되었음을 나타낸다. 이 표현은 한계(목표)가 정해져 있던 것을 원하던 대로 완료했다는 화자의 주관적인 감정이 내재되어 있다. 또한 의지동사와 접속하면 사태를 완료시키겠다는 화자의 의지를 나타내기도 한다. 무의지동사와 접속하면 「완전히 ~한 상태가 되다」라는 의미가 되며 「困りきる」, 「退屈しきる」처럼 인간의 감정을 나타내기도 한다.

❶ 彼はフルマラソンを走りきった。그는 마라톤을 완주했다.

❷ あの人の性格は歪みきっています。그 사람의 성격은 완전히 비뚤어져 있습니다.

❸ 彼女は今度のプロジェクトをやりきった。그녀는 이번 프로젝트를 전부 끝냈다.

(3) 동사 ます형 + やむ

주로 무의식적인 사건이나 현상을 나타내는 「泣く」, 「鳴る」, 「降る」 등과 같은 동사와 접속한다.

❶ 子守歌を聞いてやっと泣きやんだ。자장가를 듣고 겨우 울음을 그쳤다.

❷ 午後になってからやっと雪が降りやんだ。오후가 되어서야 겨우 눈이 그쳤다.

unit 14　つづける　계속해서 ~하다

동작·작용의 계속을 나타낸다. 「降る」나 「鳴る」와 같은 동사와 접속할 경우에는 자동사인 「つづく」도 사용이 가능하다.

❶ 歌が終わるまで踊りつづけました。노래가 끝날 때까지 계속 춤을 추었습니다.

❷ 相変わらず、ゲームをしつづけています。여전히 게임을 계속하고 있습니다.

❸ チャンピオンと挑戦者は今も戦いつづけている。
챔피언과 도전자는 지금도 계속 싸우고 있다.

unit 15 　～ながら　～하면서, ～면서도, ～지만, ～데도

두 가지 또는 세 가지 이상의 동작이 동시에 발생하는 것을 나타낸다. 또한 두 문장이 서로 반대되는 역접을 나타내기도 한다.

❶ いつも新聞を読みながらご飯を食べます。　언제나 신문을 읽으면서 밥을 먹습니다.

❷ いい天気だから、散歩しながら話そう。　날씨가 좋으니까 산책을 하면서 이야기하자.

❸ 難しいと言いながら終わりまで読んでしまった。
　 어렵다고 말하면서도 끝까지 읽고 말았다.

unit 16 　～方　～하는 법(방식)

동작이나 작용에 대한 방법이나 수단을 나타낸다.

❶ デジカメの使い方を教えてもらいたいんですが。
　 디카의 사용법을 가르쳐 주셨으면 합니다만.

❷ どろぼうの捕まえ方を教えてください。　강도를 잡는 법을 가르쳐 주십시오.

unit 17 　～に行く(来る)　～하러 가다, ～하러 오다

동작이나 행위의 목적을 나타낸다. 동사의「ます형」대신에「동작성 명사」도 사용있으며,「行く」,「来る」외에도「通う」,「出かける」,「入る」,「帰る」등과 같은 이동동사(일정한 한 지점에서 다른 지점으로 옮겨가는 동작을 나타내는 동사)를 사용할 수 있다.

❶ 本を借りに図書館に行きました。　책을 빌리러 도서관에 갔습니다.

❷ 商品のサンプルを取りに韓国から来ました。　상품의 샘플을 가지러 한국에서 왔습니다.

❸ 昨日友達を迎えに空港へ行きました。　어제 친구를 마중하러 공항에 갔습니다.

❹ 社長と一緒に中国へ出張に行きました。　사장님과 함께 중국에 출장을 갔습니다.

unit 18 ～次第 ～하는 대로, ~하는 즉시, ~하자마자

하나의 동작이 종료된 직후, 다른 또 하나의 동작이 이어지는 연속성을 나타낸다.

❶ 見つけ次第、お知らせ下さい。 발견하는 즉시 알려주세요.

❷ 資料ができ次第、お届けいたします。 자료가 준비되는 대로 보내드리겠습니다.

❸ 都合がつき次第、ご返事いたします。 형편이 닿는 대로 회답을 드리겠습니다.

unit 19 ～がち ～하는 경향이 있다, ～하기 쉽다

어떠한 사태가 흔히 발생하는 경우가 많다는 것을 나타낸다.

❶ 最近曇りがちの天気が続いています。 요즘에는 자주 흐린 날씨가 계속되고 있습니다.

❷ 冬になると、果物と野菜が不足しがちだ。 겨울이 되면 과일과 야채가 부족하기 쉽다.

❸ 休みになると、とかく怠けがちになるものだ。 방학이 되면 자칫 게을러지기 쉬운 법이다.

unit 20 ～っこない ～할 리가 없다

어떠한 사태에 대해 화자의 강한 추측을 나타낸다.

❶ 忙しいから、行けっこない。 바쁘기 때문에 갈 수 있을 리가 없다.

❷ 徹夜して準備してもできっこない。 밤을 새워 준비해도 못할 것이다.

❸ いくら言っても彼女の心はわかりっこない。 아무리 말해도 그녀의 마음은 알 리가 없다.

5 접속형의 용법 (て형)

(1)	～て	～하고, ～해서	顔を洗って、ご飯を食べる。 세수를 하고 밥을 먹는다. 急用があって退勤した。 급한 일이 있어서 퇴근했다.
(2)	～ている	～하고 있다	アパートに住んでいます。 아파트에 살고 있습니다.
(3)	～てある	～(되)어 있다	ドアが開けてある。 문이 열려 있다.
(4)	～てみる	～해 보다	コンピューターで探してみよう。 컴퓨터로 찾아보자.
(5)	～ておく	～해 두다	電気を消しておこう。 전기를 꺼 두자.
(6)	～ていく	～해 가다	人口がだんだん増えていく。 인구가 점점 증가해 간다.
(7)	～てくる	～해 오다	寒くなってきました。 추워졌습니다.
(8)	～てしまう	～해 버리다	約束に遅れてしまいました。 약속에 늦어 버렸습니다.
(9)	～てください	～해 주세요	大きな声で読んでください。 큰 소리로 읽어 주세요.
(10)	～てから	～하고 나서	仕事を終えてからコーヒーを飲む。 일을 마치고 커피를 마신다.
(11)	～てほしい	～하기 바란다	遊びに来てほしいです。 놀러 와 주었으면 합니다.
(12)	～てあげる	～해 주다	プレゼントを買ってあげた。 선물을 사 주었다.
(13)	～てもらう	～해 받다	駅を教えてもらった。 역을 가르쳐 받았다(주었다).
(14)	～てくれる	～해 주다	仕事を紹介してくれた。 일을 소개해 주었다.
(15)	～てもいい	～해도 좋다	一緒に行ってもいいです。 함께 가도 좋습니다.
(16)	～てはいけない	～해서는 안 된다	一緒に行ってはいけない。 함께 가서는 안 된다.

unit 01 ～て ~하고, ~해서

두 개의 동작을 순차적으로 연결하는 진행의 상태나 나열을 서술하는 기능을 하며, 앞 문장이 뒷 문장의 직접적인 원인이나 이유가 되기도 한다. 「て형」은 동사의 활용어미에 따라 적용되는 규칙이 다르므로 암기해야 한다. 또한 비슷한 표현으로 「～てから」가 있으며 용법에 차이가 있으므로 주의해야 한다.

❶ 一日中子供が泣いて、困りました。 하루 종일 아이가 울어서 곤란했습니다.
❷ 彼女が来なくて、イライラしました。 그녀가 오지 않아서 안절부절 못했습니다.
❸ 会社で着替えて、パーティーに行きました。 회사에서 옷을 갈아입고 파티에 갔습니다.
❹ この道をまっすぐ行って、右に曲がってください。
   이 길을 곧장 가서 오른쪽으로 도세요.

Point 「て형」 만들기

(1) いて형(イ음편)

동사의 활용어미가 「く・ぐ」로 끝나는 동사가 해당되며, 활용어미를 탈락시키고 「～いて(いで)」를 접속시킨다. 과거를 나타낼 때에는 활용어미 대신에 「～いた」, 동작의 나열을 나타낼 때에는 「～いたり」를 접속하면 된다.

・歩く(걷다)

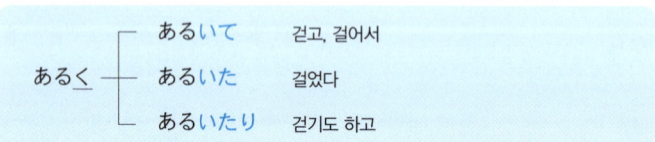

[예외] 동사 「行く(가다)는 형태적으로는 「いて형(イ음편)」에 해당하지만, 「って형(촉음편)」의 규칙이 적용된다.

	いって	가고, 가서
いく	いった	갔다
	いったり	가기도 하고

(2) って형(촉음편)

동사의 활용어미가 「う・つ・る」로 끝나는 동사가 해당되며, 활용어미를 탈락시키고 「～って」를 접속시킨다. 과거를 나타낼 때에는 활용어미 대신에 「～った」, 동작의 나열을 나타낼 때에는 「～ったり」를 접속하면 된다.

・歌う(노래하다)

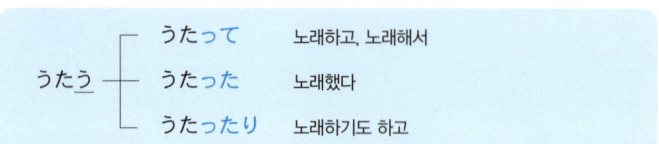

(3) んで형(발음편)

동사의 활용어미가 「ぬ・ぶ・む」로 끝나는 동사가 해당되며, 활용어미를 탈락시키고 「～んで」를 접속시킨다. 과거를 나타낼 때에는 활용어미 대신에 「～んだ」, 동작의 나열을 나타낼 때에는 「～んだり」를 접속하면 된다.

- 飲む(마시다)

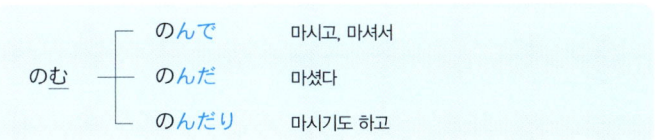

(4) して형

동사의 활용어미가 「す」로 끝나는 동사가 해당되며, 활용어미를 탈락시키고 「～して」를 접속시킨다. 과거를 나타낼 때에는 활용어미 대신에 「～した」, 동작의 나열을 나타낼 때에는 「～したり」를 접속하면 된다.

- 話す(이야기하다)

はなす	はなして	이야기하고, 이야기해서
	はなした	이야기했다
	はなしたり	이야기하기도 하고

(5) 2그룹 동사의 「て형」

2그룹 동사는 음편현상의 규칙에 적용되지 않는다. 대신 「て형」을 만들 때에는 활용어미를 탈락시키고 곧바로 「～て」를 접속시킨다. 과거를 나타낼 때에는 활용어미 대신에 「～た」, 동작의 나열을 나타낼 때에는 「～たり」를 접속하면 된다.

- 食べる(먹다)

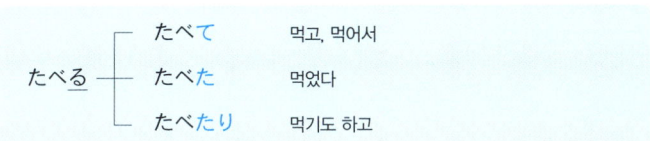

(6) 3그룹 동사의 「て형」

3그룹 동사인 「する」와 「くる」는 「て형」에 적용되지 않고, 불규칙하게 활용한다.

- する(하다)

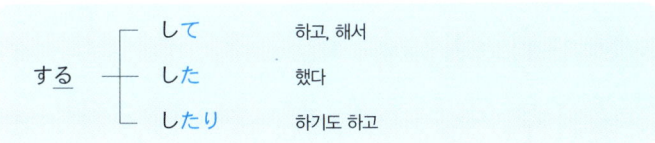

- 来る(오다)

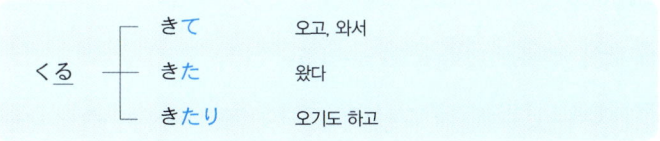

> **Point** 「て형」의 규칙이 적용되지 않는 예외동사(2그룹 동사)

2그룹 동사(상하단 활용동사)의 「て형」은 활용어미 대신에 「〜て」만 접속시키면 되지만, 다음 동사들은 모두 형태적으로는 2그룹 동사이지만, 1그룹 동사 「って형(촉음편)」의 활용규칙이 적용된다.

て형 동사	て형(て・た・たり)		
	〜て	〜た	〜たり
走る	はしって 달리고・달려서	はしった 달렸다	はしったり 달리기도 하고
知る	しって 알고・알아서	しった 알았다	しったり 알기도 하고
入る	はいって 들어가고・들어가서	はいった 들어갔다	はいったり 들어가기도 하고
散る	ちって 떨어지고・떨어져서	ちった 떨어졌다	ちったり 떨어지기도 하고
握る	にぎって 쥐고・쥐어서	にぎった 쥐었다	にぎったり 쥐기도 하고
切る	きって 자르고・잘라서	きった 잘랐다	きったり 자르기도 하고
陥る	おちいって 곤궁에 빠지고・곤궁에 빠져서	おちいった 곤궁에 빠졌다	おちいったり 곤궁에 빠지기도 하고
蹴る	けって 차고・차서	けった 찼다	けったり 차기도 하고
減る	へって 줄어들고・줄어들어서	へった 줄어들었다	へったり 줄어들기도 하고
練る	ねって 손질하고・손질해서	ねった 손질했다	ねったり 손질하기도 하고
帰る	かえって 돌아가고・돌아가서	かえった 돌아갔다	かえったり 돌아가기도 하고
滑る	すべって 미끄러지고・미끄러져서	すべった 미끄러졌다	すべったり 미끄러지기도 하고
茂る	しげって 무성하고・무성해서	しげった 무성했다	しげったり 무성하기도 하고

> **Point** 「て형」의 용법

(1) 순차적인 동작 (〜고, 〜아, 〜어, 〜하고 나서)

❶ 氷が溶けて、水になる。 얼음이 녹아 물이 된다.

❷ 相談して、決めることにしました。 상담하고 나서 결정하기로 했습니다.

❸ 日も暮れて、星が輝いています。 날도 저물어 별이 빛나고 있습니다.

(2) 원인・이유 (〜해서, 〜아서, 〜어서, 〜때문에)

❶ 雨降って、地固まる。 비 온 뒤에 땅이 굳어진다.

❷ 用事ができて、出席できなかったんです。 용무가 있어서 출석하지 못했습니다.

(3) 병렬·대비 (~하고)

❶ よく遊んで、よく食べています。 잘 놀고 잘 먹고 있습니다.

❷ 佐藤さんはお茶を飲んで、松本さんは電話をかけています。
사토 씨는 차를 마시고 마츠모토 씨는 전화를 걸고 있습니다.

(4) 방법·수단 (~로, ~아서, ~어서, ~서)

❶ 飛行機に乗って、イギリスへ行きました。 비행기를 타고(비행기로) 영국에 갔습니다.

❷ 急いで行かなければなりません。 서둘러서 가지 않으면 안 됩니다.

(5) 역접 (~하고도)

❶ 彼は知っていて知らないふりをしている。 그는 알고도 모르는 체하고 있다.

❷ 疲れていて疲れていない顔をしている。 피곤하면서도 피곤하지 않은 얼굴을 하고 있다.

(6) 판단·평가의 수단 (~서)

❶ 教えてくださって、ありがとうございます。 가르쳐주셔서 감사합니다.

❷ 早くて10年かかります。 빨라야 10년 걸립니다.

Point 「~て」 vs 「~てから」

(1) ~て

「~て」를 중심으로 앞 문장의 사태와 뒷 문장의 사태가 같은 비중을 차지하는 병렬적인 요소가 강하다.

❶ 母は針仕事をして、姉はアイロンをかけている。
어머니는 바느질을 하고, 누나는 다림질을 하고 있다.

❷ 犬は庭に座っていて、猫は居眠りをしている。
개는 마당에 앉아 있고, 고양이는 앉아서 졸고 있다.

(2) ~てから

앞 문장의 사태가 이루어지고 난 다음 뒷 문장의 사태가 이루어질 때, 시간의 기점을 나타낼 때 사용하는 표현으로 시간적인 순서를 명확하게 구분하고자 할 때에 사용한다.

❶ 退職してから、数年過ぎた。 퇴직하고 나서 수년 지났다.

❷ 事件を片付けてから、出発することにします。 사건을 결말짓고 나서 출발하도록 하겠습니다.

> **Point** 「～てから」 vs 「～た後で」

(1) ～てから

「～てから」는 앞 문장의 사태와 뒷 문장 사태의 순서를 바꿀 수 없는 경우에 사용되는 표현이다. 그러므로 앞 문장을 생략하고 뒷 문장의 사태가 이루어질 수 없다는 의미가 내포되어 있으며, 당연히 문장의 초점은 앞 문장에 있는 것이다. 이와 비슷한 표현 중의 하나인 「～て」를 사용하게 되면 반드시 앞 문장의 사태가 선행되어야 한다는 조건은 약해진다. 따라서 시간적인 순서를 반드시 지켜야 할 경우나, 제품의 사용 설명서 등에 사용할 수 있다.

❶ 必ずご飯を召し上がってから、薬をお飲みください。 꼭 식사를 하시고 나서 약을 드십시오.

❷ 電池は必ず充電してから、お使いください。
전지는 반드시 충전하고 나서 사용하십시오.

(2) ～た後で

앞 문장의 사태가 이루어지고 난 다음 뒷 문장의 사태가 이루어질 수 있다고 하는 단순한 전후관계를 나타내는 표현이다. 그러므로 시간적인 전후관계를 바꿀 수 없는 「～てから」와는 달리 전후관계의 강제성이 약하고 앞 문장과 뒷 문장의 사태가 바뀔 가능성이 있다는 것을 내포하고 있는 표현이다. 레스토랑에서 웨이터가 손님에게 ❶과 같은 표현을 사용하게 되면 「디저트는 식후에 먹는 것이므로 지금은 절대 안 됩니다」라는 의미가 되어 부자연스러운 표현이 된다. 하지만 ❷처럼 「～た後で」를 사용하게 되면 「디저트는 원래 식후에 먹는 것이지만, 손님이 원하는 적당한 시기에 드십시오」라는 의미가 되어 상황에 어울리는 표현이 된다.

❶ お食事が済んでから、デザートをどうぞ。 식사를 마친 후에 디저트를 드세요.

❷ お食事が済んだ後で、デザートをどうぞ。 식사를 마친 후에 디저트를 드세요.

unit 02 ～ている ～하고 있다, ~어 있다

동작의 진행이나 상태를 나타낸다. 형태상으로 자동사와 접속하면 동작의 진행과 동작의 결과로 발생한 상태를 나타내며, 타동사와 접속하면 동작의 진행을 나타낸다.

1 자동사+ている

(1) 행위·작용의 지속

인간의 행위나 사물, 자연의 작용에도 사용된다.

❶ 雪が降っている。 눈이 내리고 있다.

❷ 部屋で赤ちゃんが遊んでいる。 방에서 아기가 놀고 있다.

(2) 현재의 상태

현재의 계속적인 상태를 나타낸다.

❶ 弟は母に似ています。 남동생은 어머니를 닮았습니다.

❷ 高い建物が建てられています。 높은 건물이 세워져 있습니다.

(3) 습관 · 반복 · 일반적인 상태

계속동작이나 결과의 현존상태가 반복적으로 종종 되풀이되는 일반적인 상태를 나타낸다.

❶ 北海道はしょっちゅう雪が降っている。 홋카이도는 늘상 눈이 내린다.
❷ 教室で様々な事件が起こっている。 교실에서 여러 가지 사건이 발생하곤 한다.

(4) 작용 · 결과의 현존

발생한 작용이나 행위의 완료된 상태가 이후에도 계속 지속되는 것을 나타낸다.

❶ 窓が開いている。 창문이 열려있다.
❷ 彼女は結婚している。 그녀는 결혼했다.

2 타동사+ている

(1) 계속 · 진행

동작의 계속과 진행을 나타내고 행위의 주체는 사람이 된다.

❶ 先生は今眠っている。 선생님은 지금 졸고 있다.
❷ 金さんは午前中図書館で勉強している。 김 씨는 오전 내내 도서관에서 공부하고 있다.

(2) 습관 · 반복 · 경험 · 상태 · 능력

늘상 이루어지는 행위, 습관이나 반복, 그 결과로 인해 습득한 능력, 이미 완료한 행위, 즉 경험 등을 나타낸다.

❶ 私は日本語を知っている。 나는 일본어를 안다.
❷ いつも徹夜して研究している。 늘상 밤을 지새워서 연구를 한다.
❸ 青木さんはすてきな車を持っている。 아오키 씨는 멋진 자동차를 가지고 있다.

3 「いく」·「くる」·「かえる」+ている

이동동사와 함께 사용되면 동작의 진행을 나타내는 용법이 아닌 동작의 완료를 나타낸다.

❶ 彼はすでに行っていた。 그는 이미 갔다.
❷ 彼はすでに来ていた。 그는 이미 도착해 있었다.
❸ 彼はすでに家へ帰っている。 그는 이미 집에 돌아와 있다.

4 「~ている」와 조사

「~ている」가 「登(のぼ)る」와 같은 이동동사와 접속하게 되면 조사의 형태에 따라 의미가 달라진다.

❶ 山(やま)に登(のぼ)っ**ている**。 산(산의 정상)에 올라 있다. [동작 결과의 상태]
❷ 山(やま)を登(のぼ)っ**ている**。 산을 (산의 정상을 향해) 오르고 있다. [동작의 진행]

unit 03 ~てある ~(되)어 있다

「자동사+ている」는 자연적인 현상의 상태를 나타내는 경우가 많은 반면, 「타동사+てある」는 인위적인 행위에 의해 이루어진 결과의 상태, 즉 동작의 결과를 나타내며 현재 상태 이전의 어떠한 동작이나 상태에 비중을 두는 표현이 된다.

1 타동사+てある

(1) 결과의 상태

❶ 窓(まど)が開(あ)い**ている**。 창이 열려져 있다. [자동사 – 開(あ)く]
　窓(まど)が開(あ)け**てある**。 창이 (누군가에 의해)열려 있다. [타동사 – 開(あ)ける]
❷ 商品(しょうひん)が並(なら)ん**でいる**。 상품이 진열되어 있다. [자동사 – 並(なら)ぶ]
　商品(しょうひん)が並(なら)べ**てある**。 상품이 (누군가에 의해)진열되어 있다. [타동사 – 並(なら)べる]

(2) 준비의 상태

어떠한 상황이 바로 다음 동작을 할 수 있게 준비되어 있는 상태를 나타낸다.

❶ 食事(しょくじ)の用意(ようい)をし**てあります**。 식사 준비를 해 놓았습니다.
❷ 体育大会(たいいくたいかい)の準備(じゅんび)はし**てあります**。 체육대회의 준비는 되어 있습니다.

Point 「結婚する」의 응용표현

(1) 結婚していません

상대방이 결혼 여부를 물었을 경우 「아직 안 했습니다」라고 대답할 때는 「結婚しませんでした」가 아니라 「結婚していません」이라고 해야 한다.

❶ 結婚していますか。 결혼했습니까?

❷ いいえ、まだ結婚していません。 아니오, 아직 결혼 안 했습니다.
　いいえ、まだ結婚しませんでした。(×)

(2) 結婚しません

상대방이 결혼 여부를 물었을 경우 「아직 결혼 의지나 예정이 없다」라고 대답할 때에 사용하는 표현이다.

❶ いつ結婚する予定ですか。 언제 결혼할 계획인가요?

❷ そうですね。まだ結婚しません。 글쎄요, 아직 결혼할 생각이 없습니다.

(3) 結婚しませんでした

「結婚している」의 과거부정형으로 「결국 결혼을 안 하고 인생을 마쳤거나」 「특정한 사람과 결혼하지 않았다」라고 할 경우에만 사용한다.

❶ 上田さんとは結婚しませんでした。 우에다 씨와는 결혼하지 않았습니다.

❷ 井上さんは最後まで結婚しませんでした。 이노우에 씨는 끝내 결혼하지 않았습니다.

unit 04　～てみる　～해 보다

동사 「て형」에 「みる」가 접속되면 「한번 시도해 보다」라는 의미가 된다.

❶ 一度やってみます。 한 번 해보겠습니다.

❷ おもしろいか、つまらないか、読んでみます。 재미있는지 시시한지 읽어보겠습니다.

❸ 話を聞いてみて決めることにします。 이야기를 들어 보고 결정하기로 하겠습니다.

Point 「する」vs「やる」

(1) する

무의지적인 행동이나 상태를 나타내며, 단독으로 사용되는 「やる」와는 달리 「공부를 하다」처럼 구체적인 행위를 나타낼 경우에 사용할 수 있다. 또한 감각의 표현·관용구·장신구의 착용 등에도 「する」를 사용한다.

❶ 息をする。 숨을 쉬다. あくびをする。 하품을 하다.

❷ 勉強をする。 공부를 하다.

❸ おいしそうなにおいがしますね。 맛있는 냄새가 나는군요.

❹ 隣で笑う声がします。 옆에서 웃는 소리가 납니다.

❺ アクセサリーをする 액세서리를 하다, ネックレスをする 목걸이를 차다, ベルトをする 벨트를 차다, 指輪をする 반지를 끼다, 腕時計をする 손목시계를 차다, ブレスレットをする 팔찌를 차다

(2) やる

의지적인 행동을 한다는 뜻이 강하고, 명사와 결합하지 않고 단독으로 사용될 수 있다. 또한 「やる」는 손아랫사람에게 무언가를 줄 때에도 사용하는 표현이므로 자기 자신이나 손아랫사람이 무언가를 할 경우에 사용하는 것이 좋다.

❶ すごいね、私もやりたいです。 멋지군요, 저도 해보고 싶어요.

❷ 健康のためにゴルフをやっています。 건강을 위해서 골프를 치고 있습니다.

❸ 生活の安定のために、商売をやっています。 생계의 안정을 위해 장사를 합니다.

Point 「隣」vs「横」vs「そば」

「隣」, 「横」, 「そば」는 모두 '옆'이나 '부근'이라는 뜻이지만, 단어에 따라서 의미 차이가 있으므로 구별해서 사용해야 한다.

(1) 隣

주로 이웃(집), 바로 옆(좌우)처럼 옆자리라는 의미가 강해서, 「A 隣 B」인 경우 A와 B는 서로 독립적이며 비슷하거나 동등한 느낌을 주는 사항(사람·건물·가구)이 온다.

❶ テレビの隣にラジオがあります。 TV 옆에 라디오가 있습니다.

❷ コンピューターの隣にプリンターがある。 컴퓨터 옆에 프린터가 있다.

❸ おじいさんの隣におばあさんがいます。 할아버지 옆에 할머니가 있습니다.

(2) 横

주로 좌우(가로)로 가까운 방향에 있다는 것을 나타낼 때 사용된다. 「A 横 B」인 경우 A와 B에는 서로 개별적인 사항이 온다.

❶ 横に立ってください。 옆에 서 주세요.

❷ 自転車の横に犬がいます。 자전거 옆에 개가 있습니다.

(3) そば

바로 옆이라는 의미보다는 근처에 있다는 의미가 강하며, 「A そば B」인 경우 B의 위치는 A를 기준으로 하여 좌우뿐만이 아니라 전후좌우(사방)에 있다는 것을 의미한다.

❶ 今あなたのそばに誰がいますか。 지금 당신 곁에는 누가 있습니까?

❷ 駅のそばにコンビニがあります。 역 근처에 편의점이 있습니다.

❸ ビルのそばに駐車場がありますか。 빌딩 옆에 주차장이 있습니까?

unit 05 ～ておく ~해 두다

이루어진 결과나 동작의 상태를 지속시켜 주고, 앞으로의 일에 대비한다는 준비의 의미를 나타내기도 한다. 또한 회화체에서는 「～ておく[teoku]」에서 「e」모음이 탈락되어 「～とく[toku]」로 발음되기도 한다.

❶ 倉庫をきちんと片付けておいた。 창고를 말끔하게 정리해 두었다.

❷ 出入り口を閉めないで開けておいてください。 출입구를 닫지 말고 열어 놓으세요.

❸ 週末は忙しいから前売り券を買っておいた。 주말은 바쁘므로 예매권을 사 두었다.

unit 06 ～ていく ~해 가다

현재의 어떠한 상황이 변화하여 미래의 다른 상황으로 변화되어 가는 과정을 완만하게 나타내는 표현이다. 즉 현재를 기준으로 하여 미래를 향한 시간적인 상황의 계속을 나타낸다.

❶ 年々故郷の姿も変っていきます。 매년 고향의 모습도 변해 갑니다.

❷ 韓国の生活にだんだん慣れていった。 한국 생활에 점차 익숙해져 갔다.

❸ 紅葉がゆっくりと赤くなっていく。 단풍이 서서히 빨갛게 물들어 간다.

unit 07 ~てくる ~해 오다

과거의 어떠한 상황이 변화하여 현재의 상황으로 진행되어 오는 과정을 완만하게 나타내는 표현이다. 과거형인「~てきた」는 변화의 결과에 비중을 둔 표현이며, 또한 어떠한 사태에 대한 변화의 시작·기점을 나타내기도 한다.

❶ いきなりいい考えが浮かんできた。 갑자기 좋은 생각이 떠올랐다.
❷ 最近、働く女性が増えてきたらしい。 최근 일하는 여성이 증가하고 있는 것 같다.
❸ 急に曇って大雨が降ってきた。 날씨가 갑자기 흐려지고 나서 많은 비가 내렸다.
❹ 空がだんだん明るくなってきました。 하늘이 점점 밝아져 왔습니다.

unit 08 ~てしまう ~해 버리다(완료)

동작의 완료를 나타내며 화자의 의지와는 상관없이 부정적인 결과가 발생한 것에 대한 후회·유감·곤란함 등의 주관적인 의미를 나타낸다. 그러므로 긍정적인 문장보다는 부정적인 문장에 적당하며, 회화체에서는「~ちゃう(~じゃう)」를 사용하기도 한다.

❶ 道が込んで約束に遅れてしまいました。 길이 막혀 약속에 늦어버렸습니다.
❷ 地図をなくして道に迷ってしまいました。 지도를 분실해서 길을 잃어버렸습니다.
❸ 英語の試験で0点を取ってしまいました。 영어시험에서 0점을 받아 버렸습니다.
　英語の試験で100点を取ってしまいました。(×)

unit 09 ~てください ~해 주세요

상대방에게 의뢰를 하거나 부드러운 명령을 할 때 사용하는 표현이지만, 그다지 정중한 표현은 아니므로 손윗사람에게 사용하는 것은 바람직하지 않다. 이와 비슷한 의뢰표현에는「~てくれないか」,「~てくれませんか」,「~てくださいませんか」등이 있다.

1 ~てください

주로 손아랫사람에게 행위를 요구하는 표현이며,「~てくれ」는 친한 친구 사

이 정도에 사용할 수 있는 표현이다.

❶ 本文を来週までに5回書いてください。 본문을 다음 주까지 다섯 번 써 주세요.
❷ 家へ遊びに来てくれ。 집에 놀러 와라.

2 ~てくれないか

주로 남성들이 친한 친구나 손아랫사람에게 사용하는 표현이다. 여성들은 「~てくれない?」, 「~てもらえない?」를 사용하기도 한다.

❶ 明日、家に来てくれないか。 내일, 집에 놀러 오지 않을래?
❷ 英語の宿題を伝ってもらえない。 영어 숙제를 도와 주지 않을래?

3 ~てくれませんか

동료나 손아랫사람에게 사용할 수 있는 표현이다. 「~てもらえませんか?」도 같은 상황에서 사용할 수 있다.

❶ 代わりに電話をかけてくれませんか。 대신 전화를 걸어주지 않겠습니까?
❷ 代わりに書類を出してもらえませんか。 대신 서류를 제출해 주지 않겠습니까?

4 ~てくださいませんか

상대방의 기분을 고려한 정중한 의뢰표현이다.

❶ 結婚してくださいませんか。 결혼해 주지 않으시겠습니까?
❷ 連れて行ってくださいませんか。 데려가 주지 않으시겠습니까?

unit 10 ~てから ~하고 나서

앞의 사항이 이루어진 후, 다음 사항이 발생한다는 시간적인 순서를 명확히 나타내는 표현이다.

❶ 食事をしてから、運動をしなさい。 식사를 하고 나서 운동을 하세요.
❷ 手を洗ってから、ご飯を食べました。 손을 씻고 나서 밥을 먹었습니다.
❸ 仕事を終えてから、掃除をしました。 일을 끝내고 나서 청소를 했습니다.

unit 11 〜てほしい 〜하기 바란다, 〜해 주었으면 한다

상대방에게 화자의 바람·의뢰·요구 등 원하는 동작이나 상태를 완곡하게 나타내는 표현이며, 동작이나 상태의 주체에는 조사 「に」를 사용한다. 비슷한 표현으로는 「〜てもらいたい(〜ていただきたい)」가 있으며, 부정표현은 「〜ないでほしい」, 「〜ないでもらいたい(〜ないでいただきたい)」이다.

❶ きちんと説明してほしいんですが。 확실하게 설명해 주셨으면 합니다만.
❷ 講義室では静かにしてほしいです。 강의실에서는 조용히 해 주었으면 합니다.
❸ 私はあなたに行ってほしいです。 저는 당신이 갔으면 합니다.
❹ ノックもしないで入らないでほしい。 노크도 하지 않고 들어오지 않았으면 합니다.
❺ 報告書を秘書室に出さないでいただきたいです。
보고서를 비서실에 제출하지 않았으면 합니다.

Point — 수수동사 (やりもらい動詞)

(1) やる・あげる・さしあげる

화자가 타인(2, 3인칭)에게 도움을 주거나 타인이 타인에게 도움을 주는 경우에 사용할 수 있는 표현이다. 예를 들면 「화자가 2인칭에게 주는 경우」, 「2인칭이 3인칭에게 주는 경우」, 「3인칭이 3인칭에게 주는 경우」가 해당된다. 또한 도움을 받는 쪽이 동물이거나 손아랫사람, 자신의 가족, 친한 친구사이일 경우에는 「やる」를 사용하기도 하며, 반대로 손윗사람에게는 「さしあげる」를 사용해야 한다.

❶ 後輩に車を貸してやりました。 후배에게 자동차를 빌려주었습니다. [화자→3인칭]
❷ 友達に誕生日のプレゼントをあげました。 친구에게 생일선물을 주었습니다. [화자→3인칭]
❸ 私は山田さんに卒業祝いをあげた。 나는 야마다 씨에게 졸업선물을 주었다. [화자→3인칭]
❹ あなたは友子さんに何をあげましたか。 당신은 유코 씨에게 무엇을 주었나요? [2인칭→3인칭]
❺ 金さんは森さんにハンカチをあげた。 김 씨는 모리 씨에게 손수건을 주었다. [3인칭→3인칭]

(2) くれる・くださる

타인(2, 3인칭)이 화자나 화자의 그룹에 속하는 쪽에게 도움을 줄 때나 화자그룹이 화자에게 도움을 줄 때에 사용하며, 주는 사람에게 초점을 맞춘 표현이다. 예를 들면 「3인칭이 화자(화자에 속하는 그룹)에게 주는 경우」, 「2인칭이 화자(화자에 속하는 그룹)에게 주는 경우」, 「3인칭이 2인칭에게 주는 경우」가 해당된다. 또한 화자보다 손윗사람이거나 친하지 않을 경우에는 「くださる」를 사용한다.

❶ 原田さんは私にボーナスをくれた。 하라다 씨는 나에게 보너스를 주었다. [3인칭→화자]
❷ 彼女が妹に本を貸してくれた。 그녀가 여동생에게 책을 빌려 주었다. [3인칭→화자그룹]
❸ 彼はあなたに何を教えてくれましたか。 그는 당신에게 무엇을 가르쳐 주었나요? [3인칭→2인칭]

❹ 母はおこづかいをくれました。 어머니는 용돈을 주었습니다. [화자그룹→화자]
❺ 部長は結婚祝いに花瓶をくださいました。 부장님은 결혼선물로 꽃병을 주셨습니다. [3인칭→화자]

(3) もらう・いただく

상대방으로부터 도움을 받는 쪽에 초점을 맞춘 표현이다. 예를 들면 「화자가 3인칭으로부터 받은 경우」, 「2인칭이 3인칭으로부터 받은 경우」, 「3인칭이 3인칭으로부터 받은 경우」가 해당된다. 또한 주는 쪽이 손윗사람일 경우에는 「いただく」를 사용해야 한다.

❶ 市川さんからネックレスをもらった。 이치카와 씨에게 목걸이를 받았다. [3인칭→화자]
❷ 中沢さんから何をもらいましたか。 나카자와 씨에게 무엇을 받았습니까? [2인칭→3인칭]
❸ 岡崎さんは佐藤さんから時計をもらった。 오카자키 씨는 사토 씨에게 시계를 받았다. [3인칭→3인칭]
❹ 社長からボーナスをいただきました。 사장님에게 보너스를 받았습니다. [3인칭→화자]

unit 12 ～てあげる ~해 주다

타인에게 호의적인 일이나 행위를 제공함을 나타내며, 주는 사람에게 초점이 맞춰진 표현이다. 호의를 받는 대상이 손아랫사람이거나 동물・식물일 경우에는「～てやる」를 사용하며, 손윗사람일 경우에는「～てさしあげる」를 사용한다.

【접속형태】

～が/～は	～に	～を	～てあげる
주는 사람	받는 사람	대상	행위

❶ 妹は夜遅くまで子供と遊んでやった。 여동생은 밤 늦게까지 아이하고 놀아주었다.
❷ 父は藤森さんに本を貸してあげました。 아버지는 후지모리 씨에게 책을 빌려 주었습니다.
❸ 新井さんは島田さんにおみやげを送ってさしあげました。
아라이 씨는 시마다 씨에게 선물을 보내 드렸습니다.

unit 13 ～てもらう ~해 받다(~해 주다)

「～てあげる」나「～てくれる」는 주는 사람이 주어의 위치에 오지만, 「～てもらう」는 받는 사람이 주어의 위치에 온다. 주어에는 1인칭(화자 그룹)에 속하는 인물이 오게 되며, 다른 사람이 해 준 행동을 자기 자신을 낮추어 받는 듯한 간접적인 표현으로, 상대방에게 경의를 나타내는 표현이다. 또한 받는 사람보다 주는 상대가 손윗사람일 경우에는 「～ていただく」를 사용한다. 또한 주는 사람에는 조사 「～に」가 접속되지만, 물건이나 지식 같은 경우에는 「～から」도 사용할 수 있다.

【접속형태】

～が/～は	～に/から	～を	～てもらう
받는 사람	주는 사람	대상	행위

❶ 田中先生に日本語を教えていただきたいんですが。
다나카선생님께 일본어를 가르쳐 주셨으면 합니다만.

❷ 同僚に買ってもらった日本酒はもう飲んでしまった。
동료가 사 준 일본주는 이미 마셔버렸다.

❸ 伊藤さんは松岡さんからコーヒーカップを買ってもらいました。
마츠오카 씨는 이토 씨한테 커피잔을 사 주었습니다.

unit 14 ～てくれる ~해 주다

상대방이 1인칭(화자 그룹)을 위하여 이익이 되는 일이나 행위를 제공해 주는 것을 나타내며 주는 상대방에게 초점을 맞춘 표현이다.

【접속형태】

～が/～は	～に	～を	～てくれる
주는 사람	받는 사람	대상	행위

❶ 先生は私に本を貸してくれました。 선생님은 나에게 책을 빌려 주셨습니다.

❷ 森元さんが私に東洋画を買ってくれました。 모리모토 씨가 나에게 동양화를 사 주었습니다.

❸ 石橋さんが私にお中元を送ってくれました。
이시바시 씨가 내게 백중선물을 보내 주었습니다.

unit 15 ～てもいい ~해도 좋다

상대방의 요구사항을 허락하는 표현이며, 이와 비슷한 표현으로는 「～て(で)もかまわない」, 「～て(で)もよろしい」가 있다.

❶ 屋上ではタバコを吸ってもいいです。 옥상에서는 담배를 피워도 좋습니다.

❷ 試験の時、辞書を引いてもいいですか。 시험을 볼 때 사전을 봐도 됩니까?

❸ このズボン、試着してもよろしいですか。 이 바지 입어봐도 괜찮습니까?

Point 「～てもいい」 vs 「～てもかまわない」

(1) ～てもいい

허가나 허락을 구하는 표현(～てもいいですか)에 대한 긍정적인 대답이며, 또한「はい、どうぞ」,「～てもよろしいです」등으로도 표현할 수 있으며 윗사람에 공손하게 표현할 경우에는「～ても結構です」를 사용할 수 있다.

❶ 窓を開けてもいいですか。 창문을 열어도 좋습니까?
　はい、どうぞ。 예, 그러세요.
　　開けてもいいです。 열어도 됩니다.
　　開けてもよろしいです。 열어도 좋습니다.
　　開けても結構です。 열어도 괜찮습니다.

❷ 明日学校へ行かなくてもいいですか。 내일 학교에 가지 않아도 됩니까?
　はい、どうぞ。 예, 그러세요.
　　行かなくてもいいです。 가지 않아도 됩니다.
　　行かなくてもよろしいです。 가지 않아도 좋습니다.
　　行かなくても結構です。 가지 않아도 괜찮습니다.

(2) ～てもかまわない

「～てもいい」보다 좀 더 소극적인 표현이다. 가령「～てもいいですか」는 화자가 무슨 일을 하고자 할 때에 상대방에게 직접적으로 의견을 묻는 표현이며,「～てもかまわないですか」는 화자가 무슨 일을 하고자 할 때에 그 일을 계기로 상대방에게 지장을 주거나 불편을 주지 않는지 간접적으로 물어보는 간접・소극적인 표현이다. 따라서「～てもかまわない」는 화자가 무슨 일을 하든지「크게 개의치 않는다, 상관 없다」라는 약간 무관심과 소극적인 찬성의 의미가 내포되어 있다.

❶ 遅く出かけてもかまいません。 늦게 나가도 상관없습니다.
❷ 手形で払ってもかまいません。 어음으로 지불해도 상관없습니다.
❸ 帽子をかぶって入ってもかまいません。 모자를 쓰고 들어와도 상관없습니다.

unit 16 ～てはいけない ~해서는 안 된다

어떠한 행위에 대한 강한 금지를 나타내는 표현이므로 일상적인 대화에서나 손윗사람에게는 주의해서 사용해야 한다. 그 대신에「～て(で)はだめです」,「～て(で)は困ります」,「～ないでください」등을 사용하면 보다 부드러운 표현이 된다.

❶ 時速100キロ以上で運転してはいけません。 시속 100킬로 이상으로 운전해서는 안 됩니다.
❷ 研究室の前で走ってはだめです。 연구실 앞에서 뛰어서는 안 됩니다.
❸ 劇場で携帯電話を使わないでください。 극장에서 휴대전화를 사용하지 말아 주세요.

Point 「～てはいけない」vs「～てはならない」vs「～てはだめだ」vs「～ては困る」

(1) ～てはいけない

상대방 행동의 결과가 바람직하지 않기 때문에 강하게 금지하거나 인정하지 않을 경우에 사용한다. 주로 사회적인 규범이나 상하관계에서의 지시를 나타낼 때 사용하는 표현이므로, 손윗사람에게 사용할 경우에는 제안이나 의뢰의 형태로 바꾸어 화자의 의지를 표현하는 것이 좋다.

❶ 法に背いてはいけない。 법을 어겨서는 안 된다.
❷ 先生に嘘をついてはいけない。 선생님에게 거짓말을 해서는 안 된다.
❸ 公共の場所でタバコを吸ってはいけない。 공공장소에서 담배를 피워서는 안 된다.

(2) ～てはならない

사회 통념상으로 볼 때 있을 수 없는 행위를 문제로 삼는 경우가 많다. 따라서 손윗사람에게 사용하면 부자연스러운 표현이 되므로 제안이나 의뢰의 형태로 화자의 의지를 표현하는 것이 좋다.

❶ そういうふうに悪口を言ってはならない。 그렇게 욕설을 해서는 안 된다.
❷ 他人の秘密をやたらに話してはならない。 다른 사람의 비밀을 함부로 알려서는 안 된다.
❸ 二度とそんな過ちを犯してはならない。 두 번 다시 그런 실수를 저질러서는 안 된다.

(3) ～てはだめだ

「～てはいけない」보다 부드럽고 회화체적인 표현이며, 친한 사이나 손아랫사람에게 사용할 수 있는 일반적인 금지 표현이다.

❶ そんな姿を見せてはだめです。 그런 모습을 보여줘서는 안 됩니다.
❷ 悪い友達と付き合ってはだめです。 나쁜 친구와 사귀어서는 안 됩니다.

(4) ～ては困る

「～てはいけない」,「～てはならない」,「～てはだめだ」보다 소극적인 금지 표현이며 회화체에 많이 사용된다.

❶ このまま行ってしまっては困ります。 이대로 가 버리면 곤란합니다.
❷ 患者なので、塩辛いものを食べては困ります。 환자이므로 짠 음식을 먹으면 곤란합니다.

6 과거형의 용법 (た형)

(1)	～た	～했다	デパートでお寿司を買った。 백화점에서 초밥을 샀다.
(2)	～たあとで	～한 후에	着替えたあとで、出かけます。 옷을 갈아입은 뒤에 나갑니다.
(3)	～たり ～たりする	～하기도 하고 ～하기도 한다	本を読んだり、音楽を聞いたりします。 책을 읽기도 하고 음악을 듣기도 합니다.
(4)	～た(こ)とがある	～한 적이 있다	この本を読んだことがある。 이 책을 읽은 적이 있다.
(5)	～たつもりで	～한 셈치고	死んだつもりで、頑張ろう。 죽은 셈치고 열심히 하자.
(6)	～たほうがいい	～하는 편이 좋다	水を飲んだほうがいいです。 물을 먹는 편이 좋습니다.
(7)	～たところが	～했더니 ～했던바	彼を信じたところが、誤算だった。 그를 믿었는데 오산이었다.
(8)	～たまま	～한 채로	めがねをかけたまま寝てしまった。 안경을 쓴 채로 자 버렸다.
(9)	～たついでに	～하는 김에	山へ行ったついでに、お寺にも寄った。 산에 가는 김에 절에도 들렀다.
(10)	～たあげく	～한 끝에 ～한 결과	考えたあげく、入学することにした。 생각한 끝에 입학하기로 했다.
(11)	～たとたん(に)	～하자마자 ～한 순간	終わったとたん外へ出かけてしまった。 끝나자마자 밖으로 나가버렸다.

unit 01 ～た ～했다

과거의 사항·완료·강조나 확인의 뜻을 나타낸다. 동사 활용어미의 변화는「て형」과 같으며 과거형 그대로 문장을 끝맺기도 한다.

❶ 寒くて、熟眠ができなかった。 추워서 숙면할 수가 없었다.

❷ 今朝、高速道路で事故があった。 오늘 아침 고속도로에서 사고가 있었다.

❸ 一日中探しても、見つからなかった。 하루 종일 찾아도, 발견하지 못했다.

❹ 甘くてとても食べられたものじゃない。 달아서 도저히 먹을 수 있는 것이 못 된다.

unit 02 ～たあとで ~한 후에

어떠한 하나의 사태가 완료된 다음에 다른 사태가 발생하는 시간적인 순서를 나타낸다.

❶ 後片付けしたあとで、お風呂に入ります。 뒷정리를 하고 난 뒤에 목욕을 합니다.
❷ ご飯を食べたあとで、歯を磨きます。 밥을 먹은 다음에 이를 닦습니다.
❸ シャワーを浴びたあとで、日記をつけます。 샤워를 마친 다음에 일기를 씁니다.

unit 03 ～たり ～たりする ~하기도 ~하기도 한다

병행 또는 잇달아 일어나는 같은 종류의 동작·상태를 나열할 때에 사용하는 표현이다. 또한 서술한 것 이외에도 같은 종류의 것이 더 있음을 암시하기도 하며, 특히 반대되는 뜻의 말을 두 가지 열거하여 그 동작이나 상태가 되풀이되는 것을 나타내기도 한다.

❶ ネオンがついたり消えたりしています。 네온 사인이 켜졌다 꺼졌다 하고 있습니다.
❷ 彼は寝たり起きたりの状態です。 그는 누웠다 일어났다 하는 상태입니다.
❸ 一日中出たり入ったりしている。 하루종일 들락날락 하고 있다.

unit 04 ～たことがある ~한 적이 있다

과거의 어떠한 행위에 대해 경험이 있음을 나타내며, 반대 표현은 「～たことがない」이다.

❶ 大声で泣いたことがありますか。 큰소리로 울어본 적이 있습니까?
❷ 私はあまり家事を手伝ったことがない。 나는 그다지 집안 일을 도운 적이 없다.
❸ 努力もしないであきらめたことがありますか。 노력도 하지 않고 포기한 적이 있습니까?

Point 「〜たことがある」 vs 「기본형+ことが(も)ある」

(1) 〜たことがある
어떠한 사태에 대한 화자의 체험이나 경험을 나타내며 빈도부사와 접속되는 경우가 많다. 또한 경험한 시기가 현재를 기준으로 하여 얼마 지나지 않은 경우에는 부자연스러운 표현이 되므로 주의해야 한다.

❶ スペインへ行ったことがあります。 스페인에 간 적이 있습니다.

❷ J-POPを聞いたことがありますか。 J-POP를 들어 본 적이 있습니까?

❸ 私はホンコンへ行ったことがあります。 나는 홍콩에 간 적이 있습니다.

❹ 私は先週ホンコンへ行きました。 나는 지난주에 홍콩에 갔었습니다. (○)
　私は先週ホンコンへ行ったことがあります。(×)

(2) 기본형+ことが(も)ある
어떠한 사태가 자주 발생하지 않고「간혹(이따금씩, 어쩌다) 〜하기도 한다」라는 의미로 사용된다.

❶ 電話番号を忘れることが(も)あります。 간혹 전화번호를 잊는 일이(도) 있습니다.

❷ 日曜日にも学校へ行くことが(も)あります。 이따금 일요일에도 학교에 간 적이(도) 있습니다.

❸ 夏なのに、風邪を引くことが(も)あります。 여름인데도 가끔씩 감기에 걸린 적이(도) 있습니다.

unit 05 〜たつもりで 〜한 셈치고

실제로는 그렇지 않지만, 그러한 기분이나 생각을 가정하여 나타내는 표현이다.

❶ 死んだつもりで頑張ろう。 죽은 셈치고 열심히 하자.

❷ 自分ではできたつもりですが、まだわかりません。
저로서는 잘 치른 셈이지만, 아직 모르겠습니다.

❸ 確かに約束したつもりですが、何かありましたか。
분명히 약속한 것 같은데, 무슨 일 있으세요?

unit 06 ～たほうがいい ～하는 편이 좋다

상대방의 의견보다는 자신의 의견을 적극적으로 표현하여 강하게 충고하는 의미를 나타낸다. 또한 부정형과 접속하는「～ないほうがいい」는 자신의 의견을 적극적으로 나타내기보다는 상대방의 의견이나 생각에 대해 조심스럽게 조언·충고하는 표현이 된다.

❶ よくないことは早く忘れたほうがいい。 좋지 않은 일은 빨리 잊어버리는 것이 좋다.

❷ もうすぐ週末なので、早く約束の場所を決めたほうがいい。
곧 주말이므로 빨리 약속장소를 정하는 편이 좋다.

❸ そこは戦争中ですから、取材に行かないほうがいいです。
그곳은 전쟁 중이므로 취재하러 가지 않는 편이 좋습니다.

unit 07 ～たところが ～했더니, ～한 바

어떠한 사항을 말하고 그 결과가 어떻게 되었는지를 나타낸다.

❶ 先生に伺ったところが、わからないとおっしゃった。
선생님에게 여쭤 보았더니 모른다고 말씀하셨다.

❷ 急いで行ったところが、まだ誰も来ていなかった。
급히 서둘러 가 보았더니 아직 아무도 오지 않았다.

❸ 叱られると思ったところが、かえってほめられました。
야단을 맞을 거라고 생각했더니 오히려 칭찬을 받았습니다.

Point 「～という」

「～という」는 타인의 말을 인용하여 이야기하거나 타인으로부터 들은 정보를 상대방에게 전달하는 것을 나타낸다. 또한「명사＋という＋명사」의 구문에서는 화자와 상대방 모두가 명사에 대해서 잘 모르고 있다는 의미를 나타낸다. 회화체에서는「～ということだ」를 사용하여 전문의 역할을 하기도 한다.

❶ 昨日の送別会には来なかったということです。 어제 송별회에는 오지 않았다고 합니다.

❷ 服部さんという人が来ました。 핫토리 씨라고 하는 사람이 왔습니다.

❸ ついに子供向けの新聞が発行されたということです。
마침내 어린이를 대상으로 한 신문이 발행되었다고 합니다.

unit 08 ~たまま ~한 채, ~(그)대로

변화하지 않고 같은 상태가 계속되거나 그러한 상태가 방치되는 것을 나타내며 「~てしまう」와 접속되는 경우가 많다. 대체로 부자연스럽고 바람직하지 못한 상태가 계속 이어짐을 나타낸다.

❶ 窓を開けたまま寝てしまった。 창문을 연 채로 잠이 들어 버렸다.
❷ めがねをかけたまま顔を洗ってしまった。 안경을 쓴 채로 세수를 해 버렸다.
❸ けがをしたまま競技に出た。 다친 채 경기에 나갔다.

unit 09 ~たついでに ~하는 김에, ~하는 기회에

무슨 일을 할 경우 그 기회를 이용해서 다른 일도 함께 병행한다는 의미를 나타낸다.

❶ 来たついでにちょっとお寄りしました。 온 김에 잠깐 들렀습니다.
❷ 事業を始めたついでに店を出すつもりです。 사업을 시작한 김에 가게를 낼 작정입니다.
❸ 買い物に行ったついでに私のも買ってきて。 물건 사러간 김에 내 것도 사와줘.

Point 「初めて」 vs 「始め」

(1) 初めて

이제까지 그러한 일이 없었거나 경험하지 못했으며 「처음으로, 최초로」라는 의미를 나타내며, 「初めての見合い」, 「初めてのキス」처럼 명사와 같이 접속될 수 있다. 또한 「(그 때가 되어서야) 비로소」라는 의미를 나타내기도 한다.

❶ 初めてお目にかかります。 처음 뵙겠습니다.
❷ こんなに有益な旅行は初めてです。 이렇게 유익한 여행은 처음입니다.
❸ 病気になってはじめて健康の大切さを知りました。
병에 걸리고서야 비로소 건강이 중요한 것을 알았습니다.

(2) 始め

이미 어떠한 사태나 상황이 진행 중이며, 시간적인 측면에서 「처음, 시작, 시초」라는 의미를 나타낸다. 또한 「~始めとして」라는 형태는 「~을 비롯하여」라는 의미를 나타내기도 한다.

❶ 物事は始めが大事だ。 일은 처음(시작)이 중요하다.
❷ 始めを読んだだけで、後は想像がつきます。 첫머리를 읽기만 해도 뒤는 상상이 갑니다.
❸ 学者をはじめとして多くの関係者が興味を持っています。
학자를 비롯하여 많은 관계자들이 흥미를 가지고 있습니다.

7 가정형의 용법

(1)	~ば	~하면(논리적 사실과 진리)	春になれば、花が咲きます。 봄이 되면 꽃이 핍니다. 5に3を足せば、8になる。 5에 3을 더하면 8이 된다.
(2)	~ば	~하면(단순 가정)	この薬を飲めば、すぐ治る。 이 약을 먹으면 금방 낫는다.
(3)	~ば ~ほど	~하면 ~할수록	南へ行けば行くほど暖かい。 남쪽으로 가면 갈수록 따뜻하다.
(4)	~さえ ~ば	~만~한다면	本さえあればいいです。 책만 있으면 좋습니다.
(5)	~も ~ば	~도 ~하고(하거니와)	池もあれば林もある。 연못도 있고 숲도 있다.

unit 01 ~ば ~하면 [논리적 사실과 진리]

논리적인 사실이나 진리, 일반적인 사항, 반복적이고 습관적인 사실이나 자연현상의 사태를 나타낸다. 따라서 뒷부분에 명령·의지·권유·허가 등의 표현이 오게 되면 부자연스러운 문장이 된다.

❶ 春になれば、桜の花が咲きます。 봄이 되면 벚꽃이 핍니다.
❷ 雨が降れば、道が滑りやすくなる。 비가 오면 길이 미끄러워지기 쉬워진다.
❸ 練習をすれば、だれでも上手になります。 연습하면 누구든지 능숙하게 됩니다.

unit 02 ~ば ~하면 [단순가정]

앞부분의 사실이 실현될 것을 가정하여 뒷부분의 결과를 나타낸다. 즉, 뒷 문장이 성립되기 위한 조건으로 앞부분이 제시되는 형태이다. 또한 뒷 문장에는 과거형이나 화자의 의지·권유·명령·허가 등과 같은 표현은 올 수 없다. 하지만 앞 문장에 상태성 동사(ある·いる)나 형용사가 오게 되면 뒷문장에 의지·권유·명령·허가와 같은 표현이 올 수 있다.

❶ タバコを止めれば、喉が治るでしょう。 담배를 끊으면 목이 나을 것입니다.
❷ 説明書を読めば、すぐ分かります。 설명서를 읽으면 금방 알 수 있습니다.
❸ 交番で聞けば、親切に教えてくれます。 파출소에서 물어보면 친절하게 가르쳐 줍니다.
❹ 時間があれば、ぜひ遊びに来てください。 시간이 있으면 꼭 놀러 오세요.

동사
動詞

unit 03 ~ば ~ほど ~하면 할수록

중복된 동작·작용으로 인해 결과의 상태가 더욱 심화되어 가는 의미를 나타낸다.

❶ 運動をすればするほど、食欲が出ます。 운동을 하면 할수록 식욕이 생깁니다.
❷ 文法書は読めば読むほど、難しい。 문법책은 읽으면 읽을수록 어렵다.
❸ 牛肉は噛めば噛むほど、おいしいです。 쇠고기는 씹으면 씹을수록 맛있습니다.

unit 04 ~さえ ~ば ~만 ~한다면

앞부분의 조건만 충족되면 뒷부분의 결과가 성립된다는 의미를 나타낸다.

❶ 金さえあれば、車を買える。 돈만 있으면 자동차를 살 수 있다.
❷ 彼女の顔さえ見られれば、何も要りません。
그녀의 얼굴만 볼 수 있으면 아무것도 필요 없습니다.
❸ あなたさえいれば、幸せです。 당신만 있으면 행복합니다.

unit 05 ~も ~ば ~도 ~하고(하거니와)

비슷한 동작이나 작용을 열거하여 첨가의 의미를 나타낸다.

❶ 晴れの日もあれば雨の日もある。 갠 날도 있고 비오는 날도 있다.
❷ この店はビデオもあればカメラもある。 이 가게는 비디오도 있고, 카메라도 있다.
❸ 久保田さんはフランス語もできれば英語もできます。
구보타 씨는 프랑스어도 할 수 있고, 영어도 할 수 있습니다.

Point 「と」 vs 「ば」 vs 「たら」 vs 「なら」

(1) と

① 논리적 · 반복적 사실

앞 문장의 사항이 성립하면 뒷 문장의 사항이 반드시 성립하는 「불변의 진리 · 논리적 법칙 · 자연현상」등을 나타낸다. 따라서 「と」 뒷 문장에는 화자의 주관적인 표현이 올 수 없다.

❶ 春になると、花が咲く。 봄이 되면 꽃이 핀다.

❷ 3に2をかけると、6になる。 3에 2를 곱하면 6이 된다.

❸ 年を取ると、記憶力が悪くなります。 나이를 먹게 되면 기억력이 둔해집니다.

② 일반적인 상식과 길 안내

흔히 사회에서 통용되는 사회적인 관습 · 통념 등을 나타내며, 길 안내를 하는 표현에도 사용할 수 있다.

❶ 風邪を引くと、熱が出ます。 감기에 걸리면 열이 납니다.

❷ 風邪薬を飲むと、眠くなります。 감기약을 먹으면 졸립니다.

❸ まっすぐに行くと、交差点の向こうに見えます。 곧장 가면 교차점의 맞은편에 보입니다.

③ 특정인(물)의 습관적 · 반복적 사실

특정인이나 특정물의 습관이나 현재의 반복적인 동작을 나타낸다.

❶ 私はお酒を飲むと、いつも赤くなります。 나는 술을 마시면 항상 빨개집니다.

❷ 試験になると、いつも頭痛がひどくなる。 시험 때가 되면 항상 두통이 심해진다.

④ 동시성 · 연속성 · 발견

어떠한 동작이 성립되었을 경우 곧이어 다른 동작이 성립되는 것(~하자마자 곧바로)을 나타내며 뒷 문장에는 과거형이 온다. 이러한 용법은 조건표현의 기본적인 용법에서 벗어난 표현이라고 할 수 있다.

❶ 長いトンネルを抜けると、雪国だった。 긴 터널을 빠져 나오자(마자) 설국이었다.

❷ 電車が止まると、乗客が降りはじめた。 전철이 멈추자(마자) 타고 있던 승객이 내리기 시작했다.

❸ コンビニへ行くと、渡辺さんがいました。 편의점에 가자 와타나베 씨가 있었습니다.

(2) ば

① 논리적 · 반복적 사실

앞 문장의 사항이 성립되면 뒷 문장의 사항이 반드시 성립되는 불변의 진리 · 논리적 법칙 · 자연현상 등을 나타낸다. 이러한 용법은 「と」와 비슷한 용법이다.

❶ 春になれば、花が咲く。 봄이 되면 꽃이 핀다.

❷ 3に2をかければ、6になる。 3에 2를 곱하면 6이 된다.

② 가정조건

앞 문장의 사항이 아직 실현되지 않았지만, 실현될 것을 가정하고 그 상황 하에서 뒷 문장의 결과를 나타낸다. 또한 뒷 문장에 의지 · 희망 · 명령 등과 같은 화자의 주관적인 표현이 올 수 있다.

❶ 一生懸命練習すれば、上手になります。 열심히 연습하면 잘하게 될 겁니다.

❷ あなたが行けば、私も行きます。 당신이 간다면 나도 갑니다.

❸ あなたさえよければ、私はかまいません。 당신만 좋다면 저는 상관없습니다.

③ 반사실 가정

현실에서 실현이 불가능하며 이미 지나버린 사태에 대한 화자의 유감이나 후회 등을 나타낸다.

❶ 彼女に返事を送れば、会えたのに。 그녀에게 답장을 보냈으면 만날 수 있었을 텐데.

❷ 私に言ってくれれば、そこには行かなかったのに。
나에게 말해 주었다면 그곳에는 가지 않았을 텐데.

④ 속담·격언

속담이나 격언과 같은 변하지 않는 사회적인 통념이나 법칙 등을 나타낸다.

❶ 急がば回れ。 급할수록 돌아가라.

❷ ちりも積もれば、山となる。 티끌모아 태산.

⑤ 앞 문장 술어(述語)의 제약

앞 문장의 술어가 상태성(ある·いる·형용사)일 경우에는 뒷 문장에 화자의 주관적인 표현이 올 수 있지만, 앞 문장의 술어가 동작성(상태성 동사를 제외한 동사)일 경우에는 화자의 주관적인 표현이 올 수 없다. 또한 앞 문장과 뒷 문장의 주어가 동일할 경우에는 화자의 주관적인 표현이 올 수 없다.

❶ 時間があれば、遊びに来てください。 시간이 있으면 놀러 오세요.

❷ 見たければ、見てもいいです。 보고 싶다면 봐도 됩니다.

❸ 8時に着けば、ぜひ連絡してください。 8시에 도착하면 꼭 연락해 주세요. (×)

❹ 日本に着けば、連絡することにします。 일본에 도착하면 연락하겠습니다. (×)

(3) たら

조건표현 형식 중에서 가장 사용 범위가 넓으며 후건에 화자의 주관적인 표현이 자유롭게 올 수 있다.

① 개별적·일회적 사태

「と」와「ば」가 일반적이고 보편적인 진리 등을 나타내는 것에 반해,「たら」는 특정적이고 개별적이며 일회적인 사태를 나타낸다.

❶ 明日雨が降ったら、競技はどうしますか。 내일 비가 오면 경기는 어떻게 합니까?

❷ 藤田さんに会ったら、よろしく伝えてください。 후지타 씨를 만나면 안부 전해주세요.

❸ もしお金と暇があったら、何がしたいですか。 만약 시간과 돈이 있다면 뭘 하고 싶어요?

② 확정적인 미래

앞 문장이 성립하면 반드시 뒷 문장이 성립하게 되는 것을 나타내며「ば」로 바꾸어 쓸 수 없다.

❶ 退職したら、旅に出ようと思います。 퇴직하면 여행 갈 생각입니다.

❷ 終わったら、すぐ来てください。 끝나거든 곧바로 오세요.

③ 반사실 가정

현실에서 실현 불가능하며 이미 지나버린 사태에 대한 화자의 유감이나 후회 등을 나타낸다.

❶ 私が鳥だったら、飛んでいくのに。 내가 새라면 날아갈텐데.

❷ すぐ入院したら、助かったのに。 곧바로 입원했더라면 살아났을텐데.

④ 발견

앞 문장의 사항이 성립된 후 우연하게 뒷 문장의 사항을 발견한 경우를 나타내며 과거형이 온다.

❶ 外を見たら、雪が降っていました。 밖을 보자 눈이 내리고 있었습니다.

❷ 家へ帰ったら、友達が来ていた。 집에 가자 친구가 와 있었다.

(4) なら

① 언급된 화제에 대한 조언 · 의견 · 판단제시

앞 문장의 사항에 대해 화자가 의지 · 의견 · 조언 등을 뒷 문장에 제시하며, 화자의 주관적인 감정을 나타내는 내용이 온다.

❶ 旅行に行こうと思っていますが、どこがいいですか。
여행을 가려고 합니다만 어디가 좋을까요?
旅行に行くなら、ヨーロッパがいいでしょうね。 여행갈 거라면 유럽이 좋겠지요.

❷ カメラを買いたいんですが。 카메라를 사고 싶습니다만.
カメラを買うなら、あのデパートがいいですよ。 카메라를 살 거라면 저 백화점이 좋을 거예요.

② 시간적인 순서

다른 조건표현 형식과는 달리 뒷 문장이 앞 문장보다 먼저 성립하는 독특한 용법을 지니고 있다. 따라서 아래의 예문에서「なら」는「책을 먼저 빌려준 다음에 읽는 경우」이며,「たら」는「다 읽은 후에 책을 빌려주는 경우」를 나타낸다.

❶ この本を読むなら、貸してあげます。 이 책을 읽을 거라면 빌려 주겠습니다. [뒷문장 → 앞문장]

❷ この本を読んだら、貸してあげます。 이 책을 다 읽으면 빌려 주겠습니다. [앞문장 → 뒷문장]

8 명령형의 용법

상대방에게 동작을 강요할 때 사용하는 표현이며 상하관계가 분명하거나 친한 친구사이에 사용할 수 있다. 이처럼 명령표현이 성립하기 위해서는 화자의 의지표명과 청자에 대한 동작의 제시가 필요하게 된다.

unit 01 동사의 명령형 ~해라, ~하거라

동사의 명령형은 동사의 종류에 따라 다르며 주로 의지동사에 한해서 명령형이 가능하다.

❶ 賛成かどうか、立場をはっきりしろ。 찬성인지 어떤지 확실하게 해라.
❷ 学位論文をきらんとやれ。 학위논문을 제대로 해라.
❸ 急用があるから、急いで来い。 급한 일이 있으니까 서둘러 와라.
❹ 明日は入社式なのでスーツを着ろ。 내일은 입사식이 있으므로 정장을 입어라.

unit 02 다양한 명령표현

1 「ます형+なさい」

손윗사람에게 사용하기에는 약간 부적절한 표현이며 손아랫사람에게 부드럽게 권유하는 의미로 사용할 수 있는 표현이다. 상하관계가 확실할 경우에 사용할 수 있으며 동사의 명령형보다 더 정중한 느낌을 준다.

❶ 図書館の前では静かにしなさい。 도서관 앞에서는 조용히 하세요.
❷ 花火は危ないから、気をつけなさい。 불꽃놀이는 위험하니까 조심하세요.
❸ 問題を全部解いた人は手を挙げなさい。 문제를 다 푼 사람은 손을 드세요.

2 「お+ます형+なさい」

「ます형+なさい」보다 명령의 강도가 낮으며 명령이라기보다는 존경에 가까운 의미를 나타낸다.

❶ 急いでお通りなさい。 서둘러 지나가 주십시오.
❷ 暗いから気をつけてお帰りなさい。 어두우니까 조심해서 돌아가십시오.
❸ 危ないから順々にお降りください。 위험하니까 차례대로 내려 주세요.

3 「て형」
직설적인 명령을 나타내며 「〜てくれ」의 형태를 취하여 「〜해 줘, 〜해 다오」라는 의미를 나타내기도 한다.

❶ この書類に名前を書いて。 이 서류에 이름을 적어라.
❷ 銀行の前で横断歩道を渡って。 은행 앞에서 횡단보도를 건너라.
❸ 誕生日のプレゼントは時計を買ってくれ。 생일 선물은 시계를 사 줘.

4 「お+ます형+ください」
손윗사람에게 사용하는 표현이며 명령이라기보다는 정중한 의뢰와 존경에 가까운 표현이다.

❶ どうぞお入りください。 어서 들어오십시오.
❷ 申し訳ございませんが、少々お待ちください。 죄송하지만, 잠깐 기다려 주십시오.
❸ 駅に到着したら、順々にお降りください。 역에 도착하면 차례대로 내려 주십시오.

5 「기본형+な」
손아랫사람에게 사용할 수 있는 금지의 명령 표현이며, 여성들보다 남성들이 많이 사용하는 표현이다.

❶ 人に迷惑をかけるな。 타인에게 폐를 끼치지 말라.
❷ 用事のない者は入るな。 용무가 없는 사람은 들어오지 마라.
❸ 人を馬鹿にしたようなことを言うな。 사람을 깔보는 듯한 말을 하지 말라.

6 「명령형+よ」
동사의 명령형보다 약간 부드러운 명령의 의미를 나타낸다.

❶ 時間がないから、早くしろよ。 시간이 없으니까 빨리 하렴.

❷ 汚いから、部屋を片付けろよ。 더러우니까 방을 정리 하렴.
❸ 蒸し暑いから、シャワーを浴びろよ。 무더우니까 샤워를 하렴.

7 「기본형+こと・ように」

상대방에게 하지 말아야 할 규칙이나 주의해야 할 사항을 알려줄 때에 사용하는 표현이다.

❶ 授業中はガムを噛まないように。 수업시간에는 껌을 씹지 않도록.
❷ 会議中は携帯の電源を切ること。 회의 중에는 휴대전화를 끌 것.
❸ お手洗いはきれいに使うこと。 화장실은 깨끗이 사용할 것.

03
형용사
形容詞

1 형용사의 특징

- 자립어로서 활용을 하며 단독으로 술어가 된다.
- 사물의 성질·상태·속성·감정·감각을 나타낸다.
- 명사와 동사를 수식한다.
- 활용어미가 「い」 또는 「だ」로 끝난다.
- 활용어미가 「い」로 끝나면 「イ형용사(형용사)」, 활용어미가 「だ」로 끝나면 「ナ형용사(형용동사)」로 구분된다.

2 형용사의 종류

형용사는 「イ형용사」와 「ナ형용사」로 크게 분류할 수 있다. 활용어미가 「い」로 끝나면 「イ형용사(형용사)」, 활용어미가 「だ」로 끝나면 「ナ형용사(형용동사)」라고 한다.

1 イ형용사 (형용사)

활용어미가 「い」로 끝나는 형용사

・あかい	빨갛다	・あおい	파랗다
・すごい	굉장하다	・おおい	많다
・やすい	싸다	・わるい	나쁘다
・おいしい	맛있다	・あかるい	밝다

2 ナ형용사 (형용동사)

활용어미가 「だ」로 끝나는 형용사

・すきだ	좋아하다	・べんりだ	편리하다
・だめだ	안 된다	・すてきだ	멋지다
・へただ	서투르다	・まじめだ	성실하다
・げんきだ	건강하다	・おなじだ	같다

3 イ형용사의 활용

イ형용사의 활용형은 「기본형, 부정형(ない형), 추측형, 정중형(です형), 수식형, 접속형(て형), 과거형(た형), 연체형, 가정형」으로 분류된다.

형용사
形容詞

	활용형	활용형태	의미
	기본형	さむい	춥다
	부정형(ない형)	さむくない	춥지 않다
	추측형	さむいだろう	추울 것이다
さむい	정중형(です형)	さむいです	춥습니다
춥다	수식형	さむく	춥게
	접속형(て형)	さむくて	춥고, 추워서
	과거형(た형)	さむかった	추웠다
	연체형	さむいとき	추울 때
	가정형	さむければ	추우면

1 기본형

활용어미가 「い」로 끝나며 서술어가 되어 문장을 마치기도 하고 뒤에 오는 체언을 수식하기도 한다.

- あかるい   部屋が明るい。   방이 밝다.
- あつい   今日はとても暑い。   오늘은 매우 덥다.
- おもしろい この本は面白い。   이 책은 재미있다.

2 부정형 (ない형)

활용어미인 「い」를 「く」로 바꾼 후 부정의 조동사 「ない」를 접속시킨다. 서술어가 되어 문장을 마치기도 하며 뒤에 오는 체언을 수식하기도 한다.

- あかい ⇨ 赤くない 빨갛지 않다
- あつい ⇨ 暑くない 덥지 않다
- かるい ⇨ 軽くない 가볍지 않다
- あまい ⇨ 甘くない 달지 않다
- おおい ⇨ 多くない 많지 않다
- わるい ⇨ 悪くない 나쁘지 않다

형용사 | 127

3 추측형

활용어미인 「い」를 탈락시키고 「かろう」를 접속시킨다. 하지만 현대일본어에서는 「あかいだろう」처럼 「기본형＋だろう」의 형태가 많이 사용된다.

- あかい ⇨ 赤いだろう 빨갈 것이다
- あつい ⇨ 暑いだろう 더울 것이다
- かるい ⇨ 軽いだろう 가벼울 것이다

- あまい ⇨ 甘いだろう 달 것이다
- おおい ⇨ 多いだろう 많을 것이다
- わるい ⇨ 悪いだろう 나쁠 것이다

4 정중형 (です형)

기본형에 「です」를 접속시켜 정중함을 나타낸다.

- あかい ⇨ 赤いです 빨갛습니다
- あつい ⇨ 暑いです 덥습니다
- かるい ⇨ 軽いです 가볍습니다

- あまい ⇨ 甘いです 답니다
- おおい ⇨ 多いです 많습니다
- わるい ⇨ 悪いです 나쁩니다

5 수식형

활용어미인 「い」를 「く」로 바꾼 후 동사를 수식하여 부사적인 역할을 한다.

- あかい ⇨ 赤く 빨갛게
- あつい ⇨ 暑く 덥게
- かるい ⇨ 軽く 가볍게

- あまい ⇨ 甘く 달게
- おおい ⇨ 多く 많게
- わるい ⇨ 悪く 나쁘게

6 접속형 (て형)

활용어미인 「い」를 탈락시키고 「くて」를 접속시켜 「~하고, ~해서」라는 의미를 나타낸다.

- あかい ⇨ 赤くて 빨갛고, 빨개서
- あつい ⇨ 暑くて 덥고, 더워서
- かるい ⇨ 軽くて 가볍고, 가벼워서

- あまい ⇨ 甘くて 달고, 달아서
- おおい ⇨ 多くて 많고, 많아서
- わるい ⇨ 悪くて 나쁘고, 나빠서

7 과거형 (た형)

활용어미인 「い」를 탈락시키고 「かった」를 접속시켜 과거・완료의 의미를 나타낸다. 서술어가 되어 문장을 마치기도 하며, 뒤에 오는 체언을 수식하기도 한다.

- あかい ⇨ 赤かった 빨갰다
- あつい ⇨ 暑かった 더웠다
- かるい ⇨ 軽かった 가벼웠다
- あまい ⇨ 甘かった 달았다
- おおい ⇨ 多かった 많았다
- わるい ⇨ 悪かった 나빴다

8 연체형

기본형이 뒤에 오는 체언을 수식한다.

- あかい ⇨ 赤いリンゴ 빨간 사과
- あつい ⇨ 暑い時 더울 때
- かるい ⇨ 軽い荷物 가벼운 짐
- あまい ⇨ 甘いお菓子 단 과자
- おおい ⇨ 多い所 많은 곳
- わるい ⇨ 悪い時 나쁠 때

9 가정형

활용어미인「い」를 탈락시키고「ければ」를 접속시켜 가정의 의미를 나타낸다.

- あかい ⇨ 赤ければ 빨갛다면
- あつい ⇨ 暑ければ 더우면
- かるい ⇨ 軽ければ 가벼우면
- あまい ⇨ 甘ければ 달면
- おおい ⇨ 多ければ 많으면
- わるい ⇨ 悪ければ 나쁘면

4 イ형용사 활용형의 용법

1 기본형의 용법

	기본형	문장의 종결	
(1)	기본형	문장의 종결	このバラの花はとても赤い。 이 장미꽃은 매우 빨갛다.
(2)	~けど	~하지만	私はお金はないけど幸せだ。 나는 돈은 없지만 즐겁다.
(3)	~か ~か	~일지 ~일지	今度の選択がよいか悪いか分からない。 이번 선택이 좋은건지 나쁜건지 모르겠다.
(4)	~ばかりだ	~일 뿐이다	毎日待つばかりだ。 매일 기다릴 뿐이다.

unit 01 기본형 ~하다

「イ형용사」의 기본형은 술어가 되어 문장을 끝맺는다.

❶ 父は母よりずっと厳しい。 아버지는 어머니보다 훨씬 엄하다.
❷ 12月のソウルはとても寒い。 12월의 서울은 매우 춥다.
❸ 毎日朝早く起きるのが辛い。 매일 아침 일찍 일어나는 것이 괴롭다.

unit 02 ながら ~지만, ~인데도

주로 존재나 상태를 나타내는 연체형에 접속되며, 앞의 사태로 미루어 보아 뒤의 사태가 어울리지 않거나 모순되어 있음을 나타낸다.

❶ 幼いながらよく理解します。 어리지만 잘 이해합니다.
❷ 行きたいながらも遠慮している。 가고 싶어 하지만 사양하고 있다.
❸ 体は小さいながらなかなか力が強いです。 몸은 작지만 꽤 힘이 강합니다.

unit 03 ～か ～か ~지 ~지

뚜렷하게 알 수 없어서 확실하지 않다는 화자의 심정을 나타낸다.

❶ おいしい**か**まずい**か**食べてみましょう。 맛이 있는지 없는지 먹어 봅시다.
❷ 忙しい**か**忙しくない**か**電話してください。 바쁜지 바쁘지 않은지 전화해 주세요.
❸ 状態がよい**か**悪い**か**病院へ行ってみましょう。 상태가 좋은지 나쁜지 병원에 가 봅시다.

Point 「気分」 vs 「気持ち」

(1) 気分

심정·마음·기분과 같은 정신적인 상태가 좋거나 나쁠 경우에 사용한다. 따라서 심적인 만족감이나 쾌감 같은 경우를 나타낼 때에는 「気分」을 사용해야 한다. 이 외에도 「気分が悪い」라고 표현하면 감기·고통·불면 등으로 인해 몸의 상태가 안 좋을 때에도 사용할 수 있다.

❶ 気分を変えるために散歩に出かけた。 기분전환을 위해 산책을 나갔다.
❷ 頭が痛くて、勉強する気分にならない。 머리가 아파서 공부할 기분이 안 난다.
❸ 妻が手でさすってくれれば、気分がよくなります。
　 아내가 손을 어루만져 주면 마음(기분)이 훈훈해 집니다.

(2) 気持ち

「気分」이 정신적인 측면을 나타내는 것과 달리, 육체적인 측면의 기분상태를 나타낼 때에는 「気持ち」를 사용할 수 있다. 이 외에 「気持ちが悪い」라고 표현하면 「気分が悪い」보다 몸 상태가 더욱 좋지 않을 경우(징그럽다, 몸이 안 좋아 쓰러질 것 같은 경우, 몸이 안 좋아 토할 것 같은 경우) 즉, 육체적인 측면을 강조하고자 할 때에 사용할 수 있는 표현이다.

❶ 揚げ物を食べ過ぎて気持ちが悪い。 튀김을 많이 먹어서 속이 안좋다.
❷ 冬にお風呂に入ると、いい気持ちになります。 겨울에 욕조에 들어가면 기분이 좋아집니다.
❸ 妻が手でさすってくれると、気持ちがいいです。 아내가 손을 어루만져 주면 기분이 좋습니다.

unit 04 ～ばかりだ ~일 뿐이다

어떠한 사항에 한정한다는 의미를 나타내며, 「か」를 접속한 「～ばかりか」는 「~뿐만 아니라」의 의미를 나타낸다.

❶ 背が高い**ばかりで**、力はない。 키가 클 뿐이고 힘은 없다.
❷ 大きい**ばかりで**、おいしくない。 크기만 클 뿐이고 맛이 없다.

❸ 今回の試合は難しいばかりです。 이번 시합은 어려울 뿐입니다.

❹ 頭がいいばかりか、気立てもやさしいです。 머리가 좋을 뿐만 아니라 마음씨도 상냥합니다.

2 부정형의 용법

(1)	～くない	～지 않다	この地域は風が強くない。 이 지역은 바람이 강하지 않다.
(2)	～くなければ	～지 않으면	おいしくなければならない。 맛있지 않으면 안 된다.
(3)	～くはない	～지는 않다	日本にはアフリカ人は多くはない。 일본에는 아프리칸은 많지는 않다.
(4)	～くも ～くもない	～지도 ～지도 않다	試験は難しくもやさしくもなかった。 시험은 어렵지도 쉽지도 않았다.

unit 01 ～くない ～지 않다

형용사의 부정형이며 문장을 끝맺기도 한다. 정중형은 「～くないです」이며 「～くありません」과 의미가 같다. 과거부정형은 「～くなかったです」 또는 「～ありませんでした」이다.

❶ 私の時計は高くない。 내 시계는 비싸지 않다.

❷ この頃はあまり寂しくないです(くありません)。 요즘은 그다지 외롭지 않습니다.

❸ この頃はあまり寂しくなかったです(くありませんでした)。
요즘은 그다지 외롭지 않았습니다.

❹ 日本語のテストは難しくないです。 일본어 시험은 어렵지 않습니다.

❺ 日本語のテストは難しくなかったです。 일본어 시험은 어렵지 않았습니다.

Point 형용사 「ない」 vs 부정의 조동사 「ない」

(1) 형용사의 「ない」는 「없다」의 의미이다.
  ❶ 探したけれども、車はどこにもないです。 찾아보았지만 자동차는 아무데도 없습니다.
  ❷ 今はお金がないから、明日払うことにします。 지금은 돈이 없으니까 내일 지불하도록 하겠습니다.

(2) 조동사 「ない」는 동사 · 형용사의 부정의 역할을 한다.
  ❶ 私の会社へ遊びに来ない。 우리 회사에 놀러 오지 않겠니?
  ❷ 正門が開かなければ、入れないです。 정문이 열리지 않으면 들어갈 수 없습니다.

(3) 「ない」 앞에 「は」나 「も」가 접속되면 형용사이고, 「を」가 접속하면 조동사이다.
  ❶ 朴さんは忙しく[は/も]ない。 박씨는 바쁘지(는/도) 않다. [형용사]
  ❷ タバコを吸わない。 담배를 피우지 않는다. [조동사]

unit 02 ～くなければ ~지 않으면

형용사 부정형인 「～くない」에서 「い」를 탈락시키고 「～ければ」를 접속시키면 가정형이 된다.

❶ ケーキは柔らかくなければならない。 케이크는 부드럽지 않으면 안 된다.
❷ 環境がよくなければ、能率が上がらない。 환경이 좋지 않으면 능률이 오르지 않는다.
❸ 値段が安くなければ、売り上げが上がらない。
  가격이 저렴하지 않으면 매상이 오르지 않는다.

unit 03 ～くはない ~지는 않다

부정형과 접속하여 부정을 강조하는 역할을 하기도 하고, 화자의 기대와 약간 벗어난 사항이나 실망 · 유감 등을 완곡하게 표현하기도 한다.

❶ 演劇はあまりすばらしくはなかった。 연극은 그다지 근사하지는 않았다.
❷ 学校まであまり近くはないです。 학교까지 그다지 가깝지만은 않습니다.
❸ 彼に関する噂は新しくはない。 그에 관한 소문은 그다지 새롭지만은 않다.

unit 04 ～くも ～くもない ～지도 ～지도 않다

부정형과 접속하여 두 가지 이상의 사항을 열거하면서 부정하는 표현이다.

❶ この湖は深くも浅くもない。 이 호수는 깊지도 얕지도 않다.
❷ この汽車は早くも遅くもない。 이 기차는 빠르지도 느리지도 않다.
❸ この本は面白くもつまらなくもない。 이 책은 재미있지도 재미없지도 않다.

3 추측형의 용법

(1)	～だろう	～일 것이다	明日はたぶん寒いだろう。 내일은 아마 추울 것이다.
(2)	～だろうと思う	～일 거라고 생각한다	あなたが作った料理はおいしいだろうと思う。 당신이 만든 요리는 맛있을 거라고 생각한다.
(3)	～だろうか	～일까	明日は涼しいだろうか。 내일은 서늘할까?
(4)	～だろうけれども	～겠지만	難しいだろうけれども、頑張って。 어렵겠지만 힘내세요.

unit 01 ～だろう ～일 것이다

형용사의 추측형은 활용어미인「い」를 탈락시키고 그 자리에「～かろう」를 접속시키며, 보통 격식을 차릴 경우에 많이 사용하는 표현이다. 그러나 현대 일본어에서는「기본형＋だろう」형태를 많이 사용하고 있으며 정중형은「～でしょう」이다.

❶ こんな事件は珍しいだろう。 이러한 사건은 드물 것이다.
❷ この店は市場より値段が高いだろう。 이 가게는 시장보다 가격이 비쌀 것이다.
❸ バスよりも地下鉄の方が速いでしょう。 버스보다 지하철이 더 빠를 것입니다.

unit 02 ～だろうと思う ～라고 생각한다

형용사의 추측형에「～と思う」를 접속하여 완곡한 추측을 나타낸다. 추측표현「～だろう(～でしょう)」는 한 개인의 주관적인 추량·추측보다는 객관적인 측면을 바탕으로 하여 나타낸 표현이라고 할 수 있다. 그러나「～だろうと思う」는 화자의 개인적인 판단을 근거로 한 주관적인 추측표현이다. 따라서 문장에서 주어와 화제는 주로 화자의 신변적인 내용이 된다.

❶ あの店のケーキはおいしいだろうと思います。
　저 가게 케이크는 맛있을 것이라고 생각합니다.

❷ ロンドンは雨が多いだろうと思います。 런던은 비가 많이 올 것이라고 생각합니다.

❸ 平井さんのお母さんはやさしいだろうと思う。
　히라이 씨의 어머니는 인자하실 거라고 생각한다.

unit 03 ～だろうか ～일까, ～겠는가

직접적으로 추측하는 표현이라기보다 완곡한 추측표현에 가까우며, 또한「何～だろうか」,「何～だろうか」의 형태로 화자가 나타내고자 하는 내용을 강조하기도 한다.

❶ どうすれば、よいだろうか。 어떻게 하면 좋을까?

❷ 何がこの汽車より早いだろうか。
　무엇이 이 기차보다 빠를까?(그 무엇보다 이 기차가 가장 빠르다)

❸ これよりおいしい食べ物があるだろうか。
　이것보다 맛있는 음식이 있겠는가.(어떤 음식보다 이 음식이 가장 맛있다)

unit 04 ～だろうけれども ～이겠지만

앞문장과 뒷문장이 반대되는 사항을 나타낸다.「～けれども」앞에 오는 사항은 다음에 오는 사항을 말하기 위해 가볍게 접속되는 경우가 많다.

❶ この本は少し難しいだろうけれども 一度読んでみて下さい。
　이 책은 조금 어렵겠지만, 한번 읽어보세요.

❷ 会社まで遠いだろうけれども、交通は便利です。 회사까지 멀겠지만, 교통은 편리합니다.

❸ それも面白いだろうけれども、これがもっと面白いですよ。
그것도 재미있겠지만, 이것이 좀 더 재미있어요.

4 정중형의 용법

(1)	~です	~ㅂ니다	5月なのに今日はとても暑いです。 5월인데도 불구하고 오늘은 매우 덥습니다.
(2)	~ですか	~ㅂ니까?	この中で何が一番おいしいですか。 이 중에서 무엇이 가장 맛있습니까?
(3)	~の(ん)です	~ㅂ니다	辛いうどんがおいしいんです。 매운 우동이 맛있군요.

unit 01 ~です ~ㅂ니다

동사의 정중형은 활용어미를 변화시킨 다음 정중의 조동사「~ます」를 접속시켰지만, 형용사의 정중형은 기본형에「~です」를 곧바로 접속시킨다.

❶ 海外旅行はいつも楽しいです。 해외여행은 언제나 즐겁습니다.
❷ 香港は家賃と物価が高いです。 홍콩은 집세와 물가가 비쌉니다.
❸ 私はクラスで一番背が高いです。 저는 반에서 가장 키가 큽니다.

unit 02 ~ですか ~ㅂ니까?

의문 · 질문의 종조사「~か」를 접속하면 정중한 의문을 나타낸다.

❶ 海外旅行はいつも楽しいですか。 해외여행은 언제나 즐겁습니까?
❷ 香港は家賃と物価が高いですか。 홍콩은 집세와 물가가 비쌉니까?
❸ あなたはクラスで一番背が高いですか。 당신은 반에서 가장 키가 큽니까?

unit 03 ～の(ん)です ～ㅂ니다

기본형에「の(ん)です」를 접속하면 화자가 표현하고자 하는 내용을 강조하고 어감을 고르게 하기도 한다.

❶ こんな現象はとても珍しいんです。 이러한 현상은 매우 드뭅니다.

❷ 外は蒸し暑いんですね。冷たいビールでもどうぞ。
　　밖은 무덥군요. 차가운 맥주라도 드세요.

❸ 結構高いんですね。もっと安いものはありませんか。
　　꽤 비싸군요. 좀 더 저렴한 것은 없습니까?

5 수식형의 용법

(1)	～く	～이(히), ～하게	雪が降ったら、富士山が美しく見えます。 눈이 내리면 후지산이 아름답게 보입니다.
(2)	～くなる	～게 되다	昨年よりずっと難しくなりました。 작년보다 훨씬 어려워졌습니다.
(3)	～くする	～게 하다	袖を長くしてください。 소매를 길게 해 주세요

unit 01 ～く ～이(히), ～하게

활용어미가「～く」로 바뀌면 용언을 수식하여 부사적인 용법으로 사용된다.

❶ 少し部屋を暖かくしましょう。 조금 방을 따뜻하게 하죠.

❷ 旅行の荷物は軽くしてください。 여행 짐은 가볍게 해 주세요.

❸ 黒板の字をもう少し大きく書いてください。 칠판 글씨를 좀 더 크게 써 주세요.

unit 02 ～くなる ～게 되다

부사형에「なる」가 접속되면 상황이나 성질이 변화되는 것을 나타낸다.

❶ 来週から忙しくなります。 다음 주부터 바빠집니다.
❷ この前より美しくなりましたね。 이전보다 예뻐졌군요.
❸ 黒田さんは韓国語がずいぶんうまくなりましたね。
　 구로다 씨는 한국어가 아주 능숙해졌네요.

unit 03 ～くする ～게 하다

부사형에「する」가 접속되면 상황이나 성질을 다른 상태로 변화시키고자 하는 것을 나타낸다.

❶ 暑いから涼しくしてください。 더우니까 시원하게 해 주세요.
❷ 高いんですね。もっと安くしてください。 비싸군요. 좀 더 싸게 해 주세요.
❸ 古いから新しくする必要があります。 낡았기 때문에 새롭게 할 필요가 있습니다.

6 접속형의 용법

(1)	～くて	～하고 ～해서	マンゴは甘くておいしいです。 망고는 달고 맛있습니다. 暑くてシャワーを浴びました。 더워서 샤워를 했습니다.
(2)	～くてたまらない	～해서 견딜 수 없다	歯が痛くてたまらないんです。 이가 아파서 견딜 수가 없습니다.
(3)	～くてもかまわない	～해도 상관없다	ラーメンは辛くてもかまわないです。 라면은 매워도 상관없습니다.
(4)	～くても ～なくてもいい	～해도 ～하지 않아도 좋다	狭くても狭くなくてもいい。 좁아도 좁지 않아도 된다.
(5)	～くてはいけない	～해서는 안 된다	子供向けのパンは固くてはいけない。 어린이들이 먹을 빵은 딱딱해서는 안 된다.
(6)	～て～て	너무 ～해서	暑くて暑くてたまらない。 더워서 참을 수 없다.

unit 01   ～くて　～하고

형용사의「て형」은 활용어미를 탈락시키고「～くて」를 접속시킨다. 또한 병렬, 원인·이유, 중지·대비의 의미를 나타낸다.

1 병렬

❶ 全州(チョンジュ)の食(た)べ物(もの)は美味(おい)しくて、種類(しゅるい)も豊富(ほうふ)です。 전주의 음식은 맛있고 종류도 다양합니다.

❷ このアパートは玄関(げんかん)が広(ひろ)くて、明(あか)るいですね。 이 아파트는 현관이 넓고 밝군요.

❸ この雑誌(ざっし)は面白(おもしろ)くて、ためになります。 이 잡지는 재미있고 유익합니다.

2 원인·이유

❶ 寒(さむ)くて眠(ねむ)れません。 추워서 잠을 잘 수 없습니다.

❷ お金(かね)がなくて困(こま)りますね。 돈이 없어서 난처하군요.

❸ ここは深(ふか)くて泳(およ)げません。 이곳은 수심이 깊어서 수영을 할 수 없습니다.

3 중지·대비

❶ 春(はる)は暖(あたた)かくて、冬(ふゆ)は寒(さむ)い。 봄은 따뜻하고, 겨울은 춥다.

❷ ここから駅(えき)は近(ちか)くて、デパートは遠(とお)い。 여기에서 역은 가깝고, 백화점은 멀다.

❸ この寿司(すし)はおいしくて、あの寿司(すし)はまずい。 이 초밥은 맛있고, 저 초밥은 맛이 없다.

unit 02   ～くてたまらない　～해서 견딜 수 없다, ～해서 참을 수 없다

참을 수 없어서 어떻게 할 수 없는 곤란한 상황을 나타내며, 특히「～くてはたまらない」는「～해서는 곤란하다」,「～해서는 싫다」라는 의미처럼 상대방에게 주의를 환기시키는 화자의 강한 의지를 나타내기도 한다.

❶ 彼(かれ)に会(あ)いたくてたまらない。 그를 만나고 싶어서 참을 수 없다.

❷ こんなにうるさくてはたまらない。 이렇게 시끄러워서는 정말 곤란하다.

❸ ストーブがないから、寒(さむ)くてたまらない。 난로가 없어서 추워서 견딜 수 없다.

unit 03 　～くてもかまわない　～해도 상관없다

화자가 어떠한 상황에 직접적으로 관심을 가지고 참여하는 것이 아니라 소극적이고 무관심하게 참여하는 것을 나타낸다.

❶ 嫌だったら、買わなくてもかまわない。 싫다면 사지 않아도 상관없다.
❷ クーラーがあるから、暑くてもかまわない。 에어컨이 있으니까 더워도 상관없다.
❸ きれいだったら、学校から遠くてもかまわない。 깨끗하다면 학교에서 멀어도 상관없다.

unit 04 　～くても ～なくてもいい　～해도 ～하지 않아도 좋다(된다)

어느 쪽이라도 상관없다는 화자의 방관, 무관심, 소극적인 허가를 나타내는 표현이다.

❶ 薄くても薄くなくてもいいです。 얇아도 좋고 얇지 않아도 좋습니다.
❷ 辛くても辛くなくてもいいです。 매워도 좋고 맵지 않아도 좋습니다.
❸ 試験は難しくても難しくなくてもいいです。 시험은 어려워도 좋고 어렵지 않아도 좋습니다.

unit 05 　～くてはいけない　～해서는 안 된다

「～くてもいいですか」와 같은 허가를 구하는 표현에 대해 강력하고 단호하게 부정하는 표현이다.

❶ 新聞の社説は長くてはいけない。 신문의 사설은 길어서는 안 된다.
❷ 日本人に出す食事は辛くてはいけない。 일본인에게 내는 음식은 매워서는 안 된다.
❸ サッカーの選手は体力がなくてはいけない。 축구 선수는 체력이 약해서는 안 된다.

unit 06 　～て ～て　너무 ～해서

형용사의 「て형」을 두 번 반복하여 화자가 나타내고자 하는 내용을 강조하는 표현이며, 「～たまらない」나 「～ならない」 등과 접속한다.

❶ 寒くて寒くてたまりません。 너무 추워서 견딜 수가 없습니다.

❷ 痛くて痛くてなりません。 너무 아파서 견딜 수가 없습니다.

❸ 狭くて狭くてたまりせんでした。 너무 좁아서 견딜 수가 없었습니다.

7 과거형의 용법

(1)	～かった	～했다
(2)	～たばかりでなく	～했을 뿐만 아니라
(3)	～たし	～했었고

昨日の映画は面白かった。
어제의 영화는 재미있었다.

速かったばかりでなく、快適だっだ。
빨랐을 뿐만 아니라 편안했다.

この漫画は内容もよかったし、面白かった。 이 만화는 내용도 좋았고 재미있었다.

unit 01 ～かった ～했다

형용사 과거형은 활용어미를 탈락시키고 「～かった」를 접속시킨다. 과거형 그대로 서술어가 되어 문장을 끝맺기도 하고, 뒤에 오는 체언을 수식하기도 한다. 특히 정중형은 「～かったです」이며 「기본형＋でした」로 표현하면 안 된다.

❶ 昨年の冬は寒かった。 작년 겨울은 추웠다.

❷ 一番難しかった問題は何でしたか。 가장 어려웠던 문제는 무엇이었습니까?

❸ 刺身は安くておいしかったです。 회는 저렴하고 맛있었습니다.

刺身は安くておいしいでした。(×)

unit 02 ～たばかりでなく ~했을 뿐만 아니라

어떤 한 가지 상황뿐만이 아니라 그 밖에 추가되는 다른 상황도 있다는 의미를 나타낸다.

❶ 喉が痛かったばかりでなく、熱もあった。 목이 아팠을 뿐만 아니라 열도 있었다.

❷ 性格が明るかったばかりでなく、親切だった。 성격이 밝았을 뿐만 아니라 친절했다.

❸ おいしかったばかりでなく、雰囲気もよかった。 맛있었을 뿐만 아니라 분위기도 좋았다.

unit 03 ～たし、~했었고

앞뒤 비슷한 사항을 열거하는 표현이다.

❶ 易しかったし、内容もよかった。 쉽기도 했었고 내용도 좋았다.

❷ 昨年までお金もなかったし、家もなかった。 작년까지 돈도 없었고 집도 없었다.

❸ あの店は安かったし、品質もよかった。 저 가게는 가격도 저렴했었고 품질도 좋았다.

Point 「～まで」vs「～までに」

(1) まで

「~까지」라는 의미로 어느 시점까지 동작이나 상태가 계속되는 것과 범위를 나타낸다.

❶ 12時まで待ちます。 12시까지 기다리겠습니다.

❷ 着くまでずっと寝ました。 도착할 때까지 줄곧 잤습니다.

(2) までに

「~까지는」라는 의미로 동작의 최종기한에 중점을 둔 표현으로 「늦어도 어느 시점까지」라는 의미를 나타낸다.

❶ 午後までに帰ります。 오후까지(는) 돌아오겠습니다.

❷ たいてい、7時までに終わります。 대체로 7시까지(는) 끝납니다.

8. 가정형의 용법

(1)	~ければ	~하면	値段が安ければ買うだろう。 가격이 저렴하면 살 것이다.
(2)	~さえ ~ければ	~만 ~하면	君さえ良ければ、いい。 자네만 좋으면 된다.
(3)	~も ~ければ ~も	~도 ~하고 ~도	天気も良ければ、気持ちもいい。 날씨도 좋고 기분도 좋다.
(4)	~ければ ~ほど	~하면 ~할수록	高ければ高いほどよく売れる。 비싸면 비쌀수록 잘 팔린다.

unit 01 ~ければ ~하면

일반적인 가정조건을 나타낸다.

❶ 寒ければ、鼻が赤くなります。 추우면 코가 빨갛게 됩니다.

❷ 忙しければ、行けなくなりそうです。 바쁘면 갈 수 없게 될 것 같습니다.

❸ おいしければ、お客様が増えるだろう。 맛있으면 손님이 늘어날 것이다.

unit 02 ~さえ ~ければ ~만 ~하면

「그것만으로 충분하며 다른 것은 필요하지 않다(관계없다)」라는 조건이 충족됨을 나타낸다.

❶ 狭くても駅さえ近ければ、かまいません。 좁아도 역만 가깝다면 상관없습니다.

❷ 寒くても雨さえ降らなければ、出かけよう。 추워도 비만 내리지 않으면 가기로 하자.

❸ あなたさえ寂しくなければ、遠くに行きたいんです。
당신만 외롭지 않다면 먼 곳으로 가고 싶습니다.

unit 03 〜も 〜ければ 〜も ~도 ~하며(고) ~도

특정 상황이나 상태의 나열을 나타낸다.

❶ 彼は家族もなければ、家もない。 그는 가족도 없고 집도 없다.

❷ このスーパーは値段も安ければ、品もいいです。
이 슈퍼는 가격도 저렴하고 품질도 좋습니다.

❸ これは性能もよければ、デザインもすばらしいです。
이것은 성능도 좋고 디자인도 멋집니다.

unit 04 〜ければ 〜ほど ~하면 ~할수록

두 가지 사항 중에서 한쪽의 정도가 심해지면 다른 한쪽도 더불어 심해진다는 의미를 나타낸다.

❶ 高ければ高いほど品がよくなる。 비싸면 비쌀수록 품질이 좋아진다.

❷ 塩辛ければ塩辛いほど体によくありません。 짜면 짤수록 몸에 좋지 않습니다.

❸ 冬は雪が多ければ多いほど景色がいいです。 겨울은 눈이 많으면 많을수록 경치가 좋습니다.

Point 「기본형+체언」 vs 「〜くの+체언」 vs 「〜な+체언」

(1) 기본형+체언

「기본형+체언」은 구체적인 사물의 특성을 객관적으로 표현하는 데에 사용된다.

❶ 語彙が多い作文教材が要ります。 어휘가 많은 작문교재가 필요합니다.

❷ 家から近い観光地はなかなか行かない。 집에서 가까운 관광지는 좀처럼 가지 않는다.

(2) 〜くの+체언

イ형용사 중에는 활용어미가 「く」로 바뀌어 명사가 되는 형용사(遠く・近く・古く・多く)가 있다. 이러한 명사형 뒤에는 조사 「の」를 사용해야 한다.

❶ 多くの人は蛇がきらいです。 대부분의 사람들은 뱀을 싫어합니다.

❷ 吉田さんは古くの知り合いです。 요시다 씨는 옛날부터 아는 사이입니다.

❸ 私は近くのレストランには行きません。 나는 근처의 레스토랑에는 가지 않습니다.

(3) 〜な+체언

「기본형+체언」은 구체적인 사물을 객관적으로 표현하는 데에 반해, 「〜な+체언」은 화자가 느끼는 감각적인 느낌이나 추상적인 요소를 수식할 때 사용될 수 있다.

❶ これはかなり大(おお)きい荷物(にもつ)ですね。 [객관적 : 단순한 짐의 부피]

❷ これはかなり大(おお)きな荷物(にもつ)ですね。 [주관적 : 화자가 짐을 옮기기에는 너무 커서 힘겹다는 의미]
　　이것은 꽤 큰 짐이군요.

❸ それほど大(おお)きな期待(きたい)はするな。 그토록 커다란 기대는 하지마. [추상적 요소]

Point 「よい」 vs 「いい」

일본어에서 「좋다」라는 형용사에는 「いい」와 「よい」가 있다. 하지만 「いい」는 활용어미가 변화되지 않는 「기본형·추측형·연체형」에만 사용되며, 활용어미가 변화되는 「수식형·접속형·과거형·가정형」에는 반드시 「よい」를 사용해야 한다.

활용형	いい	よい	의미
기본형	いい	よい	좋다
부정형	×	よくない	좋지 않다
추측형	いいだろう	よいだろう	좋을 것이다
수식형	×	よくなる	좋게 되다
접속형	×	よくて	좋고
과거형	×	よかった	좋았다
연체형	いい時(とき)	よい時(とき)	좋을 때
가정형	×	よければ	좋으면

Point 복합형용사

(1) 명사+형용사

❶ 意地(いじ) 고집 + 悪(わる)い 나쁘다 → 意地悪(いじわる)い 심술궂다

❷ 塩(しお) 소금 + 辛(から)い 맵다 → 塩辛(しおから)い 짜다

❸ 名(な) 이름 + 高(たか)い 높다 → 名高(なだか)い 유명하다

(2) 형용사 어간+형용사

❶ 狭(せま)い 좁다 + 苦(くる)しい 괴롭다 → 狭苦(せまくる)しい 갑갑하다

❷ 重(おも)い 무겁다 + 苦(くる)しい 괴롭다 → 重苦(おもくる)しい 답답하다

❸ 薄(うす)い 얇다 + 暗(くら)い 어둡다 → 薄暗(うすぐら)い 어둑어둑하다

(3) 동사 정중형+よい

❶ 働(はたら)く 일하다 + よい 좋다 → 働(はたら)きよい 일하기 좋다

❷ 住(す)む 살다 + よい 좋다 → 住(す)みよい 살기 좋다

(4) 동사 정중형+やすい・にくい

❶ 食べる 먹다 ＋ やすい 쉽다 → 食べやすい 먹기 쉽다

❷ 習う 배우다 ＋ やすい 쉽다 → 習いやすい 배우기 쉽다

❸ 覚える 외우다 ＋ にくい 어렵다 → 覚えにくい 외우기 어렵다

(5) 명사+らしい

❶ 男 남자 ＋ らしい ~답다 → 男らしい 남자답다

❷ 先生 선생님 ＋ らしい ~답다 → 先生らしい 선생님답다

❸ 軍人 군인 ＋ らしい ~답다 → 軍人らしい 군인답다

Point — イ형용사의 명사화

(1) イ형용사 어간+さ

성질이나 상태의 구체적인 정도를 나타낸다.

❶ 厚い 두껍다 → 厚さ 두께

❷ 重い 무겁다 → 重さ 무게

❸ 素晴らしい 훌륭하다 → 素晴らしさ 훌륭함

(2) イ형용사 어간+気

일부 형용사에 제한적으로 적용되어 「느낌・기분」 등을 나타낸다.

❶ 寒い 춥다 → 寒気 한기

❷ 眠い 졸리다 → 眠気 졸음

(3) イ형용사 어간+み

감각적인 정도나 상태를 나타낸다.

❶ 赤い 붉다 → 赤み 붉은 빛

❷ 深い 깊다 → 深み 깊은 맛

5 ナ형용사의 활용

「ナ형용사」의 활용형은 「기본형, 부정형(ない형), 추측형, 정중형(です형), 수식형, 접속형(で형), 과거형(た형), 연체형, 가정형」으로 분류된다.

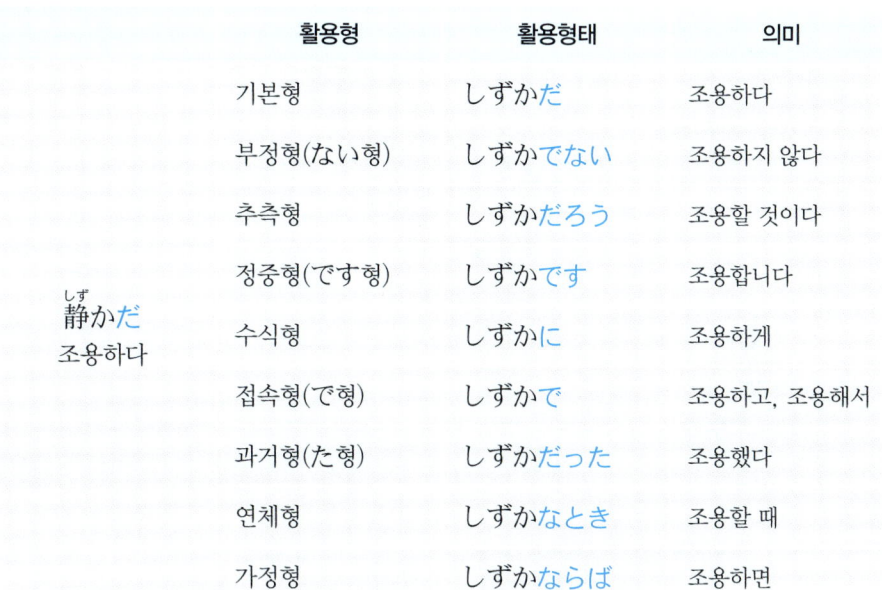

	활용형	활용형태	의미
静かだ 조용하다	기본형	しずかだ	조용하다
	부정형(ない형)	しずかでない	조용하지 않다
	추측형	しずかだろう	조용할 것이다
	정중형(です형)	しずかです	조용합니다
	수식형	しずかに	조용하게
	접속형(で형)	しずかで	조용하고, 조용해서
	과거형(た형)	しずかだった	조용했다
	연체형	しずかなとき	조용할 때
	가정형	しずかならば	조용하면

1 기본형

활용어미가 「だ」로 끝나며 서술어가 되어 문장을 마치기도 한다.

- すきだ ⇨ 좋아하다　　桜の花が好きだ。　　　벚꽃을 좋아한다.
- へただ ⇨ 서투르다　　彼は英語が下手だ。　　그는 영어가 서툴다.
- おなじだ ⇨ 같다　　　これとそれは同じだ。　이것과 그것은 같다.

2 부정형

활용어미인 「だ」를 탈락시키고 「~で(は)ない」를 접속시켜 부정의 의미를 나타낸다. 서술어가 되어 문장을 마치기도 하고 뒤에 오는 명사를 수식하기도 한다.

- すきだ ⇨ 好きで(は)ない　좋아하지 않다
- りっぱだ ⇨ 立派でない　훌륭하지 않다
- いがいだ ⇨ 意外でない　의외가 아니다
- まじめだ ⇨ 真面目でない　성실하지 않다
- おなじだ ⇨ 同じでない　같지 않다
- きれいだ ⇨ きれいでない　아름답지 않다

3 추측형

기본형에 「~ろう」를 접속시켜 추측의 의미를 나타낸다.

- すきだ ⇨ 好きだろう 좋아하겠지
- りっぱだ ⇨ 立派だろう 훌륭하겠지
- いがいだ ⇨ 意外だろう 의외이겠지
- まじめだ ⇨ 真面目だろう 성실하겠지
- おなじだ ⇨ 同じだろう 같겠지
- きれいだ ⇨ きれいだろう 아름답겠지

4 정중형

활용어미인 「だ」를 탈락시키고 「~です」를 접속시켜 정중의 의미를 나타낸다.

- すきだ ⇨ 好きです 좋아합니다
- りっぱだ ⇨ 立派です 훌륭합니다
- いがいだ ⇨ 意外です 의외입니다
- まじめだ ⇨ 真面目です 성실합니다
- おなじだ ⇨ 同じです 같습니다
- きれいだ ⇨ きれいです 아름답습니다

5 수식형

활용어미인 「だ」를 탈락시키고 「~に」를 접속시켜 부사적인 의미를 나타낸다.

- すきだ ⇨ 好きに 좋아하게
- りっぱだ ⇨ 立派に 훌륭하게
- いがいだ ⇨ 意外に 의외로
- まじめだ ⇨ 真面目に 성실하게
- おなじだ ⇨ 同じに 같게
- きれいだ ⇨ きれいに 아름답게

6 접속형

활용어미인 「だ」를 탈락시키고 「~で」를 접속시켜 「~하고, ~해서」라는 의미를 나타낸다.

- すきだ ⇨ 好きで 좋아하고/좋아해서
- りっぱだ ⇨ 立派で 훌륭하고/훌륭해서
- いがいだ ⇨ 意外で 의외이고/의외이어서
- まじめだ ⇨ 真面目で 성실하고/성실해서
- おなじだ ⇨ 同じで 같고/같아서
- きれいだ ⇨ きれいで 아름답고/아름다워서

7 과거형

활용어미인 「だ」를 탈락시키고 「~だった」를 접속시켜 과거·완료의 의미를 나타낸다. 또한 서술어가 되어 문장을 마치기도 하며 뒤에 오는 체언을 수식하기도 한다.

- すきだ ⇨ 好きだった 좋아했다
- りっぱだ ⇨ 立派だった 훌륭했다
- いがいだ ⇨ 意外だった 의외였다
- まじめだ ⇨ 真面目だった 성실했다
- おなじだ ⇨ 同じだった 같았다
- きれいだ ⇨ きれいだった 아름다웠다

8 연체형

활용어미인 「だ」를 탈락시키고 「～な」를 접속하여 뒤에 오는 체언를 수식한다.

- すきだ ⇨ 好きな人 좋아하는 사람
- りっぱだ ⇨ 立派な人 훌륭한 사람
- いがいだ ⇨ 意外な人 의외인 사람
- まじめだ ⇨ 真面目な人 성실한 사람
- おなじだ ⇨ 同じな人 같은 사람
- きれいだ ⇨ きれいな人 아름다운 사람

9 가정형

활용어미인 「だ」를 탈락시키고 「～ならば」를 접속시켜 가정의 의미를 나타낸다.

- すきだ ⇨ 好きならば 좋아하면
- りっぱだ ⇨ 立派ならば 훌륭하면
- いがいだ ⇨ 意外ならば 의외이면
- まじめだ ⇨ 真面目ならば 성실하면
- おなじだ ⇨ 同じならば 같으면
- きれいだ ⇨ きれいならば 아름다우면

6 ナ형용사 활용형의 용법

1 기본형의 용법

	기본형	문장의 종결	
(1)	기본형	문장의 종결	小泉さんは韓国語が上手だ。 고이즈미 씨는 한국어가 능숙하다.
(2)	~だから	~하니까, ~이므로	真面目だから気に入る。 성실하니까 마음에 들었다.
(3)	~が	~하지만	簡単だが、かなり重要だ。 간단하지만 상당히 중요하다.
(4)	~し	~하고	市内は複雑だし、うるさい。 시내는 복잡하고 시끄럽다

unit 01 기본형 ~하다

「ナ형용사」의 기본형은 술어가 되어 「だ」로 문장을 끝맺으며 정중형은 「~です」이다.

❶ 学校のまわりは静かだ。 학교 주변은 조용하다.
❷ 掃除をしてとてもきれいだ。 청소를 해서 매우 깨끗하다.
❸ バスより地下鉄の方が便利です。 버스보다 지하철이 편리합니다.

unit 02 ~だから ~하니까, ~이므로

기본형에 「~から」가 접속되어 원인이나 이유를 나타낸다.

❶ 丈夫だから安心だ。 튼튼하니까 안심이다.
❷ 簡単だから誰にでもできます。 간단하니까 누구나 할 수 있습니다.
❸ 社交的だから好きです。 사교적이니까 좋아합니다.

unit 03 ～が、～하지만

반대되는 두 가지의 사태나 상황을 나타낸다.

❶ 駅は賑やかだが、この辺は人通りもない。 역은 번화하지만, 이 부근은 인적도 없다.
❷ 田村さんはハンサムだが、井上さんはブスだ。
　다무라 씨는 잘생겼지만, 이노우에 씨는 못생겼다.
❸ 三浦さんはまじめだが、弟さんはそうではない。
　미우라 씨는 성실하지만, 남동생은 그렇지 않다.

unit 04 ～し、～하고

기본형에 「し」를 접속하여 여러 가지 비슷한 사항을 열거할 때 사용한다.

❶ 体も丈夫だし、気立てもいい。 몸도 튼튼하고 마음씨도 좋다.
❷ 色もきれいだし、香りもいいです。 색상도 곱고 향도 좋습니다.
❸ ハンサムだし、親切だし、申し分のない人だ。
　잘 생겼고 친절하고 흠잡을 데가 없는 사람이다.

2 부정형의 용법

(1)	～で(は)ない	～하지 않다	韓国語が上手ではない。 한국어가 능숙하지 않다.
(2)	～ではなくて	～하지 않아서	真面目ではなくて心配だ。 성실하지 않아서 걱정이다.
(3)	～でなければ	～하지 않으면	重要でなければ、行かない。 중요하지 않으면 가지 않겠다.

unit 01 　～で(は)ない　～하지 않다

「ナ形容詞」의 부정형은 술어가 되어 문장을 끝맺기도 한다. 정중형은 「～でないです」이며 「～では(じゃ)ありません」과 같은 의미가 된다.

❶ 僕はキムチが嫌いではない。　나는 김치를 싫어하지 않는다.
❷ 彼女は全然地味ではありません。　그녀는 전혀 수수하지 않습니다.
❸ 私はクラシック音楽が好きじゃないです。　저는 클래식 음악을 좋아하지 않습니다.

unit 02 　～でなくて　～하지 않아서, ～하지 않고

「ナ形容詞」 부정형 「～でない」의 「い」를 접속조사 「～くて」로 바꾸면 어떠한 상황이나 상태를 열거하거나 원인·이유를 나타내는 표현이 된다.

❶ きれいでなくていつも不便です。　깨끗하지 않아서 항상 불편합니다.
❷ 親切でなくてみんなに嫌われます。　친절하지 않아서 모두가 싫어합니다.
❸ 彼のレポートの構成は複雑でなくて簡単だ。
　그의 리포트 구성은 복잡하지 않고 간단하다.

unit 03 　～でなければ　～하지 않으면

「ナ形容詞」의 부정형 「～で(は)ない」의 「い」를 접속조사 「～ければ」로 바꾸면 가정의 의미를 나타내는 표현이 된다.

❶ 必要でなければ、買わない。　필요하지 않으면 사지 않겠다.
❷ 新鮮でなければ、おいしくないです。　신선하지 않으면 맛이 없습니다.
❸ 静かでなければ、住みたくないです。　조용하지 않으면 살고 싶지 않아요.

3 추측형의 용법

(1)	～だろう	～할 것이다
(2)	～だろうと思う	～할 것이라고 생각한다

花火はすてきだろう。
불꽃놀이는 멋질 것이다.

必要だろうと思います。
필요할 것이라고 생각합니다.

unit 01 ～だろう ～할 것이다

「ナ형용사」의 추측형은 술어가 되어 문장을 끝맺기도 한다. 문장체에서는 주로 「～であろう」를 사용하며, 정중형은 「～でしょう」이다.

❶ 彼女のアパートはきれいだろう。 그녀의 아파트는 깨끗할 것이다.
❷ もっと多くの努力が必要であろう。 좀 더 많은 노력이 필요할 것이다.
❸ この町は夜になれば、賑やかでしょう。 이 거리는 밤이 되면 북적대겠지요.

unit 02 ～だろうと思う ～할 것이라고 생각한다

화자의 직접적인 추측보다는 완곡한 추측을 나타낸다.

❶ 彼は彼女が嫌いだろうと思います。 그는 그녀를 싫어할 것이라고 생각합니다.
❷ 駅が遠くて、不便だろうと思う。 역이 멀어서 불편하리라 생각한다.
❸ 機械の使い方は意外に簡単だろうと思う。 기계의 사용법은 의외로 간단하리라 생각한다.

4 정중형의 용법

(1)	~です	~합니다	この絵は立派です. 이 그림은 훌륭합니다.
(2)	~でした	~했습니다	昔はそれなりに幸せでした. 옛날에는 나름대로 행복했습니다.

unit 01 ~です ~합니다

「ナ형용사」의 활용어미를 탈락시키고「~です」를 접속하면 정중형이 되며, 부정형은「~では(じゃ)ありません」이다.

❶ その書類はかなり重要です。 그 서류는 상당히 중요합니다.

❷ コーラはあまり好きじゃありません。 콜라는 그다지 좋아하지 않습니다.

❸ デパートが遠くて便利ではありません。 백화점이 멀어서 편리하지 않습니다.

unit 02 ~でした ~했습니다

정중형「~です」의 과거형이며, 부정형은「~では(~じゃ)ありませんでした」이다.

❶ その書類はかなり重要でした。 그 서류는 상당히 중요했습니다.

❷ コーラはあまり好きじゃありませんでした。 콜라는 그다지 좋아하지 않았습니다.

❸ デパートが遠くて便利ではありませんでした。 백화점이 멀어서 편리하지 않았습니다.

5 수식형의 용법

(1)	~に	~히(하게)	静かに座ってください。 조용히 앉아 주세요.
(2)	~になる	~해지다, ~하게 되다	彼女が必要になった。 그녀가 필요하게 되었다.
(3)	~にする	~하게 하다	どうか静かにしてください。 부디 조용히 해 주세요.

형용사
形容詞

unit 01 ~に ~히, ~하게

동사에 이어져서 부사처럼 사용된다.

❶ 規則的に食事をしなさい。 규칙적으로 식사를 하세요.
❷ 彼は活動的に働いています。 그는 활동적으로 일하고 있습니다.
❸ 道を聞いたら親切に案内してくれました。 길을 물었더니 친절하게 안내해 주었습니다.

unit 02 ~になる ~해 지다, ~하게 되다

어떠한 상태에서 다른 상태로 변화되는 것을 나타낸다.

❶ 日本酒が好きになりました。 일본주를 좋아하게 되었습니다.
❷ 生活が豊かになりました。 생활이 윤택해졌습니다.
❸ 空港が移ってから、静かになりました。 공항이 옮기고 나서 조용해졌습니다.

unit 03 ~にする ~하게 하다

어떠한 상태에서 다른 상태로 변화하게 하는 것을 나타내며 주로 요구나 명령표현과 접속하게 된다.

❶ 人に親切にしなさい。 남에게 친절하게 대하세요.
❷ 装飾はきれいで派手にしてください。 장식은 예쁘고 화려하게 해 주세요.
❸ 味のためには新鮮に保管してください。 맛을 위해서 신선하게 보관해 주세요.

6 정중형의 용법

(1)	～で	～하고, 하여 (열거)	この公園は静かで、広いです。 이 공원은 조용하고 넓습니다.
(2)	～で	～해서 (원인·이유)	父がいつも元気で安心だ。 아버지가 항상 건강해서 안심이다.

unit 01 ～で ～하고, ～하여

앞뒤의 사항을 나열하여 연결한다.

❶ 彼女は素直で、きれいです。 그녀는 순진하고 예쁩니다.
❷ 地下鉄は便利で、料金が安い。 지하철은 편리하고 요금이 저렴하다.
❸ 韓国は水が豊かで、きれいな国です。 한국은 물이 풍부하고 깨끗한 나라입니다.

unit 02 ～で ～해서

원인·이유, 설명의 의미를 나타낸다.

❶ さわやかで気分がいいですね。 상쾌해서 기분이 좋군요.
❷ あのスーツは上品で気に入っています。 저 수트는 고급스러워서 마음에 듭니다.
❸ 彼は思ったより積極的で新しい部署によく適応しています。
그는 생각보다 적극적이어서 새로운 부서에 잘 적응하고 있습니다.

7 과거형의 용법

(1)	~だった	~했다	この公園は静かだった。 이 공원은 조용했었다.
(2)	~だったら	~하다면	仕事を終えて暇だったら、行こう。 일을 끝내서 한가하면 가자
(3)	~だったり	~하기도 하고	不便だったり、便利だったりする。 불편하기도 편리하기도 한다.

unit 01 ~だった ~했다

「ナ形容詞」의 과거형은 문장을 끝맺기도 하고 체언을 수식하기도 한다. 또한 정중형은 「~だった(ん)です」 또는 「~でした」이다.

❶ 名古屋の交通は便利だった(です)。 나고야의 교통은 편리했다(편리했습니다).
　名古屋の交通は便利でした。 나고야의 교통은 편리했습니다.
❷ 文法を覚えるのは面倒だった(です)。 문법을 외우는 것은 귀찮았다(귀찮았습니다).
　文法を覚えるのは面倒でした。 문법을 외우는 것은 귀찮았습니다.
❸ この成績は立派だった(です)。 이 성적은 훌륭했다(훌륭했습니다).
　この成績は立派でした。 이 성적은 훌륭했습니다.

unit 02 ~だったら ~하다면, ~했다면

앞의 사항이 성립·완료되었을 때 뒤의 사항을 언급하는 가정조건의 의미를 나타낸다.

❶ 健康だったら、それで十分です。 건강하다면 그것으로 충분합니다.
❷ 静かだったら、寝ようと思います。 조용하면 자려고 생각합니다.
❸ 安全だったら、使ってもいいです。 안전하면 사용해도 좋습니다.

unit 03 〜だったり 〜하기도 하고

두 사태를 열거할 때나 반대되는 상황의 반복을 나타낸다. 보통 「〜だったり 〜だったりする」의 형태로 많이 사용된다.

❶ 嫌いだったり、好きだったりするのはよくないです。
싫어했다 좋아했다 하는 것은 바람직하지 않습니다.

❷ 彼はおしゃべりだったり、無口だったりします。
그는 수다스럽기도 하고 과묵하기도 합니다.

❸ 彼女は親切だったり、不親切だったりします。
그녀는 친절하기도 하고 불친절하기도 합니다.

8 연체형의 용법

(1)	〜な	〜한	それは私にとって大切な思い出です。 그것은 나에게 소중한 추억입니다.
(2)	〜なようだ	〜한 것 같다	かなり意外なようだ。 상당히 의외인 것 같다.
(3)	〜なので	〜하므로	必要なので記録しなさい。 필요하니까 기록하세요.
(4)	〜なのに	〜하는데도 (불구하고)	上手なのにしない。 능숙함에도 불구하고 하지 않는다.

unit 01 〜な 〜한

「イ형용사」는 기본형이 뒤에 오는 체언을 수식할 수 있었지만, 「ナ형용사」는 활용어미가 「〜な」로 바뀌어 체언을 수식한다.

❶ 静かな部屋をお願いします。 조용한 방을 부탁합니다.

❷ 彼は生意気な人だと言われていました。 그는 건방진 사람이라고 들 합니다.

❸ 崔さんの好きな日本料理は何ですか。 최선생님이 좋아하는 일본요리는 무엇인가요?

unit 02　〜なようだ　〜한 것 같다

불확실한 단정・비유・예시 등을 나타낸다.

❶ 呑気なようです。　무사태평한 것 같습니다.
❷ 彼はいつも無口なようです。　그는 언제나 말이 없는 것 같습니다.
❸ あの店員はいつも親切なようです。　저 점원은 항상 친절한 것 같습니다.

unit 03　〜なので　〜하기 때문에, 〜해서

접속조사「ので」가 접속되어 원인・이유를 나타낸다.

❶ 真面目なのでほめられました。　성실해서 칭찬받았습니다.
❷ 賑やかなので若者が多い。　번화하기 때문에 젊은이가 많다.
❸ 交通が便利なのでここに引っ越ししました。　교통이 편리해서 이곳으로 이사했습니다.

unit 04　〜なのに　〜하는데도(불구하고)

역접의 조건을 나타내거나 의외의 결과에 대한 화자의 심정을 나타내기도 한다.

❶ ブスなのに人気がある。　못생겼음에도 불구하고 인기가 있다.
❷ この店は有名なのに客が少ない。　이 가게는 유명한데도 손님이 적다.
❸ 元気なのに運動は下手だ。　건강함에도 불구하고 운동은 잘하지 못한다.

9 가정형의 용법

(1)	～なら(ば)	～하면	スポーツならば、テニスが最高だ. 스포츠라면 테니스가 최고다.
(2)	～も ～ならば ～も	～도 ～하며 ～도	歌も上手ならば、勉強も上手だ. 노래도 잘하며 공부도 잘 한다.

unit 01 ～なら(ば) ～하면

보통 「ば」가 생략되어 「～なら」로 사용되며 가정이나 정해진 사실을 한정하는 의미를 나타낸다.

❶ 来月なら(ば)、暇ですが。 다음 달이라면 한가합니다만.

❷ 音楽なら(ば)、ジャズが好きです。 음악이라면 재즈를 좋아합니다.

❸ 料理なら(ば)、しゃぶしゃぶが一番好きです。 요리라면 샤브샤브를 가장 좋아합니다.

unit 02 ～も ～なら(ば) ～も ～도 ～하며 ～도

어떤 사항이나 상황을 나열하는 표현이다.

❶ 行きも大変なら(ば)、帰りも大変だ。 갈때도 힘들고 올 때도 힘들다.

❷ 体も健康なら(ば)、心も健康だ。 몸도 건강하고 마음도 건강하다.

❸ キムチも有名なら(ば)、焼き肉もおいしい。 김치도 유명하고 불고기도 맛있다.

Point: 「ナ形용사」 vs 「명사＋だ」

(1) ナ형용사

「～하다」로 해석되며, 연체형으로 활용했을 경우 문장이 성립된다.

❶ 飛行機は便利だ。 비행기는 편리하다.
　→ 便利な飛行機。 편리한 비행기

❷ 通りはにぎやかだ。 거리는 번화하다.
　→ にぎやかな通り。 번화한 거리

(2) 명사＋だ

「～이다」로 해석되며, 연체형으로 활용했을 경우 문장이 성립되지 않는다.

❶ 重要なのは健康だ。 중요한 것은 건강이다.
　→ 健康な重要なの。（×）

❷ 彼は学生だ。 그는 학생이다.
　→ 学生な彼。（×）

형용사
形容詞

Point: ナ형용사의 명사화

(1) ナ형용사 어간＋さ

활용어미 「だ」대신에 「さ」를 접속하여 성질·상태·정도 등을 나타낸다.

❶ 彼女からは華やかさが感じられない。 그녀에게서는 화려함을 느낄 수 없다.

❷ 今回の開会式には厳粛さが欠けている。 이번 개회식에는 엄숙함이 결여되어 있다.

❸ 事態の深刻さを理解していない。 사태의 심각함을 이해하지 못하고 있다.

04 조동사
助動詞

1 조동사의 특징

- 단독으로 문절을 구성할 수 없는 부속어이며 활용을 한다.
- 용언(동사·イ형용사·ナ형용사)이나 체언에 접속하여 다양한 의미를 첨가한다.
- 체언이나 조사에 접속하는 경우도 있으며, 대부분 술어에 접속하는 경우가 많다.

2 조동사의 종류

조동사는 사역 조동사·수동 조동사·사역수동 조동사·가능 조동사·자발 조동사·희망 조동사·추정(추량) 조동사·불확실한 단정/비유/예시·전문 조동사·양태 조동사 등으로 분류할 수 있다.

분류	형태	의미
사역 조동사	せる·させる	~하게 하다, ~시키다
수동 조동사	れる·られる	~하게 되다, ~함을 당하다
사역수동 조동사	せられる·させられる	어쩔 수 없이 ~하게 되다
가능 조동사	れる·られる	~할 수 있다
자발 조동사	れる·られる	(자연스럽게) ~하게 되다
희망 조동사	たい·たがる	~하고 싶다, ~하고 싶어하다
추정(추량) 조동사	らしい	~인 것 같다
불확실 단정/비유/예시 조동사	ようだ	~인 듯하다, ~같다, ~처럼
전문 조동사	そうだ	~라고 한다
양태 조동사	そうだ	~인 것 같다, ~듯하다

3. 사역 조동사 (せる・させる)

사역표현이란 화자가 상대방의 의지와는 상관없이 동작·작용 등을 하도록 강요하거나 유발시키는 표현이며 「~시키다, ~하게 하다」의 의미를 나타낸다. 사역표현은 크게 형태적인 측면의 사역표현과 의미적인 측면의 사역표현으로 분류할 수 있다.

형태적인 사역표현은 「자동사의 사역표현」, 「타동사의 사역표현」, 「무생물의 사역표현」으로 분류할 수 있으며, 의미적인 측면의 사역표현은 「강요」, 「허가」, 「방임」, 「원인」, 「과실」, 「후회」 등으로 분류할 수 있다.

1 사역 조동사의 활용형 (동사별)

1 접속 형태

형태	접속되는 동사 활용형
せる	1그룹 동사(5단 활용동사)의 부정형에 접속
させる	2그룹 동사(상하 1단 활용동사)의 부정형에 접속, する
こさせる	くる

2 1그룹 동사(5단 활용동사)의 사역형

동사의 기본형인「u」모음을「a」모음으로 바꾼 후「せる」를 접속시킨다.

	활용형	활용형태	의미
読む 읽다	기본형	よま**せる**	읽게 하다/읽히다
	부정형(ない형)	よま**せない**	읽게 하지 않는다
	의지·권유·추측	よま**せよう**	읽게 하겠다/읽게 하자/ 읽게 하겠지
	정중형(ます형)	よま**せます**	읽게 합니다
	접속형(て형)	よま**せて**	읽게 하고, 읽게 하여
	과거형(た형)	よま**せた**	읽게 하였다
	연체형	よま**せる**ひと	읽게 하는 사람
	가정형	よま**せれば**	읽게 하면
	명령형	よま**せろ/よ**	읽게 하여라/읽게 해라

3 2그룹 동사(상하 1단 활용동사)의 사역형

동사의 활용어미인「る」를 탈락시키고「させる」를 접속시킨다.

	활용형	활용형태	의미
見る 보다	기본형	みさ**せる**	보게 하다
	부정형(ない형)	みさ**せない**	보게 하지 않는다
	의지·권유·추측	みさ**せよう**	보게 하겠다/보게 하자/보게 하겠지
	정중형(ます형)	みさ**せます**	보게 합니다
	접속형(て형)	みさ**せて**	보게 하고, 보게 하여
	과거형(た형)	みさ**せた**	보게 하였다
	연체형	みさ**せる**ひと	보게 하는 사람
	가정형	みさ**せれば**	보게 하면
	명령형	みさ**せろ/よ**	보게 하여라/보게 해라

4 3그룹 동사(する・くる)의 사역형

「する」는「させる」,「くる」는「こさせる」처럼 불규칙하게 형태가 변화된다.

	활용형태	의미	의미
する 하다	기본형	させる	시키다/하게 하다
	부정형(ない형)	させない	시키지 않는다
	의지・권유・추측	させよう	시키겠다/시키자/시키겠지
	정중형(ます형)	させます	시킵니다
	접속형(て형)	させて	시키고, 시켜서
	과거형(た형)	させた	시켰다
	연체형	させるひと	시키는 사람
	가정형	させれば	시키면
	명령형	させろ/よ	시켜라/해라

	활용형태	의미	의미
来る 오다	기본형	こさせる	오게 하다
	부정형(ない형)	こさせない	오게 하지 않는다
	의지・권유・추측	こさせよう	오게 하겠다/오게 하자/오겠지
	정중형(ます형)	こさせます	오게 합니다
	접속형(て형)	こさせて	오게 하고, 오게 해서
	과거형(た형)	こさせた	오게 했다
	연체형	こさせるひと	오게 하는 사람
	가정형	こさせれば	오게 하면
	명령형	こさせろ/よ	오게 하여라/오게 해라

2 자동사의 사역표현

1 자동사 사역문의 기본문형

형태	A は B を(に) ~(さ)せる → A는 B를 ~하게 하다
기본문	学生が教室に入る。 학생이 교실에 들어가다.
자동사 사역문	先生は学生を(に)教室に入らせた。 선생님이 학생을 교실에 들어가게 했다.

2 자동사 사역문의 특징

(1) 기본문에 존재하지 않던 새로운 주어가 사역문의 주어가 된다.

❶ 学生が教室に入る。 학생이 교실에 들어간다.
→ 先生が学生を(に)教室に入らせる。 선생님이 학생을 교실에 들어가게 한다.
❷ 子供が一人で買い物に行く。 어린아이가 혼자서 물건을 사러 간다.
→ 母は子供を(に)一人で買い物に行かせる。
어머니는 어린아이를 혼자서 물건을 사러가게 한다.

(2) 강제 사역문과 허용 사역문

기본문의 주어는 사역문에서 행위자가 되어 주체와 객체가 바뀌게 된다. 이 때 행위자 뒤에 조사「を」나「に」를 모두 사용할 수 있다.「を」를 사용할 경우에는 행위자의 의지와 의사를 완전히 무시하고 강제적으로 강요하는「강제 사역문」이 되며,「に」를 사용할 경우에는 행위자의 의지와 의사를 받아들인 후 행위를 인정하는「허용 사역문」이 된다.

❶ 学生が教室に入る。 학생이 교실에 들어간다.
→ 先生が学生を教室に入らせる。 [강제 사역문]
(학생이 교실에 들어가기 싫어하는데도) 선생님이 학생을 교실에 들어가게 한다.
→ 先生が学生に教室に入らせる。 [허용 사역문]
(들어가고 싶어 하는) 학생을 선생님이 들어가게 한다.
❷ 子供が一人で買い物に行く。 어린아이가 혼자서 물건을 사러 간다.
→ 母は子供を一人で買い物に行かせる。 [강제 사역문]
(아이가 물건을 사러 가기를 싫어하는데도) 어머니는 어린아이를 혼자서 물건을 사러가게 한다.

→ 母は子供に一人で買い物に行かせる。
(아이가 물건을 사러 가고 싶어하는 상황에서) 어머니는 어린아이를 혼자서 물건을 사러가게 한다.

(3)「を」의 중복 사용금지

강제 사역문일지라도 다음 예문과 같이 조사「を」를 중복해서 사용할 수 없으며,「に」를 사용해야 한다.

❶ 妹は塾に通った。 여동생은 학원을 다녔다.
→ 母は妹を塾に通わせた。 어머니는 여동생에게 학원을 다니게 했다.
→ 母は妹を塾を通わせた。(×)

3 타동사의 사역표현

1 타동사 사역문의 기본문형

형태	A は B に ～を ～(さ)せる → A는 B에게 ～을(를) ～하게 하다
기본문	子供が掃除をする。 아이가 청소를 한다.
타동사 사역문	先生は子供に掃除をさせる。 선생님이 아이에게 청소를 시킨다.

2 타동사 사역문의 특징

(1) 기본문에 존재하지 않던 주어가 사역문의 주어가 된다.

자동사의 사역문과 마찬가지로 기본문에 존재하지 않았던 새로운 주어가 나타나 사역문의 주어가 된다.

❶ 生徒が映画を見る。 학생이 영화를 본다.
→ 先生は生徒に映画を見させる。 선생님은 학생들에게 영화를 보게 한다.
❷ 後輩が荷物を持つ。 후배가 짐을 들다.
→ 先輩は後輩に荷物を持たせる。 선배는 후배에게 짐을 들게 한다.

(2) 기본문의 주어는 사역문에서 「に」와 접속

기본문의 주어는 사역문에서 「を」와 접속하지 않고 「に」와 접속한다. 한 문장 안에 조사 「を」가 중복되기 때문이다.

❶ 赤ちゃんが水を飲む。 아기가 물을 마신다.
　→ お母さんが赤ちゃんに水を飲ませる。 어머니가 아기에게 물을 먹인다.
　→ お母さんが赤ちゃんを水を飲ませる。(×)

4 무생물의 사역표현

추상적인 문장에서 특정 무생물이 일반사역문의 주어가 될 수 있다.

❶ 今度の選挙は国民に民主主義のありがたさを考えさせました。
　이번 선거는 국민들에게 민주주의의 고마움을 생각하게 했습니다.

❷ この本は私に自由の必要性を悟らせました。
　이 책은 나에게 자유의 필요성을 깨닫게 했습니다.

5 의미적인 측면의 사역표현

의미적인 측면의 사역표현은 강요・허가・방임・원인・과실・후회 등으로 분류된다.

❶ 岡本さんは子供に無理に勉強をさせました。 [강요]
　오카모토 씨는 자녀에게 무리하게 공부를 시켰습니다.

❷ デザインを専攻したがっている娘にデザインを専攻させました。 [허가]
　디자인을 전공하고 싶어하는 딸에게 디자인을 전공하게 했습니다.

❸ 9時までに出勤しなければならないのに、夜明けごろまで飲ませておいた。
　9시까지 출근해야만 하는데도 불구하고 새벽까지 마시게 두었다. [방임]

❹ せきをしていたので、薬を飲ませておいた。 [원인]
　기침을 하니까 약을 먹여 두었다.

❺ 僕の無関心さが彼女を怒らせてしまった。 [과실]
　나의 무관심이 그녀를 화나게 해 버렸다.

❻ 佐野さんは不注意で息子に怪我をさせてしまった。 [후회]
　사노 씨는 부주의로 아들에게 상처를 입히고 말았다.

6 사역 조동사 활용형의 용법

unit 01 ～(さ)せてしまう ～하게 하고 말았다

화자의 무관심·방치·방관으로 인해 결국 좋지 않은 결과를 초래했을 경우에 사용하는 표현이다.

❶ 心にもない言葉で宮田さんを失望させてしまいました。
마음에도 없는 말로 미야타 씨를 실망을 시키고 말았습니다.

❷ 不注意で本田さんに怪我をさせてしまいました。
부주의로 혼다 씨에게 상처를 입히고 말았습니다.

❸ 冷蔵庫に入れなくて新鮮だった果物を腐らせてしまいました。
냉장고에 넣지 않아서 신선했던 과일을 썩게 하고 말았습니다.

unit 02 ～(さ)せておく ～하게 내버려 두다

화자가 상대방의 행동을 방치·방관하는 표현이다.

❶ 子供たちに(を)夜遅くまでテレビを見させておいた。
어린아이들을 저녁 늦게까지 텔레비전을 보게 내버려 두었다.

❷ 国際電話の料金は高いのに勝手に使わせておいた。
국제전화의 요금은 비싼데도 불구하고 마음대로 사용하게 내버려 두었다.

❸ 夜遅くまでその仕事をさせておきました。
밤늦게까지 그 일을 하도록 내버려 두었습니다.

unit 03 ～(さ)せてくれる(ください) ～하게 해 주십시오

화자가 무언가를 하도록 상대방에게 허락해 달라는 표현이다. 즉「～하고 싶다」라는 표현을 완곡하게 나타낸 표현이며, 동작의 주체(화자)는 조사「に」와 접속한다. 또한 더욱 정중하게 표현하고자 할 때에는「～(さ)せてくれませんか」를 사용하기도 한다.

❶ 一言(ひとこと)言(い)わせてください。 한 마디 하게 해 주세요.

　一言(ひとこと)言(い)わせてくれませんか。 한 마디 하게 해 주시지 않겠습니까?

❷ 今度(こんど)は私(わたし)に払(はら)わせてください。 이번에는 제가 지불하도록 해 주세요.

　今度(こんど)は私(わたし)に払(はら)わせてくれませんか。 이번에는 제가 지불하도록 해 주시지 않겠습니까?

❸ 今晩(こんばん)は私(わたし)にごちそうさせてください。 오늘 저녁은 제가 식사 대접하도록 해 주세요.

　今晩(こんばん)は私(わたし)にごちそうさせてくれませんか。
오늘 저녁은 제가 식사 대접하도록 해 주시지 않겠습니까?

unit 04 ～(さ)せてもらう(いただく)　～하게 해 받다(～하겠습니다)

사역형에「～もらう」가 접속되면 자신이 어떠한 행동을 할 수 있는 기회를 달라고 하는 표현이지만, 실제로는 상대방의 허가에 대해 자신의 의지를 강하게 나타내는 표현이기도 하다. 겸양표현은「～(さ)せていただく」이다.

❶ これで授業(じゅぎょう)を終(お)わらせていただきます。 이것으로 수업을 마치겠습니다.
❷ 阿部(あべ)さんの作文(さくぶん)を読(よ)ませていただきます。 아베 씨의 작문을 읽어보겠습니다.
❸ これから一週間(いっしゅうかん)ぐらい休業(きゅうぎょう)させていただきます。 앞으로 일주일 정도 휴업하겠습니다.

unit 05 ～(さ)せてもらえますか、～(さ)せていただけますか
　　　　　～해도 되겠습니까?

사역표현이란 다른 사람에게 무언가를 강요하거나 시키는 표현이므로 원래 손윗사람에게 사용하면 부자연스러운 표현이 될 수 있다. 하지만 수수동사인「～てもらう」를 사용함으로써 상대방에 대한 강제성을 완화시키고 부드러운 요구표현으로 의미를 변화시키면서, 또한 손윗사람에게도 사용할 수 있게 되는 것이다.

「～(さ)せてもらいます」나「～(さ)せていただきます」는 상대방의 허가보다는 자신의 의지가 더욱 강한 표현이다. 하지만「～(さ)せてもらえますか」,「～(さ)せていただけますか」,「～(さ)せていただきたいです」는 자신의 주장을 최소화하여 상대방의 허가를 겸손하게 부탁하는 표현이 된다. 그러므로 상대방에게 허가나 허락을 구하고자 할 때 가장 바람직한 표현이라고 할 수 있다.

❶ 電話を使わせてもらえますか。 전화를 사용해도 될까요?
❷ 使い方を説明させていただけますか。 사용법을 설명해도 되겠습니까?
❸ それは私にやらせていただけますか。 그것은 제가 해도 되겠습니까?
❹ 今日は一日休ませていただきたいんですが。 오늘은 하루 쉬고 싶습니다만.

조동사
助動詞

4 수동 조동사 (れる・られる)

수동표현이란 주어의 의지로 어떠한 상황이나 행동이 성립되는 것이 아니라, 상대방에 의해 상황나 행동이 이루어질 때에 사용되는 표현이다. 「~하게 되다」, 「~함을 당하다」처럼 화자보다는 상대방 중심의 표현이라고 할 수 있으며, 상대방으로부터 어떠한 행동이나 동작을 받는다는 의미가 강한 표현이다.

1 수동 조동사의 활용형 (동사별)

1 접속 형태

형태	활용 형태
れる	1그룹 동사(5단 활용동사)의 부정형에 접속
られる	2그룹 동사(상하 1단 활용동사)의 부정형에 접속
される・こられる	3그룹 동사(する・来る)

2 1그룹 동사(5단 활용동사)의 수동형

동사의 기본형인 「u」모음을 「a」모음으로 바꾼 후 「れる」를 접속시킨다.

	활용형	활용형태	의미
 頼む 부탁하다	기본형	たのまれる	부탁받다
	부정형(ない형)	たのまれない	부탁받지 않는다
	의지·권유·추측	たのまれよう	부탁받겠다/부탁받자/ 부탁받겠지
	정중형(ます형)	たのまれます	부탁 받습니다
	접속형(て형)	たのまれて	부탁 받고/부탁 받아서
	과거형(た형)	たのまれた	부탁받았다
	연체형	たのまれるひと	부탁받는 사람
	가정형	たのまれれば	부탁받으면
	명령형	のまれろ/よ	부탁받아라

3 2그룹 동사(상하 1단 활용동사)의 수동형

동사의 활용어미 「る」를 탈락시키고 「られる」를 접속시킨다.

	활용형	활용형태	의미
 見る 보다	기본형	みられる	보여지다
	부정형(ない형)	みられない	보여지지 않는다
	의지·권유·추측	みられよう	보여지게 하겠다/ 보여지게 하자/보여지겠지
	정중형(ます형)	みられます	보여집니다
	접속형(て형)	みられて	보여지고/보여져서
	과거형(た형)	みられた	보여졌다
	연체형	みられるひと	보여지는 사람
	가정형	みられれば	보여지면
	명령형	みられろ/よ	보여져라

4. 3그룹 동사(くる・する)의 사역형

「くる」는 「こられる」, 「する」는 「される」처럼 불규칙하게 형태가 변화된다.

	활용형	활용형태	의미
する 하다	기본형	される	받다
	부정형(ない형)	されない	받지 않는다
	의지・권유・추측	されよう	받겠다/받자/받겠지
	정중형(ます형)	されます	받습니다
	접속형(て형)	されて	받고/받아서
	과거형(た형)	された	받았다
	연체형	されるひと	받는 사람
	가정형	されれば	받으면
	명령형	されろ/よ	받아라

	활용형	활용형태	의미
来る 오다	기본형	こられる	오게 되다
	부정형(ない형)	こられない	오게 되지 않는다
	의지・권유・추측	こられよう	오게 되도록 하겠다/ 오게 하자/오게 되겠지
	정중형(ます형)	こられます	오게 됩니다
	접속형(て형)	こられて	오게 되고/오게 되어서
	과거형(た형)	こられた	오게 되었다
	연체형	こられるひと	오게 되는 사람
	가정형	こられれば	오게 되면
	명령형	こられろ/よ	오게 되도록 하여라

2 직접 수동

수동문의 주어가 기본문(능동문)의 주어가 행하는 동작의 영향을 직접 받는 수동을 말하며, 「~에게(한테) 당하다」, 「~받다」라는 의미를 나타낸다. 그리고 화자나 동작의 영향을 받는 대상이 기본문에 모두 나타난다. 또한 직접 수동문은 주어에 사람(동물)이 오지만, 무생물이 오는 경우도 있으며 이 경우에는 「~によって」나 「~で」와 같은 조사를 사용하고, 행위자가 문장에 명확하게 나타나지 않을 때에도 행위자 없이 수동형으로 표현하기도 한다.

1 직접 수동문의 기본문형

기본문	父が太郎をほめる。 아버지가 타로를 칭찬한다.
자동사 사역문	太郎が父にほめられる。 타로가 아버지한테 칭찬받다.

❶ 先輩が後輩をいじめる。 선배가 후배를 괴롭힌다.
  → 後輩は先輩にいじめられる。 후배는 선배로부터 괴롭힘을 당한다.

❷ 朝寝坊をして、母が私を叱りました。 늦잠을 자서 어머니가 나를 꾸짖었습니다.
  → 朝寝坊をして、私は母に叱られました。 늦잠을 자서 나는 어머니에게 야단맞았습니다.

❸ いきなり先生が私に質問しました。 갑자기 선생님이 나에게 질문했습니다.
  → いきなり私は先生に質問されました。 갑자기 나는 선생님에 질문 받았습니다.

❸ テンプラという言葉はポルトガルによって日本に伝えられた。 [무생물 주어]
  '덴뿌라'라고 하는 말은 포르투갈에 의해 일본에 전해졌다.

❹ 昨夜の台風で電柱が倒されました。 [무생물 주어]
  어젯밤의 태풍으로 전주가 쓰러졌습니다.

❺ ワールドカップは4年ごとに開かれます。 [불명확한 주어]
  월드컵은 4년마다 개최됩니다.

3 간접 수동

일본어 수동문의 대표적인 형태이며 상대방이나 다른 것으로 인해 자신이 피해를 받았을 경우에 사용되는 표현이다. 또한 간접 수동문은 자신이 받은 귀찮음이나 성가심 같은 피해를 직접적으로 나타내지 않고 완곡하게 나타내는 표현으로 「困りました」나 「大変でした」와 같은 의미가 문장 안에 내재되어 있다. 따라서 간접 수동을 「迷惑の受け身」라고도 한다.

1 간접 수동문의 기본문형

기본문	家へ帰る途中、雨が降った。 집에 돌아가는 도중 비가 내렸다.
간접 사역문	家へ帰る途中、雨に降られた。 집에 돌아가는 도중 비를 맞았다. 家へ帰る途中、雨に降られて困った。 집에 돌아가는 도중 비를 맞아 곤란했다.

❶ 夕べ子供が泣いた。 저녁 무렵 아이가 울었다.
　→ 夕べ子供に泣かれた。
　→ 夕べ子供に泣かれて、困った。 저녁 무렵 아이가 울어서 곤란했다(힘들었다).

❷ 親が急に死にました。 부모님이 갑자기 죽었습니다.
　→ 親に急に死なれました。
　→ 親に急に死なれて、大変でした。 부모님이 갑자기 돌아가셔서 힘들었습니다.

❸ 泥棒が入りました。 도둑이 들었습니다.
　→ 泥棒に入られました。
　→ 泥棒に入られて、大変でした。 도둑이 들어서 끔찍했습니다.

❹ 夜遅く友達が来た。 저녁 늦게 친구가 찾아왔다.
　→ 夜遅く友達に来られた。
　→ 夜遅く友達に来られて、困った。 저녁 늦게 친구가 찾아와서 난처했다.

4 불특정 주체의 수동

동작의 주체가 불특정 다수, 사회적 사실, 일정하지 않은 경우 등에 사용하는 수동표현이며 사용 빈도수가 높은 편이다. 또한 수동문의 주어에는 무생물이나 식물도 올 수 있으며 다른 수동표현과는 달리 피해의식이 없는 중립적인 수동표현이라고 할 수 있다. 구체적으로 어떤 일이나 사건을 나타낼 때, 과거·역사적 사실을 나타낼 때, 상태·성질을 나타낼 때, 새로운 사태·상품을 나타낼 때, 원료·재료를 나타낼 때 사용되는 수동표현이다.

1 불특정 주체의 수동문형

기본문	韓国でオリンピックを開いた(開く)。 한국에서 올림픽을 개최했다.
소유자 수동문	オリンピックは韓国で開かれた。 올림픽은 한국에서 개최되었다.

2 불특정 주체 수동문형의 용법

(1) 어떤 일이나 사건을 나타낼 경우(〜から)

❶ 週末からセミナーを行います。 주말부터 세미나를 시작합니다.
→ セミナーは週末から行われます。 세미나는 주말부터 시작됩니다.

❷ 午後から会議を開きます。 오후부터 회의를 개최합니다.
→ 会議は午後から開かれます。 회의는 오후부터 개최됩니다.

(2) 과거·역사적 사실을 나타낼 경우(〜に)

❶ 20年前にこのアパートを建てました。 20년 전에 이 아파트를 세웠습니다.
→ このアパートは20年前に建てられました。 이 아파트는 20년 전에 세워졌습니다.

❷ 朝鮮時代に訓民正音を書いた。 조선시대에 훈민정음을 썼다.
→ 訓民正音は朝鮮時代に書かれた。 훈민정음은 조선시대에 쓰여졌다.

(3) 상태·성질을 나타낼 경우(~によって, ~に)

❶ 工学部でこのシステムを使っています。 공학부에서 이 시스템을 사용하고 있습니다.

→ このシステムは工学部で使われています。
이 시스템은 공학부에 사용되고 있습니다.

❷ 自動車産業でロボットを使っています。 자동차 산업에서 로봇을 이용하고 있습니다.

→ ロボットは自動車産業に使われています。
로봇은 자동차 산업에 사용되고 있습니다.

(4) 새로운 사태·상품을 나타낼 경우(~によって)

❶ アインシュタインが相対性理論を発表した。 아인슈타인이 상대성이론을 발표했다.

→ 相対性理論はアインシュタインによって発表された。
상대성이론은 아인슈타인에 의해 발표되었다.

❷ A社が新しいソフトウェアを発売した。 A사가 새로운 소프트웨어를 발매했다.

→ 新しいソフトウェアはA社によって発売された。
새로운 소프트웨어는 A사에 의해 발매되었다.

(5) 원료(화학적 변화)를 나타낼 경우(~から)

❶ ブドウでワインを作る。 포도로 와인을 만든다.

→ ワインはブドウから作られる。 와인은 포도로 만들어진다.

❷ 麦でビールを作る。 보리로 맥주를 만든다.

→ ビールは麦から作られる。 맥주는 보리로 만들어진다.

(6) 재료(물리적 변화)를 나타낼 경우(~で)

❶ 桐で家具を作る。 오동나무로 가구를 만든다.

→ 家具は桐で作られる。 가구는 오동나무로 만들어진다.

❷ 原石で宝石を作る。 원석으로 보석을 만든다.

→ 宝石は原石で作られる。 보석은 원석으로 만들어진다.

5 사역수동 조동사 (せられる・させられる)

사역수동 표현이란 사역의 조동사 「(さ)せる」와 수동의 조동사 「(ら)れる」가 결합된 형태이며, 자신의 의지와는 달리 상대방에게 강요당하여 「어쩔 수 없이 ~하다」, 「마지못해 ~하다」라는 의미를 나타내므로 문장 안에 「~困ります」라는 의미를 내포하고 있다. 또한 사역수동 표현은 다른 수동표현과는 달리 화자의 입장에서 사태를 파악하며, 또한 1그룹 동사에서는 음절 축약현상이 나타난다.

1 사역수동문의 기본문형

기본문	本田さんがビールを飲む。 혼다 씨가 맥주를 마신다.
사역문	菅野さんが本田さんにビールを飲ませる。 간노 씨가 혼다 씨에게 맥주를 마시게 한다.
사역 수동문	本田さんは菅野さんにビールを飲ませられる。 혼다 씨는 간노 씨가 시켜서 어쩔 수 없이 맥주를 마신다.

❶ 宴会の時、歌を歌わせられました(歌わされました)。
연회 때 (어쩔 수 없이・마지못해) 노래를 했습니다.

❷ 僕は市場へ行かせられました(行かされました)。
나는 (어쩔 수 없이・마지못해) 시장에 갔습니다.

❸ 昨日は課長に小言を聞かせられました(聞かされました)。
어제는 거래처로부터 (어쩔 수 없이・마지못해) 잔소리를 들었습니다.

❹ 夕べ 初対面の人にお酒を飲ませられて(飲まされて)、困りました。
어젯밤 처음 만난 사람과 (어쩔 수 없이・마지못해) 술을 마셔서 난처했습니다.

사역수동의 음절 축약현상

사역수동문의 음절 축약현상은 1그룹 동사에만 적용되고, 2그룹 동사와 3그룹 동사에는 해당되지 않는다.

(1) 1그룹 동사의 음절 축약

사역수동의 원칙 형태인 「~せら」가 「~さ」로 바뀌게 된다.

기본형	사역	수동	원칙	사역수동
飲む(마시다)	のませる	のまれる	のませられる	のまされる
書く(쓰다)	かかせる	かかれる	かかせられる	かかされる
座る(앉다)	すわらせる	すわられる	すわらせられる	すわらされる
作る(만들다)	つくらせる	つくられる	つくらせられる	つくらされる

(2) 2그룹 동사의 음절 축약 (해당되지 않음)

기본형	사역	수동	원칙	사역수동
見る(보다)	みさせる	みられる	みさせられる	みさせられる
食べる(먹다)	たべさせる	たべられる	たべさせられる	たべさせられる

(3) 3그룹 동사의 음절 축약 (해당되지 않음)

기본형	사역	수동	원칙	사역수동
する(하다)	させる	される	させられる	させられる
くる(오다)	こさせる	こられる	こさせられる	こさせられる

6 가능 조동사 (れる・られる)

조동사 「れる」, 「られる」는 앞서 살펴 보았듯이 수동표현 외에 가능표현의 용법도 있으며, 활용형은 1그룹 동사의 경우 어미를 「e」모음으로 바꾼 후 「る」를 접속시킨다. 2그룹 동사는 어미를 탈락시키고 「られる」를 접속시킨다. 3그룹 동사는 각각 「来られる」와 「できる」이며, 문어체에서는 「기본형+ことができる」가 사용되기도 한다.

1 가능 조동사문의 기본문형

기본문	私は日本語の本を読む。 나는 일본어 책을 읽는다.
가능 조동사문	私は日本語の本が読める。 나는 일본어 책을 읽을 수 있다.

❶ あなたは逆立ちできますか。[する] 당신은 물구나무를 설 수 있습니까?

❷ 中国語が正確に話せますか。[話す] 중국어를 정확하게 말할 수 있습니까?

❸ あなたはギターが弾けますか。[弾く] 당신은 기타를 칠 수 있습니까?

❹ 韓国の味噌汁が食べられますか。[食べる] 한국의 된장국을 먹을 수 있나요?

❺ 手当てとボーナスはいただけますか。[いただく]
수당과 보너스를 받을 수 있습니까?

❻ 経済はまた復興することができる。 경제는 다시 부흥할 수 있다.

Point: ら抜き言葉

2그룹 동사와 3그룹 동사(くる)에 해당되는 현상으로, 원래는 활용어미 대신에 「られる」를 접속해야 하지만, 「ら」를 빼고 「れる」만 접속시키는 현상을 말한다.

조동사
助動詞

(1) 2그룹 동사

기본형	원칙	ら抜き言葉	의미
見る	みられる	みれる	볼 수 있다
食べる	たべられる	たべれる	먹을 수 있다
教える	おしえられる	おしえれる	가르칠 수 있다

❶ 箸でご飯が食べれますか(食べられますか)。 젓가락으로 밥을 먹을 수 있습니까?

❷ 日本人に韓国語の会話が教えれますか(教えられますか)。
일본인에게 한국어 회화를 가르칠 수 있습니까?

(2) 3그룹 동사

기본형	원칙	ら抜き言葉	의미
来る	こられる	これる	올 수 있다

❶ 授賞式に夫婦同伴で来れますか(来られるんですか)。 수상식에 부부동반으로 올 수 있습니까?

❷ 一人で九州まで来れますか(来られますか)。 혼자서 큐슈까지 올 수 있습니까?

Point: 「기본형+ことができる」

다음과 같은 동사는 자동사와 가능형의 형태가 같으므로 「~ことができる」를 사용하여 표현하는 것이 좋다.

타동사	자동사	가능형	~ことができる
取る	とれる	とれる	取ることができる
売る	うれる	うれる	売ることができる
切る	きれる	きれる	切ることができる
釣る	つれる	つれる	釣ることができる

❶ 彼とは縁を切ることができません。 그와는 인연을 끊을 수 없습니다.

❷ より高い値段で売ることができます。 보다 비싼 가격으로 팔 수 있습니다.

> **Point**　　　　　　　　　　　　　　　　　　　　　다양한 가능·불가능의 표현

(1) 동사의 기본형+ことができる ~할 수 있다
타동사에 대응하는 자동사와 가능동사의 형태가 같을 경우에 사용되는 표현이며 주로 문어체에서 많이 사용된다.

❶ 十分に練習したから免許を取ることができるだろう。
충분히 연습했으니까 면허를 딸 수 있을 것이다.

❷ このくらいなら自分で修理することができる。 이 정도라면 스스로 수리할 수 있다.

(2) 명사+ができる ~을 할 수 있다
「できる」가 악기, 스포츠, する동사의 명사부분(동작성 명사) 등과 같은 명사와 접속하여 가능의 의미를 낸다.

❶ 私はピアノができます。 저는 피아노를 칠 수 있습니다.

❷ 私はスキーができます。 나는 스키를 탈 줄 압니다.

❸ 一人でも英語の勉強ができるようになった。 혼자서도 영어를 공부할 수 있게 되었다.

(3) ます형+得る ~할 수 있다
능력을 나타내는 표현에는 적당하지 않은 표현이며, 성립 가능성과 불가능성을 나타내는 문어적인 가능표현이다.

❶ 彼に負けるなんてあり得ないことだ。 그에게 진다니 있을 수 없는 일이다.

❷ 考え得るあらゆる手段を使う。 생각할 수 있는 온갖 수단을 사용한다.

(4) 동사의 기본형+わけにはいかない ~할 수 없다
화자가 어떠한 일을 하고 싶지만 사회적·도덕적·심리적인 이유 등으로 인해 할 수 없음을 나타내는 불가능의 표현이다.

❶ 車を運転するから、お酒を飲むわけにはいかない。 차를 운전하기 때문에 술을 마실 수는 없다.

❷ たやすく承知するわけにはいかない。 호락호락 승낙할 수는 없다.

(5) 동사의 ます형+かねる ~할 수 없다, ~을 꺼리다
화자가 어떠한 일에 거리낌이나 거부감이 있어서 할 수 없다는 불가능을 나타내는 표현이다.

❶ 申しかねますが。 말씀드리기 죄송합니다만.

❷ お引き受けいたしかねます。 수락하기 곤란합니다.

(6) ~ためだ·~むりだ ~하는 것은 안 된다, ~하는 것은 무리다
불가능하다는 표현을 완곡하게 나타내는 표현이다.

❶ せっかくの提案ですが、私には少し無理です。
모처럼의 제안입니다만 나에게는 조금 무리입니다(불가능합니다).

❷ 先約があるので、週末はだめです。 선약이 있어서 주말은 안 됩니다(불가능합니다).

(7) ます형+〜ようがない ~할 수 없다

화자가 어떠한 행동을 하고자 희망하지만, 수단이나 방법이 없어서 불가능하다는 의미를 나타낸다.

❶ 水深が浅いのだから、泳ぎようがない。 수심이 얕기 때문에 수영을 할 수가 없다.

❷ 英語ができないので国際会議に参加しようがない。
영어를 할 줄 몰라서 국제회의에 참가할 수가 없다.

7 자발 조동사 (れる・られる)

조동사「れる」, 「られる」는 수동표현과 가능표현 이외에도 자발 표현의 용법도 있다. 자발표현이란 어떠한 동작이 화자의 의지에 의해 이루어지는 것이 아니라, 자연히 그렇게 되어 간다는 것을 나타내는 표현이다. 자발을 나타내는 조동사의 활용형은 수동표현과 동일하다. 1그룹 동사는 어미를「a」모음으로 바꾼 후「〜れる」를 접속시키고, 2그룹 동사는 어미를 탈락시키고「〜られる」를 접속시킨다. 3그룹 동사는「〜される」이다.

1 자발 조동사문의 기본문형

기본문	昔のことを思い出す。 옛날 일이 생각난다.
자발 조동사문	昔のことが思い出されます。 옛날 일이 저절로 생각납니다.

2 자발 조동사문에 사용되는 동사

자발표현은 어떠한 동작이 자연히 그렇게 되어 가는 것을 나타내므로 동작성이 강한 동사가 아닌 인간의 생각이나 감각 등을 나타내는 동사에 한정되어 있다.

・思い出す	생각해 내다	・懐かしむ	그리워하다
・思い浮かぶ	(마음속에) 떠오르다	・感じる	느끼다
・偲ぶ	그리워하다	・思う	생각하다
・案じる	걱정하다, 염려하다	・信じる	믿다
・考える	생각하다	・見る	보다
・忘れる	잊다	・考える	생각하다
・期待する	기대하다	・心配する	걱정하다

❶ 外国に住んでいるから、いつも両親の体が案じられます。[案じる]
외국에 살고 있어서 항상 부모님의 건강이 걱정됩니다.

❷ ここに来ると、別れた彼女が思い出されます。[思い出す]
여기에 오면 헤어진 그녀가 생각납니다.

❸ 彼女を見ていると、いつも母の面影が偲ばれます。[偲ぶ]
그녀를 보고 있으면 언제나 어머니의 모습이 그리워집니다.

❹ 今後の先生の研究の成果が待たれます。[待つ]
금후 선생님의 연구성과가 기다려집니다.

❺ 10年後に、あなたの活躍される姿が想像されます。[する]
10년 후, 당신의 활약하는 모습이 상상됩니다.

❻ 明日のピアノの演奏会が期待されます。[する]
내일 있을 피아노 연주회가 기대됩니다.

8 희망 조동사 (たい・たがる)

희망의 조동사 「たい」는 「~하고 싶다」라고 하는 화자의 희망을 나타내는 조동사이며, 「たがる」는 희망의 조동사 「たい」에 접미어 「~がる」가 접속된 형태로 제 3자의 희망을 나타내는 조동사이다.

1 접속 형태

형태	접속되는 동사 활용형
たい たがる	1그룹 동사·2그룹 동사·3그룹 동사의 ます형, せる·させる·れる·られる의 ます형에 접속

2 「たい」의 활용형

조동사 「たい」는 활용어미가 동일한 「イ형용사」와 활용형태가 같다.

	활용형	활용형태	의미
行く 가다	기본형	いきたい	가고 싶다
	부정형(ない형)	いきたくない	가고 싶지 않다
	추측	いきたいだろう	가고 싶겠지
	정중형(です형)	いきたいです	가고 싶습니다
	접속형(て형)	いきたくて	가고 싶어 하고(해서)
	과거형(た형)	いきたかった	가고 싶었다
	연체형	いきたいところ	가고 싶은 곳
	가정형	いきたければ	가고 싶으면

❶ 寒いから、何か温かいものが食べたい。 날씨가 추우니까 무언가 따뜻한 것을 먹고 싶다.

❷ 頭痛がひどくて、何も食べたくないです。 두통이 심해서 아무것도 먹고 싶지 않습니다.

❸ 一日も早くあなたに会いたいです。 하루 빨리 당신을 만나고 싶습니다.

❹ カナダにも行きたくて、ドイツにも行きたい。 캐나다에도 가고 싶고, 독일에도 가고 싶다.

❺ 1年前、日本へ行きたかったのは就職のためでした。
1년 전 일본에 가고 싶었던 이유는 취업 때문이었습니다.

❻ 日本の歌手の中で会いたい人はだれですか。 일본 가수 중에 만나보고 싶은 사람은 누구인가요?

❼ 休みたければ、休んでもいいですよ。 쉬고 싶으면 쉬어도 좋습니다.

3 「たがる」의 활용형

조동사 「たがる」는 활용어미가 동일한 「1그룹 동사」와 활용형태가 같다. 정중형을 나타낼 때에는 보통 「～たがっています」형태를 많이 사용한다.

	활용형	활용형태	의미
行く 가다	기본형	いきたがる	가고 싶어하다
	부정형(ない형)	いきたがらない	가고 싶어 하지 않는다
	추측	いきたがるだろう	가고 싶어 하겠지
	정중형(ます형)	いきたがります	가고 싶어 합니다
	접속형(て형)	いきたがって	가고 싶어 하고(해서)
	과거형(た형)	いきたがった	가고 싶어 했다
	연체형	いきたがるところ	가고 싶어 하는 곳
	가정형	いきたがれば	가고 싶어 하면

❶ 大谷さんはソウルへ行きたがっている。 오오타니 씨는 서울에 가고 싶어한다.

❷ 弟はめったに歯科には行きたがらないです。 동생은 좀처럼 치과에 가고 싶어하지 않습니다.

❸ 樋口さんはおそらく弁護士になりたがるだろう。
히구치 씨는 아마 변호사가 되고 싶어 할 것이다.

❹ 関根さんもすき焼きを食べたがります。 세키네 씨도 전골을 먹고 싶어합니다.

❺ 子供は親の真似をしたがっています。 아이들은 부모의 흉내를 내고 싶어합니다.

❻ 子供の頃、彼は人の食べている物を食べたがった。
어렸을 때, 그는 남이 먹고 있는 것을 먹고 싶어했었다.

❼ 服部さんも行きたがれば、連れて行きます。 핫토리 씨도 가고 싶어한다면 데리고 가겠습니다.

Point — 본인의 희망을 나타내는 다양한 표현

(1) ～がほしい ~을(를) 원한다, ~을 갖고 싶다, ~이 필요하다

명사에 접속되며 「～がほしい」의 형태를 취한다. 보통 「時間がほしい」, 「恋人がほしい」, 「助けがほしい」처럼 사물이나 상황, 사람, 동작 등이 원하는 대상이 된다.

❶ 私は新しいコンピューターがほしいです。 나는 신형 컴퓨터를 갖고 싶습니다.
❷ 私は一日に少なくとも７時間の睡眠がほしい。 나는 하루에 적어도 7시간의 수면이 필요하다.
❸ 私は身寄りがないから、友だちがほしい。 나는 친척이 없기 때문에 친구가 필요하다.

(2) ～てほしい ~해 주었으면 한다(의뢰·요구·바람)

의뢰·요구·바람 등의 의미를 나타내고자 할 때에는 「～てほしい」를 사용한다. 이 경우 「～てほしい」는 「～てもらいたい」, 「～ていただきたい」의 형태로도 사용할 수 있다.

❶ 滞在期間を延長していただきたいんですが。 체류기간을 연장해 주셨으면 합니다만.
❷ 辛い時にはいつも頼りになってもらいたい。 괴로울 때는 항상 위로해 주었으면 한다.
❸ 難しいことですが、社長の指示に従っていただきたいです。
어렵겠지만, 사장님의 지시에 따라주었으면 합니다.
❹ 賛成か反対か、立場をはっきりしていただきたいんです。
찬성인지 반대인지 입장을 확실하게 해 주셨으면 합니다.

(3) ～といい(なあ)・～ばいい(なあ)・～たら(なあ) ~하면 좋겠다, ~하면 좋으련만

아직 실현되지 않은 사항이 가까운 기간 내에 이루어지기를 간절히 원할 때 사용하는 표현이다. 또한 「～たら(なあ)」는 현재의 상황으로 미루어 보아 실현 불가능할 것 같은 사태에 대한 화자의 유감을 나타내는 표현이다.

❶ 早く冬になって雪が降るといいなあ。 빨리 겨울이 되어서 눈이 내렸으면 좋겠다.
❷ 無事にお着きになればいいなあ。 아무 탈 없이 도착할 수 있었으면 좋으련만.
❸ もう十年若かったらなあ。 십년만 젊었더라면 좋으련만.
❹ うるさいから、外で遊んでくれたらいいなあ。 시끄러우니까 밖에 나가서 놀면 좋으련만.
❺ 夏になってもスキーに行けたらなあ。 여름이 되어도 스키타러 갈 수 있다면 좋으련만.

Point — 타인의 희망을 나타내는 다양한 표현

(1) ~をほしがる ~을(를) 원한다, ~을 하고 싶어한다, ~을 필요로 한다

제 3자의 희망을 나타내는 표현이며, 제 3자의 개인적인 희망일 경우에는 「~をほしがっている」의 형태를 취한다. 이러한 경우에는 「~たがっている」나 「~たいと言っている」로도 바꿔 쓸 수 있다. 이와 반대로 개인적인 희망이 아닌 누구라도 공통적으로 가지고 있는 일반적인 희망일 경우에는 「~ほしがる」를 사용할 수 있다.

❶ 田辺さんは新しいコンピューターをほしがっています。 [개인적인 희망]
다나베 씨는 신형 컴퓨터를 갖고 싶어합니다.

❷ 近藤さんは休みをほしがっています。 [개인적인 희망]
콘도 씨는 휴가를 원하고 있습니다.

❸ 櫻井さんは中国語を習いたがっています。 [개인적인 희망]
사쿠라이 씨는 중국어를 배우고 싶어합니다.

❹ 田辺さんは新しい電子辞典を買いたがっています。 [개인적인 희망]
다나베 씨는 새로운 전자사전을 사고 싶어합니다.

❺ 貧乏な人はたいていお金と家をほしがる。 [일반적인 희망]
가난한 사람들은 대체로 돈과 집을 갖고 싶어한다.

❻ 子供はおもちゃをほしがります。 [일반적인 희망]
어린 아이들은 장난감을 갖고 싶어합니다.

(2) ます형+たいと言っている ~을(를) 원한다, ~을(를) 하고 싶어한다

제 3자의 희망을 나타내는 표현이며, 원하는 대상에는 조사 「を」를 사용한다. 하지만 원래 조사 「に」와 접속하는 동사일 경우에는 「を」를 사용하지 않으며 「~にほしがっている」형태로도 사용할 수 있다.

❶ 竹内さんは新しい車を買いたいと言っています。
다케우치 씨는 신형 자동차를 사고 싶어합니다.

❷ 小林さんは事業をやめて故郷に帰りたいと言っています。
고바야시 씨는 사업을 그만두고 고향에 돌아가고 싶어합니다.

❸ 飯田さんは一日も早く花子さんに会いたいと言っています。
이이다 씨는 하루 빨리 하나코 씨를 만나고 싶어합니다.

9 추정(추량) 조동사 (らしい)

추정(추량)의 조동사 「らしい」는 완전한 사실이라고 단정할 수는 없지만, 거의 확실하다고 추측할 때 사용되는 표현이다. 또한 「らしい」는 화자의 주관적인 판단에 의해 추정(추량)하는 것이 아니라, 객관적인 상태나 사실을 근거로 한 추정(추량)을 나타낸다. 만약 근거가 될 만한 객관적인 상태나 사실이 없는 경우에는 단정적인 말을 피하고 완곡하게 표현하기도 한다. 이와 비슷한 의미를 갖는 조동사 「そうだ」, 「ようだ」, 「みたいだ」보다 확신도가 낮은 편이다.

조동사
助動詞

1 접속형태

품사	활용 예	접속되는 동사 활용형
동사	するらしい 할 것 같다	기본형에 접속
イ형용사	面白(おもしろ)いらしい 재미있을 것 같다	기본형에 접속
ナ형용사	健康(けんこう)らしい 건강할 것 같다	어간에 접속
명사	随筆家(ずいひつか)らしい 수필가인 것 같다	명사에 접속

2 「らしい」의 활용형

추정(추량)의 조동사 「らしい」는 활용어미가 동일한 「イ형용사」와 활용형태가 같다.

	활용형	활용형태	의미
来(く)る 오다	기본형	くるらしい	올 것 같다
	부정형(ない형)	くるらしくない	올 것 같지 않다
	정중형(です형)	くるらしいです	올 것 같습니다
	수식형(て형)	くるらしく	올 것 같이
	접속형(た형)	くるらしくて	올 것 같고, 올 것 같아서
	과거형	くるらしかった	올 것 같았다
	연체형	くるらしいひと	올 것 같은 사람

❶ 隣の事務室にだれかがいるらしいです。 옆 사무실에 누군가가 있는 것 같습니다.

❷ 林さんの話によると彼は来ないらしいです。
히야시 씨의 이야기에 의하면 그는 오지 않을 것 같습니다.

❸ 夜中に雨が降ったらしく地面がぬれている。 밤중에 비가 내린 듯 땅이 젖어있었다.

❹ お客様が来るらしくて掃除を手伝っています。 손님이 올 것 같아서 청소를 돕고 있습니다.

❺ 彼らはどうも学生らしかった。 그들은 아무래도 학생같았다.

❻ 彼女はフランスで買ってきたらしい服を着ていました。
그녀는 프랑스에서 사 온 것 같은 옷을 입고 있었습니다.

Point: 조동사 「らしい」 vs 접미어 「らしい」

(1) 조동사 「らしい」

동사, 명사, 조동사와 접속하여 「~인 것 같다」로 해석되며, 「らしい」 앞에 「~てある」를 접속하여 의미가 통하면 조동사이다.

❶ あの人は日本語ができるから、日本語の先生らしい。
저 사람은 일본어를 할 줄 알기 때문에 아마 일본어 선생님인 것 같다.

❷ 左側に立っている人がスペイン語の先生(である)らしい。
왼쪽에 서 있는 사람이 스페인어 선생님인 것 같다.

(2) 접미어 「らしい」

동사, 조동사에는 접속하지 않고 명사에만 접속하여 「~답다」로 해석되며, 일반적으로 생각하는 이상적이고 바람직한 인물·사물·상황 등의 의미를 나타낸다.

❶ 目上の人が言うことをおとなしく聞いている彼女の姿はほんとうに女性らしい。
어른의 말씀을 다소곳이 듣고 있는 그녀의 모습은 정말로 여성스럽니다.

❷ もう少し女らしく行動しなさい。 좀 더 여자답게 행동하세요.

기타 추정(추량) 조동사

(1) ～だろう・～でしょう ~할(일)것이다, ~하(이)겠지요?

단정의 조동사「～です」와 추량의 조동사「～う」가 접속된 형태이다.「～だろう」・「～でしょう」는 화자가 어떠한 사태에 대해 깊이 생각하기보다는 단순하게 생각하여 추측하는 표현이며 상대방의 생각을 묻거나 동의를 구할 때에도 사용된다.

접속형태

품사	활용 예	접속되는 동사 활용형
동사	降るだろう・でしょう 오겠지	기본형에 접속
イ형용사	面白いだろう・でしょう 재미있겠지	기본형에 접속
ナ형용사	便利だろう・でしょう 편리하겠지	어간에 접속
명사	先生だろう・でしょう 선생님이겠지	명사에 접속

❶ たぶん明日も雪が降るだろう。 아마 내일도 눈이 올 것이다.

❷ 来年にはたぶん輸出も増えるでしょう。 내년에는 아마 수출도 증가하겠지요?

❸ セール期間には足の踏みどころもないのを、お前も見ただろう。
세일기간에는 발 디딜 틈도 없는 것을, 너도 봤지?

(2) ～だろうと思います ~할(일) 것이라고 생각합니다

「～だろうと思います」는 화자의 개인적인 판단에 입각한 추량표현이므로「～でしょう」보다 화자의 판단이나 생각이 강한 느낌을 주며, 사태에 대한 근거가 명백하지 않을 경우에도 많이 사용되는 표현이다.

접속형태

품사	활용 예	접속되는 동사 활용형
동사	降るだろうと思う 내릴 거라고 생각한다	기본형에 접속
イ형용사	面白いだろうと思う 재미있을 거라고 생각한다	기본형에 접속
ナ형용사	便利だろうと思う 편리할 거라고 생각한다	어간에 접속
명사	先生だろうと思う 선생님일 거라고 생각한다	명사에 접속

❶ あの人はたぶんアメリカ人だろうと思います。 그는 아마 미국인일 거라고 생각합니다.

❷ みんなこの会議に反対だろうと思います。 모두가 이 회의에 반대할 거라고 생각합니다.

❸ 挑戦しなければ、おそらく後悔するだろう。
도전하지 않으면 아마 후회할 거라고 생각합니다.

(3) ～かもしれない ~할(일)지도 모른다

화자가 추측하여 판단하는 표현 중에 확신도가 가장 낮은 표현이다. 어떠한 사태의 성립에 대한 가능성이 있을지 없을지 확신하지 못하는 상태를 나타내는 표현이므로 사태 성립의 가능과 불가능의 정도는 50대 50이라고 할 수 있다.

접속형태

품사	활용 예	접속되는 동사 활용형
동사	降るかもしれない 내릴지도 모른다	기본형에 접속
イ형용사	面白いかもしれない 재미있을지도 모른다	기본형에 접속
ナ형용사	便利かもしれない 편리할지도 모른다	어간에 접속
명사	先生かもしれない 선생님일지도 모른다	명사에 접속

❶ このような状況では彼のアドバイスが役に立つかもしれない。
　이러한 상황에서는 그의 충고가 도움이 될지도 모른다.

❷ 建前と本音が異なるかもしれない。
　겉 표현과 속마음이 다를지도 모른다.

❸ ひどく冷えるから、明日は雪かもしれない。 몹시 차가워서 내일 눈이 올지도 모르겠다.

❹ 長崎は今頃青葉が茂る初夏かもしれませんね。
　나가사키는 지금쯤 신록이 우거진 초여름일지도 모르겠군요.

❺ 会社をやめて家事に専念したら、気楽かもしれません。
　회사를 그만두고 집안 일을 맡으면 마음이 편할지도 모릅니다.

10 불확실한 단정 · 비유 · 예시 조동사 (ようだ)
(마치) ~한(인) 것 같다, (마치) ~와 같다, (예를 들면) ~와 같다

조동사 「ようだ」는 화자가 직접 보고, 직접 듣고, 체험한 것을 바탕으로 추측하여 주관적 판단을 내리는 표현이다. 그러므로 조동사 「そうだ」보다는 추측의 확신도가 낮고, 「らしい」보다는 추측의 확신도가 높은 편이다. 또한 「ようだ」는 의미적으로 불확실한 단정(~인 것 같다, ~인 듯하다), 비유(마치 ~와 같다), 예시(~와 같은, ~처럼), 행위의 목적(~하도록), 희망 · 권고 · 의뢰(~하도록) 등으로 분류할 수 있다. 회화체에서는 「みたいだ」를 사용하기도 한다.

1 접속형태

품사	활용 예	접속되는 동사 활용형
동사	降るようだ 올 것 같다	기본형에 접속
イ형용사	面白いようだ 재미있을 것 같다	기본형에 접속
ナ형용사	便利なようだ 편리할 것 같다	체언에 접속
명사	先生のようだ 선생님인 것 같다	명사+の

2 「ようだ」의 활용형

	활용형	활용형태	의미
来る 오다	기본형	くるようだ	올 것 같다
	추측형	くるようだろう	올 것 같지
	부정형(ない형)	くるようでない	올 것 같지 않다
	정중형(です형)	くるようです	올 것 같습니다
	수식형	くるように	오도록
	과거형(た형)	くるようだった	올 것 같았다
	연체형	くるようなひと	올 것 같은 사람
	가정형	くるようなら(ば)	올 것 같으면

3 「ようだ」의 용법

(1) 불확실한 단정(~인 것 같다, ~인 듯하다)

이 용법은 화자의 불확실한 단정을 주관적으로 나타내기도 하고, 언급된 내용에 대해 불쾌감을 갖거나 수긍하기 어려운 경우에도 사용된다.

❶ お宅にはいらっしゃらないようです。 댁에는 계시지 않은 것 같습니다.

❷ 表情を見ると、彼は何も知らないようですね。
표정을 보니 저 사람은 아무것도 모르는 것 같아요.

❸ 韓国の男性は家事を手伝わないようですね。 한국 남성은 가사를 돕지 않는 것 같아요.

❹ 鈴木さんは医者試験に合格したそうですってね。
스즈키 씨는 의사시험에 합격했다고 하네요.

　　え、そのようですね。 예, 그런 모양이에요.

(2) 비유(마치 ~와 같다)

어떠한 사항을 표현하고자 할 때 다른 비슷한 것에 비유해서 나타내는 용법으로 주로 부사 「まるで(마치)」와 접속하여 「마치 ~와 같다」, 「~에 닮아있다」라는 의미를 나타낸다.

❶ 彼の顔はまるで俳優のようです。 그의 얼굴은 마치 배우와 같다.

❷ 幸子さんは白玉のような肌をしている。 사치코 씨는 백옥과 같은 피부를 갖고 있다.

❸ 赤ん坊の肌はまるでミルクのようです。
아기의 피부는 마치 우유와 같습니다.

❹ 遠くから見れば、63ビルもおもちゃのようだ。
멀리서 보면 63빌딩도 마치 장남감과 같다.

(3) 예시(예를 들면 ~와 같다)

어떠한 사항을 표현하고자 할 때 다른 사항을 구체적으로 예를 들어 표현하는 용법이며 「예를 들면 ~와 같다」라는 의미를 나타낸다.

❶ 河野さんのような太っている人は見たことがない。
고노 씨처럼 뚱뚱한 사람은 본 적이 없다.

❷ ハンバーガーやコーラのような食べ物は体に悪い。
햄버거나 콜라와 같은 음식은 몸에 안 좋다.

❸ 公害は砂漠化のような深刻な現象を招く。
공해는 사막화와 같은 심각한 현상을 초래한다.

❹ サッカーのような活動的な運動が必要だ。 축구와 같은 활동적인 운동이 필요하다.

(4) 행위의 목적(~하도록)

어떠한 사항을 실행할 목적으로 필요한 사항이나 내용을 권고하고 의뢰하는 표현이다.

❶ よくわかるように教えてもらいたいんです。 잘 알 수 있도록 가르쳐 주십시오.
❷ 遅くならないように急いで行きましょう。 늦지 않도록 서둘러서 갑시다.
❸ 風邪を引かないように気をつけてください。 감기에 걸리지 않도록 조심해 주세요.
❹ 虫歯にならないように歯をみがかなくてはいけない。
　 충치가 생기지 않도록 이를 닦아야 합니다.

조동사
助動詞

(5) 희망 · 권고 · 의뢰(~하길(바랍니다), ~하게(해 주세요))

주로 상대방에 대한 화자의 희망사항을 의뢰나 권고 형태로 나타내는 표현이다.

❶ 風邪を引かないように…。 감기에 걸리지 않게 (해 주세요).
❷ 通訳の試験に合格しますように…。 통역관 시험에 합격하시길 (바랍니다).
❸ いつも健康でありますように…。 항상 건강하시길 (바랍니다).

Point 「~ように」 vs 「~ために」

(1) ~ように ~(하)도록, ~(하)기 위해

어떠한 상태가 되기를 희망하고 그것을 목표로 행동할 경우에 사용되는 표현이다. 그러므로 행동에 대한 결과의 실현 가능성은 불확실한 편이며 앞문장과 뒷문장의 주어가 일치하지 않을 수도 있다.

❶ 日本語が上手になるように一生懸命勉強をしています。
　 일본어를 잘하기 위해 열심히 공부를 하고 있습니다.
❷ 両親が安心するようにいつも最善を尽くしています。
　 부모님이 안심하도록 항상 최선을 다하고 있습니다.
❸ 健康に育つようにビタミン剤を飲ませています。 건강하게 자라도록 비타민을 먹이고 있습니다.

(2) ~ために ~(하)기 위해

자신의 의지로 실현 가능한 사태를 목적으로 하여 행동할 경우에 사용하는 표현이다. 그러므로 행동에 대한 결과의 실현 가능성은 비교적 확실한 편이며, 앞문장과 뒷문장의 주어가 일치해야 한다.

❶ 私はやせるためにインスタント食品を食べていません。
　 나는 살을 빼기 위해 인스턴트 식품을 먹지 않고 있습니다.
❷ 私はやせるためにダイエットをしています。
　 나는 살을 빼기 위해 다이어트를 하고 있습니다.
❸ 卒業するために一生懸命に努力してきました。 졸업하기 위해 열심히 노력해 왔습니다.

11 전문 조동사 (そうだ) ~에 의하면 ~한다고(라고) 한다

화자가 다른 곳에서 얻은 정보나 사항을 듣고 제 3자에게 다시 전달할 때 사용하는 표현이다. 대부분 정보의 출처가 되는 부분에 「~によると」,「~によれば」,「~では」,「~から聞くと」 등이 접속된다. 또한 전해들은 이야기를 자신의 주관적인 의견이나 감정을 첨가하지 않고 있는 그대로 전달할 경우에는 「~と言っていた (~って言ってた)」를 사용하기도 한다.

1 접속형태

품사	활용 예		접속되는 동사 활용형
	긍정	부정	
동사	降るそうだ 내린다고 한다	降らないそうだ 내리지 않는다고 한다	기본형에 접속
イ형용사	面白いそうだ 재미있다고 한다	面白くないそうだ 재미없다고 한다	기본형에 접속
ナ형용사	便利だそうだ 편리하다고 한다	便利ではないそうだ 편리하지 않다고 한다	기본형에 접속
명사	先生だそうだ 선생님이라고 한다	先生ではないそうだ 선생님이 아니라고 한다	명사+だ

2 「そうだ」의 활용형

	활용형	활용형태	의미
来る	기본형	くるそうだ くるそうである	온다고 한다

❶ この番組は実際の事件に基づいたそうです。
　이 프로그램은 실제 사건을 토대로 했다고 합니다.

❷ 長い間一人暮らしをしてやせてしまったそうです。
　오랫동안 독신생활을 해서 야위였다고 합니다.

❸ 校長先生は学生みんなに尊敬されているそうです。
　교장 선생님은 학생 모두에게 존경받고 있다고 합니다.

❹ 藤原さんはアパートより一戸建てがいいそうです。
　후지와라 씨는 아파트보다 단독주택이 좋다고 합니다.

❺ 高校時代にはギターを習っていたそうです。
고등학교 시절에는 기타를 배웠었다고 합니다.

❻ 営業社員によれば、高級車はなかなか壊れないそうです。
영업사원에 의하면 고급 자동차는 좀처럼 고장나지 않는다고 합니다.

❼ 徹夜で勉強をしたのに成績がよくなかったそうです。
밤을 새워 공부를 했는데도 불구하고 성적이 좋지 않았다고 합니다.

Point 「そうだ(전문)」의 주의해야 할 용법

(1) 「そうだ」 다음에는 과거형이 올 수 없다.

❶ 知り合いが入院したので、お見舞いに行ったそうです。(○)
아는 사람이 입원해서 병문안을 갔다고 합니다.
知り合いが入院したので、お見舞いに行くそうでした。(×)

❷ 昨日の台風で電柱が倒されたそうです。(○)
어제 태풍으로 전신주가 쓰러졌다고 합니다.
昨日の台風で電柱が倒すそうでした。(×)

(2) 「そうだ」 다음에는 부정형이 올 수 없다.

❶ ニュースによれば、為替レートは上がらないそうです。(○)
뉴스에 의하면 환율은 오르지 않을 것이라고 합니다.
ニュースによれば、為替レートは上がるそうではありません。(×)

❷ 何回忠告してもはっきりした態度を取らなかったそうだ。(○)
몇 번이나 충고해도 확실한 태도를 취하지 않았다고 한다.
何回忠告してもはっきりした態度を取るそうではなかった。(×)

(3) 전문의 내용이 실현되지 않았을 경우에는 「そうだ」를 사용하지 않고 「〜と言っていた(〜って言ってた)」를 사용해야 한다.

❶ 物価が上がると言っていましたが、まだそうじゃないですね。(○)
물가가 오른다고 했는데, 아직 그렇지 않네요.
物価が上がるそうでしたが、まだそうじゃないですね。(×)

❷ 何もかもなくなったと言っていましたが、まだそうじゃないですね。(○)
아무 것도 남아 있지 않다고 했는데, 아직 그렇지 않네요.
何もかもなくなったそうでしたが、まだそうじゃないですね。(×)

Point · 기타 전문표현

(1) ～という

특정한 사태가 아닌 일반적으로 말하여지는 전문표현인 경우에는 「～という」를 사용한다.

❶ 今年は雪がたくさん降るという。 올해는 눈이 많이 내린다고 한다.

❷ 昔はこんな事故がよく起きたという。 예전에는 이런 사고가 자주 발생했다고 한다.

(2) ～ということだ

특정 인물로부터 정보를 얻은 경우와 문자 정보에 의한 전문표현에는 「～ということだ」를 사용할 수 있다.

❶ 浜田さんが欠席するということだ。 하마다 씨가 결석한다고 합니다.

❷ 松尾さんによると、日本は梅雨に入ったということです。
마쓰오 씨에 의하면, 일본은 장마가 시작되었다고 합니다.

❸ この論文によると、地球温暖化の現象が深刻になるということです。
이 논문에 의하면 지구 온난화 현상이 심각해진다고 합니다.

(3) ～と伝えられる, ～と聞いている

❶ 日本列島はゆっくりと沈んでいくと伝えられる。 일본열도는 서서히 가라앉고 있다고 전해진다.

❷ 今年の貿易黒字は昨年に及ばないと聞いている。
올해의 무역흑자는 작년보다 못하다고 들었다.

12 양태 조동사 (そうだ) (마치) ~한(인) 것 같다, ~한(인)듯하다

조동사「らしい」가 객관적인 근거와 정보에 의해 추측하여 판단을 내리는 표현인데 반해, 양태의 조동사「そうだ」는 화자가 직접 현장에서 어떠한 사건이나 정보를 보고 추측하여 판단을 내리는 표현이다. 그러므로 현장감이 생생한 표현이며, 추측의 확신도가 높다고 할 수 있다. 또한 미래의 가능성이나 예상을 나타내는 말투이므로 과거의 사태를 나타내면 부적절한 표현이 된다.

1 접속형태

품사	활용 예		접속되는 동사 활용형
	긍정	부정	
동사	降りそうだ 내릴 것 같다	降りそうにない 내릴 것 같지 않다	ます형 접속
イ형용사	面白そうだ 재미있을 것 같다	面白くなさそうだ 재미있을 것 같지 않다 面白そうで(は)ない 재미있을 것 같지 않다	어간에 접속
ナ형용사	便利そうだ 편리할 것 같다	便利ではなさそうだ 편리할 것 같지 않다 便利そうで(は)ない 편리할 것 같지 않다	어간에 접속

2 「そうだ」의 활용형

	활용형	활용형태	의미
行く 가다	기본형	いきそうだ	갈 것 같다
	추측형	いきそうだろう	갈 것 같지?
	부정형(ない형)	いきそうにない	갈 것 같지 않다
	정중형(です형)	いきそうです	갈 것 같습니다
	수식형	いきそうに	갈 것 같이
	과거형	いくそうだった	갈 것 같았다
	연체형	いきそうな ひと	갈 것 같은 사람
	가정형	いきそうなら	갈 것 같으면

3 「そうだ」의 부정형

품사	부정형	의미
동사	行きそうにない 行きそうもない 行きそうにもない	갈 것 같지 않다
イ형용사	面白そうでない 面白そうではない 面白くなさそうだ	재미있을 것 같지 않다
ナ형용사	便利そうでない 便利そうではない 便利ではなさそうだ	편리할 것 같지 않다

4 「そうだ」의 용법

(1) 어떤 대상이 나타내는 양태(様態)

❶ 二人はとても楽しそうです。 두 사람은 매우 즐거워 보입니다.

❷ 雪のため、学校まで一時間以上かかりそうです。
눈 때문에 학교까지 1시간 이상 걸릴 것 같습니다.

❸ 昨日よりずっと暖かそうです。 어제보다 훨씬 따뜻할 것 같습니다.

(2) 현재의 상황으로 보아 미리 예측되는 사태를 나타낸다.

❶ 曇ってますね。今にも雨が降りそうです。
잔뜩 흐리군요. 당장에라도 비가 올 것 같습니다.

❷ この本はCD付きの本だから、よく売れそうですね。
이 책은 CD가 딸려 있는 책이어서 잘 팔릴 것 같네요.

❸ 雨が上がって、いい天気が続きそうですね。
비가 그쳐서 좋은 날씨가 계속 될 것 같습니다.

(3) 어떠한 사태가 곧 발생할 것 같은 동적 사태를 나타낸다.

❶ 本棚から辞書が落ちそうですよ。
책장에서 사전이 떨어질 것 같아요.

❷ 相手にならないので、ゲームはすぐ終わりそうです。
상대가 되지 않기 때문에 게임은 곧 끝날 것 같습니다.

❸ 毎日雪なので、もうすぐスキーツアーに行けそうです。
매일 눈이 내리고 있으므로 곧 스키 여행을 갈 수 있을 것 같습니다.

(4) 현재의 상황으로 보아 동작의 실현 가능성이 있음을 나타낸다.

❶ あの人は新しい携帯電話を買いそうです。 [예감]
저 사람은 새로운 휴대전화를 살 것 같습니다.

❷ あの人は新しい携帯電話が買いたいそうです。 [양태 : 희망표현]
저 사람은 새로운 휴대전화가 사고 싶은 것 같습니다.

❸ あの人は新しい携帯電話を買えそうです。 [양태 : 가능표현]
저 사람은 새로운 휴대전화를 살 수 있을 것 같습니다.

❹ 意見が割れていて、会議が終わりそうもありません。 [예감]
의견이 나뉘어져서 회의가 끝날 것 같지 않습니다.

05 조사
助詞

1 조사의 특징

- 활용을 하지 않는 부속어이다.
- 다른 품사에 접속하여 문절을 만들고, 단어와 단어의 관계를 나타내며 여러 가지 의미와 어감을 더해주는 품사이다.

2 조사의 종류

조사는 격조사(格助詞), 접속조사(接続助詞), 부조사(副助詞), 종조사(終助詞)로 분류할 수 있다.

분 류	용법
격조사	체언에 접속되어 문절과 문절사이에 어떠한 관계가 있는가를 나타낸다.
접속조사	용언과 조동사에 접속되어 앞문장의 의미를 뒷문장에 연결하는 기능을 한다.
부조사	체언과 용언에 접속되어 부사와 같은 기능을 한다.
종조사	문장의 맨 끝에 접속되어 의문과 같은 의미를 나타내는 기능을 한다.

1 격조사

격조사는 주로 체언에 접속되고 그 체언이 문장 안에서 술어와 어떠한 관계에 있는 가를 나타내는 조사이며, 문절과 문절과의 관계를 나타내는 기능을 한다.

unit 01 〜が 〜이, 〜가

동작·작용·상태·성질의 주체를 나타내며, 「〜が」가 접속되는 문절을 주어라고 한다. 또한 희망·능력·기호·지각 등의 표현에서는 목적격조사「〜を」대신에「〜が」

를 사용해야 하며, 「~가/이」로 해석하지 않고 「~을/를」로 해석해야 한다.

❶ 歯が痛ければ、この薬をお飲みなさい。 이가 아프면 이 약을 드십시오.
❷ お爺さんが地下鉄の中で居眠りをしている。 할아버지가 지하철 안에서 졸고 있다.
❸ 上野公園では桜の花がきれいに咲いています。
우에노 공원에는 벚꽃이 아름답게 피어있습니다.

*「~が」를 (~을/를)로 해석해야 하는 경우

기호·능력·희망·지각 등의 표현에서는 「~が」를 「~가/이」로 해석하지 않고 「~을/를」로 해석해야 한다.

조사 助詞

1 기호를 나타내는 경우
❶ あなたは韓国の食べ物が好きですか。 당신은 한국 음식을 좋아합니까?
❷ キムチがとても好きですが、刺身はちょっと。
김치를 매우 좋아합니다만, 생선회는 좀.

2 능력을 나타내는 경우
❶ あなたはバスケットボールが上手ですか。 당신은 농구를 잘하나요?
❷ 木村さん、大きな声で歌が歌えますか。 기무라 씨, 큰 소리로 노래할 수 있습니까?

3 인지능력을 나타내는 경우
❶ この小説の流れがわかりますか。 이 소설의 흐름을 알겠습니까?
❷ この論文のキーポイントがわかりますか。 이 논문의 핵심을 알겠습니까?

4 희망이나 욕구를 나타내는 경우
❶ 放課後、コンピューターゲームがしたいです。
방과 후에 컴퓨터게임을 하고 싶습니다.
❷ 眠いから、冷たいコーラが飲みたいです。
졸리므로 시원한 콜라를 마시고 싶습니다.

> **unit 02**　～の　～의, ～것, ～이(가)

명사와 명사를 연결하는 조사로 「～の」다음에 오는 명사를 자세하게 설명하는 역할을 한다. 소유·소속, 위치·장소, 동격, 이중수식 등 다양한 의미를 나타내며 「～もの(～것)」, 「～(の)もの(～의 것)」이라는 의미의 준체조사(準体助詞)의 의미로도 사용된다.

1 소유 · 소속 (~의, ~에 속해있는)
❶ これは妹のハンドバックです。　이것은 여동생의 핸드백입니다.
❷ この車は父の大切な財産です。　이 자동차는 아버지의 소중한 재산입니다.
❸ 学校の図書館で貸し出しもできますか。　학교 도서관에서 대출도 가능한가요?

2 위치 · 장소 (~의, ~에 있는)
❶ 日本の生活はいかがですか。　일본 생활은 어떠세요?
❷ 韓国の男性は性格が陽気なようです。　한국의 남성들은 성격이 명랑한 것 같습니다.
❸ 国境のトンネルまで汽車が運行されています。
　　국경 터널까지 기차가 운행되고 있습니다.

3 동격 (~인 ~)
❶ 社長の上原さんは今不在です。　사장님인 우에하라 씨는 지금 부재 중입니다.
❷ 体育教師の父は家ではとても厳しい。　체육교사이신 아버지는 집에서 매우 엄하시다.
❸ 韓国語の先生の朴さんはどこにいらっしゃいますか。
　　한국어 선생님인 박 씨는 어디에 계시나요?

4 재료 (~로 되어있는, ~로 만들어진)
❶ このシルクのシャツは2000円です。　이 실크로 만든 셔츠는 2000엔입니다.
❷ 木の家具は丈夫で臭いがいいです。　나무로 만든 가구는 튼튼하고 향기가 좋습니다.
❸ すみませんが、皮のジャケットはいくらですか。
　　실례지만, 가죽(소재의) 재킷은 얼마인가요?

5 관계 (~에 관한)
❶ 歴史の本を出版するつもりです。　역사에 관한 책을 출판할 예정입니다.

❷ この本屋には日本料理の本はありませんか。
이 서점에는 일본요리에 관한 책은 없습니까?

❸ 他人の秘密を漏らしてはいけない。
다른 사람에 관한 비밀을 누설해서는 안 된다.

6 원인·이유 (〜에 의한)

❶ 努力の結果は貴いものだ。 노력에 의한 결과는 값진 것이다.

❷ 今回の試合で練習の成果が現れました。 이번 경기에서 연습에 의한 성과가 나타났습니다.

❸ 地震の被害を減らす方法はありませんか。 지진에 의한 피해를 줄이는 방법은 없습니까?

7 목적 (〜을/를 위한)

❶ 合格の秘訣は何でしょうか。 합격을 위한 비결은 무엇인가요?

❷ 勝利の秘訣を教えてもらえますか。 승리를 위한 비결을 가르쳐 주실 수 있습니까?

❸ 日本での生活の準備は着々と進んでいる。
일본생활을 위한 준비는 척척 되어가고 있다.

8 이중수식 (〜가, 〜이)

❶ 流された所は人の住んでいない島でした。
떠내려 간 곳은 사람이 살지 않은 섬이었습니다.

❷ 雪の降る日には初恋が思い出されます。 눈이 오는 날에는 첫사랑이 생각납니다.

❸ あなたの好きな映画のジャンルは何ですか。
당신이 좋아하는 영화의 장르는 무엇인가요?

9 준체조사(準体助詞) (〜것)

❶ このカメラ、あなたのですか。 이 카메라 당신 것입니까?

❷ 小さそうですね。もっと大きいのを見せてください。
작은 것 같군요. 좀 더 큰 것을 보여주세요.

❸ あの傑作はだれのですか。 저 걸작은 누구의 것 입니까?

10 동사의 명사화 (〜한(인) 것)

❶ 言うのは簡単ですが、実行するのはそうではない。
말하는 것은 간단하지만, 실행하는 것은 그렇지 않다.

❷ 昼食にそばを食べるのが好きです。 점심식사로는 소바 먹는 것을 좋아합니다.

❸ 日本の新聞を読むのは大変です。 일본 신문을 읽는 것은 어렵습니다.

unit 03 ～を ～을, ～를

격조사「～を」는 체언 등에 접속되어 동작의 대상·목적, 동작이 경과하는 시간·장소, 동작의 출발점·분리점, 희망·원망의 대상 등의 의미를 나타낸다.

1 동작의 대상·목적 (～을/를)
❶ 結局子供を泣かせてしまいました。 결국 어린아이를 울리고 말았습니다.
❷ 空港でパスポートをなくして困りました。 공항에서 여권을 잃어버려 곤란했습니다.
❸ 九州大学で応用デザインを専攻しています。
   큐슈대학에서 응용디자인을 전공하고 있습니다.

2 동작이 경과하는 시간·장소 (～을/를)
❶ 一人で山道を登るのは危険なことです。 혼자서 산길을 오르는 것은 위험합니다.
❷ まっすぐに行って、右の角を曲がってください。
   곧장 가서 오른쪽 모퉁이를 도세요.
❸ 橋がないので船で川を渡らなければいけない。
   다리가 없으므로 배로 강을 건너야 한다.

3 동작의 출발점·분리점 (～을/를, ～서, ～에서)
❶ 来年大学を卒業をします。 내년에 대학을 졸업합니다.
❷ 日曜日は普通10時に家を出ます。 일요일에는 보통 10시에 집에서 나옵니다.
❸ 会社をやめて事業を始めようと思います。
   회사를 그만두고 사업을 시작하려고 합니다.

4 희망·원망의 대상 (～을/를)
❶ 喉が乾きましたね。水を(が)飲みたいですね。
   목이 칼칼하네요. 물을 마시고 싶네요.
❷ 私は彼女を(が)好きになりそうです。 나는 그녀를 좋아하게 될 것 같습니다.
❸ あなたを(が)好きな人はあなたの家族です。
   당신을 좋아하는 사람은 당신의 가족입니다.

unit 04 〜から ~에서, ~부터, ~로 인해서

격조사「〜から」는 동작·작용의 출발점과 기점, 사물의 순서·범위의 시작, 경유점의 표현, 원인·이유·근거, 재료·구성요소, 수량이 많거나 그 이상일 경우 등과 같은 의미를 나타낸다.

조사 助詞

1 동작·작용의 출발과 기점 (~부터, ~에서)
❶ 新年会は午前11時から始まる予定です。 신년회는 오전 11시부터 시작될 예정입니다.
❷ 海外にいる母から手紙が着きました。 해외에 있는 어머니로부터 편지가 도착했습니다.
❸ 現実から逃避するのよくないことだ。
   현실에서 도피하는 것은 좋지 못한 일이다.

2 사물의 순서·범위의 시작 (~(으로)부터, ~에서(부터))
❶ 初めから終わりまで規則を読んでみなさい。 처음부터 끝까지 규칙을 읽어 보세요.
❷ 後から言ったってしようがない。 나중에 가서 말해봤자 소용없다.
❸ 小学校から高校までずっと優等生だった。
   초등학교부터 고등학교까지 줄곧 우등생이었다.

3 경유점의 표현 (~으로부터)
❶ 玄関からお入りください。 현관으로 들어오세요.
❷ 車内からゴミを捨ててはいけない。 차 안에서 쓰레기를 버려서는 안 된다.
❸ 窓から落ち葉の散る風景が見えます。 창문으로부터 낙엽 떨어지는 풍경이 보입니다.

4 원인·이유·근거 (~으로, ~으로 인해, ~이므로)
❶ 販売不振から首になりました。 판매 실적의 부진으로 해고되었습니다.
❷ 些細な過ちから大きな失敗をしてしまった。 사소한 실수로(부터) 큰 실패를 해버렸다.
❸ ちょっとしたつまずきから一生を棒に振った。
   아무것도 아닌 실패로 인해 일생을 망쳤다.

5 재료·구성요소 (~으로)
❶ 陶磁器は土から作られます。 도자기는 흙으로 만들어집니다.
❷ 水は水素と酸素から成っている。 물은 수소와 산소로 되어 있다.
❸ この机は桐から作られました。 이 책상은 오동나무로 만들어졌습니다.

6 수량이 많거나 그 이상임을 나타낸다. (~(이상)이나)

❶ 広場に千人からの人が集まりました。 광장에 천여 명 이상의 사람이 모였습니다.
❷ 彼は若いうちに100坪からの家を建てた。 그는 젊을 때 100평 남짓의 집을 졌다.
❸ 大統領の選挙で5万人からの人が棄権した。
대통령선거에서 5만 명 이상의 사람들이 기권했다.

Point 「から」 vs 「~を」

격조사 「~から」와 「~を」는 이동동사(出発する, 出る, 離れる, 飛ぶ, 立つ, 降りる…)와 접속될 수 있으며, 경우에 따라서는 의미 차이가 있으므로 주의해야 한다.

(1) ~から
출발지점을 강조하거나 어떠한 동작에서 의지가 없는 동작이나 상태를 나타낸다.

❶ 講義室から廊下に出た。 강의실에서 복도로 나갔다.
❷ ボールが手から離れた。 공이 손에서 떨어졌다.
❸ 鼻から鼻水が出ている。 코에서 콧물이 나오고 있다.

(2) ~を
동작에 있어서 의지나 목적을 나타내고 동사의 움직임에 비중을 둔다.

❶ 大学を出る。 대학을 졸업하다.
❷ 韓国を出て日本に住みたい。 한국을 떠나 일본에서 살고 싶다.
❸ 先月、会社を辞めた。 저번 달에 회사를 그만 두었다.

Point 「~って」의 용법

(1) 「~言う」나 「~思う」와 접속하여 그 내용을 구체적으로 나타낸다.

❶ 「ごめんなさい」って言えば、いいんです。 "미안해요"라고 말하면 됩니다.
❷ 9時に来るようにって中村さんに伝えてください。
9시에 오도록 하라고 나카무라 씨에게 전해 주세요.

(2) 「~이라는」, 「~이라는 일(것)」의 의미를 나타내며 주로 친한 사이의 대화에서 사용되는 표현이다.

❶ ごちそうってほどのものじゃないですけど、どうぞ召し上がってくたさいね。
성찬은 아니지만, 어서 많이 드세요.
❷ 今日は休みだってこと、忘れてたんです。 오늘은 휴일이었다는 것, 잊어버렸던 것입니다.

(3) 「~이라는 것은」의 의미를 나타낸다.

❶ あの人のお母さんってどんな人かしら。 저 사람의 어머니는 어떤 분일까?

❷ 愛するってなんて辛いことなのでしょう。 사랑한다는 것은 괴로운 일이겠지요.

(4) 상대방의 질문을 되풀이해서 말하고, 그것에 대한 대답이나 자신의 생각을 나타낸다.

❶ あれはだれかって、僕だって知らないよ。 저 사람이 누구냐고? 나도 역시 몰라요.

❷ 本当かって、君、僕を信用しないかい。 정말이냐고? 자네, 나를 신용하지 않는 건가?

(5) 「~이라는 것이다」처럼 다른 사람에게 들은 사항을 말할 경우에 사용한다. 이 경우에는 「그 말은 이상하다, 그 말은 그게 아닌 것 같다」라는 의미가 내재되어 있다.

❶ 天気予報によると、いい天気になるって。
일기예보에 의하면 날씨가 좋을 거라던데(그렇지 않을 것 같은데).

❷ あの人に聞いたら知らないって。 저 사람에게 물었더니 모른대(모를 리가 없는데).

(6) 상대방의 말을 그대로 되풀이해서 정말인지 어떤지를 다시 한 번 확인하는 의미를 나타낸다.

❶ なに、泥棒だって、本当か。 뭐, 도둑이라고? 사실이야?

❷ やめたって、いつなの。 그만 두었다고? 언제지?

unit 05 ~に ~에서, ~부터, ~로 인해서

격조사 「~に」는 물체·사태가 존재하는 장소와 처지, 동작이 끝나 결과가 남는 장소·방향, 동작이 이루어지는 경우·시기, 사물·상태가 변화한 결과, 동작이 이루어지는 대상, 영향·작용을 받은 출처, 동작의 목적, 동작·상태의 원인, 동작·상태의 내용, 열거, 강조 등의 의미를 나타낸다.

1 물체·사태가 존재하는 장소와 상황 (~에)

❶ 学校の近くに新しく駅ができて便利です。
학교 근처에 새로운 역이 생겨서 편리합니다.

❷ オリンピックは勝利するより参加することに意義がある。
올림픽은 승리하는 것보다 참가하는 데에 의의가 있다.

❸ 父は当時高い地位にありました。 아버지는 당시 높은 지위에 있었습니다.

2 동작이 끝나 결과가 남는 장소·방향 (~에)

❶ 椅子に楽に腰掛けてください。 의자에 편히 앉아주세요.

❷ 小鳥が木の枝にとまっています。 작은 새가 나뭇가지에 앉아 있습니다.

❸ 使った後は元の場所に戻してください。 사용한 후에는 원래의 장소에 되돌려 주세요.

3 동작이 이루어지는 경우 · 시기 (~에, ~부터)

❶ 最後に一言申し上げます。 마지막으로 한마디 드리겠습니다.

❷ 願書の受付は午前の9時に始まります。 원서접수는 오전 9시에 시작됩니다.

❸ ちょっと目を放したすきに財布を盗まれた。
잠깐 한눈을 판 사이에 지갑을 도둑맞았다.

4 사물 · 상태가 변화한 결과 (~가, ~이, ~(으)로)

❶ いつの間にか雪が溶けて水になった。 어느 사이엔가 눈이 녹아 물이 되었다.

❷ フランス語を専攻して外交官になるつもりです。
프랑스어를 전공해서 외교관이 될 작정입니다.

❸ 統計によれば、人口が4000万から4500万に増えたと言われる。
통계에 의하면 인구가 4000만에서 4500만으로 증가했다고 한다.

5 동작이 이루어지는 대상 (사람 · 물체) (~에, ~에게, ~한테)

❶ 先生に電話をかけたが、留守だった。 선생님에게 전화했지만 집에 없었다.

❷ 新井さんに関するよくない噂を聞いた。 아라이 씨에 대한 좋지 않은 소문을 들었다.

❸ 犬に水をやることを忘れないでください。 개에게 물을 주는 것을 잊지 마세요.

6 영향 · 작용을 받은 출처 (~에게, ~한테)

❶ あなたに教えてもらった通りに教えています。
당신한테 배운 대로 가르치고 있습니다.

❷ 遠足に行った時、雨に降られて大変でした。
소풍을 갔을 때 비에 맞아 힘들었습니다.

❸ すりにカバンを盗まれてしまいました。 소매치기에게 가방을 도둑맞아 버렸습니다.

7 동작의 목적 (~(하)러)

❶ 図書館へ本を貸りに行きました。 도서관에 책을 빌리러 갔었습니다.

❷ 朝から飯田さんが遊びにやって来ました。 아침부터 이이다 씨가 놀러 왔습니다.

❸ 日本へ社会言語学の勉強に来ました。 일본에 사회언어학을 공부하러 왔습니다.

8 동작 · 상태의 원인 (~에, ~으로)

❶ 山口さんの熱心さに心を打たれました。
야마구치 씨의 열성스러운 심정에 감동받았습니다.

❷ あまりのおかしさに思わず笑ってしまった。
너무 우스웠기에 나도 모르게 웃고 말았다.

❸ あまりのうれしさに泣き出した。 너무 기뻐서 울음을 터뜨렸다.

9 동작 · 상태의 내용 (~이)

❶ 韓国はきれいな山に恵まれている。 한국은 아름다운 산이 풍부하다.
❷ 私はまだ人生の経験に乏しいです。 저는 아직 인생 경험이 부족합니다.
❸ 吉村さんはいつも若さに溢れています。 요시무라 씨는 언제나 젊음이 넘칩니다.

10 열거 (~에, ~에다, ~와(과))

❶ トマトになしにキュウリをください。 토마토와 배와 오이를 주세요.

❷ サラリーマンはトーストにミルクで朝ご飯を済ます。
샐러리맨은 토스트에 우유로 아침을 때운다.

❸ 岡田さんの家では猫に犬にウサギまで飼っている。
오카다 씨 집에서는 고양이에 개에, 토끼까지 키우고 있다.

11 강조(동사의 ます형+に+동사) (~하고 또 ~)

❶ バスが来なくて一日中歩きに歩いた。 버스가 오지 않아서 하루 종일 걷고 또 걸었다.
❷ 考えに考えて決定しました。 생각하고 또 생각해서 결정했습니다.
❸ 悲しくて一日中泣きに泣いた。 슬퍼서 하루 종일 울고 또 울었다.

---

unit 06 ～へ ~에, ~(으)로서

격조사 「～へ」는 동작 · 작용의 방향, 동작 · 작용의 대상, 동작 · 작용의 귀착점 등의 의미를 나타낸다.

1 동작 · 작용의 방향 (~로, ~으로)

❶ 商談を終えて大阪へ立ちます。 상담을 끝내고 오사카로 떠납니다.

❷ 台風は徐々に南へ向かっています。 태풍은 점점 남쪽으로 향하고 있습니다.

❸ 私は故郷へ帰って農業をするつもりです。
　　나는 고향에 돌아가서 농사를 지을 작정입니다.

2 동작 · 작용의 대상 (~에게)

❶ お父さんへよろしくお伝えください。 아버님께 안부 전해 주세요.

❷ この書類をあなたへ送ります。 이 서류를 당신에게 보냅니다.

❸ お母さんへ、のぶ子より。 어머니에게, 노부코가

3 동작 · 작용의 귀착점 (~에, ~으로)

❶ 切符はこっちへ入れてください。 표는 여기에 넣어주세요.

❷ 苦心したあげく結論へたどり着いた。 고심한 끝에 결론에 다다랐다.

❸ 弟は腹を立てたまま部屋の中へ入ってしまった。
　　동생은 화가 난 채로 방 안으로 들어가 버렸다.

Point 「~に」 vs 「~へ」

한국어의 「~에」로 번역되는 일본어 조사에는 「~に」와 「~へ」가 있다. 하지만 두 조사의 의미적인 측면에서는 구별되므로 주의해서 사용해야 한다. 「~に」는 「동작 · 작용의 귀착점」과 같은 목적지나 장소를 나타내고, 「~へ」는 「동작 · 작용의 목표 지점」과 같은 방향성을 나타낸다. 하지만 「行く」, 「来る」, 「帰る」처럼 동작동사일 경우에는 둘 다 사용이 가능하다. 또한 문장에서 동사를 생략할 경우나 동작의 대상을 구체적으로 나타낼 경우에는 「~へ」를 사용해야 하고, 존재를 나타낼 경우에는 「~に」를 사용해야 한다.

❶ 国際空港に着きました。 국제공항에 도착했습니다. [동작 · 작용의 귀착점]

❷ ようこそ、韓国へ。 한국에 오신 것을 환영합니다. [동사의 생략]

❸ 彼への関心を見せた。 그에 대해서 관심을 보였다. [동작 대상의 구체화]

❹ 友だちと一緒に体育館に(へ)行きます。 친구와 함께 체육관에 갑니다. [동작 동사인 경우]

unit 07 ~と ~와(과), ~와(과)함께, ~(이)라고

격조사 「~と」는 대등한 입장에서의 상대표현, 사고 · 행동의 내용, 동작 · 작용의 상태, 결과의 당연성, 비교의 대상, 일정한 범위를 초과하지 않는 한계 등의 의미를 나타낸다.

1 대등한 입장에서의 상대표현 (~와, ~과)

❶ 家族と相談してから決めます。 가족들과 상의해 보고 결정하겠습니다.

❷ 空港へ行く前にドルを円と交換しました。 공항에 가기 전에 달러를 엔과 교환했습니다.

❸ 才能は努力とあいまって成功に結び付くものだ。
재능은 노력과 더불어 성공에 결부되는 것이다.

2 사고·행동의 내용 (~으로, ~고, ~라고)

❶ お手洗いに禁煙と書いてありました。 화장실에 금연이라고 쓰여 있었습니다.

❷ 何と想像しようとあなたの自由です。 무슨 상상을 하든 당신의 자유입니다.

❸ 祖父が洋と名付けてくれました。 할아버지가 히로시라고 이름을 지어 주셨습니다.

3 동작·작용의 상태 (~하게, ~처럼, ~인 양)

❶ シートベルトをしっかりとお締めください。 안전벨트를 확실히 매주세요.

❷ 新年から業務が山と積まれています。 신년부터 업무가 산더미처럼 쌓여 있습니다.

❸ 面接の時には堂々と答えるのが重要です。
면접 때에는 당당하게 대답하는 것이 중요합니다.

4 결과의 당연성 (~으로, ~이/가)

❶ 修学旅行は来週出発と決定されました。
수학여행은 다음 주에 출발하기로 결정되었습니다.

❷ 最終審査で不合格となりました。 최종심사에서 불합격으로 처리되었습니다.

❸ 長い間の努力が水の泡となってしまった。 오랫동안의 노력이 수포로 돌아가 버렸다.

5 비교의 대상 (~와, ~과)

❶ 遠藤さんは私と同じ年だと思いますが。 엔도 씨는 저와 비슷한 나이라고 생각합니다만.

❷ 現代の経済システムは昔とあまりにも違う。
현대의 경제 시스템은 옛날과 너무나도 다르다.

❸ 長谷川さんは大学院卒と同等の資格を持っている。
하세가와 씨는 대학원 졸업과 동등한 자격을 지니고 있다.

6 일정 범위 이상을 초과하지 않는 한계 (~도(까지도), ~밖에)

❶ 結婚式は20分とかからなかった。 결혼식은 20분도 채 걸리지 않았다.

조사 | 217

❷ 二度と会うまいと誓いました。 두 번 다시 만나지 않겠다고 맹세했습니다.
❸ 入学願書の締め切りまで三日と残っていないんです。
입학원서 마감까지 3일도 채 남지 않았습니다.

unit 08 〜で 〜에서, 〜으로, 〜때문에

격조사「〜で」는 동작·작용이 이루어지는 장소, 동작이 이루어지는 장소의 상태, 시간·값·수량, 원인·이유, 재료·방법 등의 의미를 나타낸다.

1 동작·작용이 이루어지는 장소 (〜에서)
❶ 世界で一番早い汽車は何ですか。 세계에서 가장 빠른 기차는 무엇입니까?
❷ 輸出の問題は委員会で審議されています。
수출 문제는 위원회에서 심의되고 있습니다.
❸ 私は東京で生まれ、北海道で育ちました。
저는 도쿄에서 태어나 홋카이도에서 자랐습니다.

2 동작이 이루어지는 장소의 상태 (〜서, 〜에서)
❶ 先生は学生の立場で考えることを求められます。
선생님은 학생의 입장에서 생각하는 것이 우선시됩니다.
❷ 私は20年間一人で住んでいます。 저는 20년 동안 혼자서 살고 있습니다.
❸ 家中で結婚を賛成してくれました。 온 집안에서 결혼을 찬성해 주었습니다.

3 시간·값·수량 (〜에, 〜으로)
❶ 今忙しいですから、後で来てください。 지금은 바쁘니까 나중에 와 주세요.
❷ このプロジェクトは2、3日でできるでしょう。
이 프로젝트는 2, 3일이면 될 것입니다.
❸ ソウルへ来てから今日でちょうど5年になります。
서울에 온 지 오늘로 꼭 5년이 됩니다.

4 원인·이유 (〜에, 〜으로)
❶ 今日は腹痛で会社を休みました。 오늘은 복통으로 회사를 쉬었습니다.
❷ 先生のおかげで無事に退院することができました。
선생님 덕분으로 무사히 퇴원할 수 있게 되었습니다.

❸ 今度の記事で有名人になりました。 이번 기사로 유명인이 되었습니다.

5 재료·방법 (~로, ~으로)
❶ 今回の博覧会は外国人でいっぱいでした。 이번 박람회는 외국인으로 가득 찼습니다.
❷ お金で人間の幸せは絶対に買えません。 돈으로 인간의 행복은 절대로 살 수 없습니다.
❸ 入国の書類は鉛筆で書かないで、ボールペンでお書きください。
입국 서류는 연필로 쓰지 말고 볼펜으로 써 주십시오.

unit 09 ~より ~보다, ~밖에, ~부터

격조사「~より」는 비교의 기준과 대상, 장소·시간 등의 범위 한정, 선택의 여지가 없는 경우 등의 의미를 나타낸다.

1 비교의 기준과 대상 (~보다)
❶ カタカナはひらがなより覚えにくいです。
가타카나는 히라가나보다 외우기가 어렵습니다.
❷ 韓国では牛肉が豚肉より値段が高いです。
한국에서는 쇠고기가 돼지고기보다 가격이 비쌉니다.
❸ 僕が説明するよりお前がする方がいいだろう。
내가 설명하는 것보다 자네가 설명하는 것이 좋을 거야.

2 장소·시간 등의 범위 한정 (~에서, ~부터, ~보다)
❶ 赤道より北を北半球と言う。 적도에서 북쪽을 북반구라고 한다.
❷ 危ないから、白線より下がってください。
위험하니까 흰 선에서 물러서 주십시오.
❸ 午後より出張ですから、午前中に電話してください。
오후부터 출장이므로 오전 중에 전화해 주세요.

3 선택의 여지가 없음을 표현 (~より ~ない : ~밖에)
❶ こうするよりほかに方法はない。 이렇게 하는 것 밖에 다른 방법은 없다.
❷ あなたよりほかにこれができる人はいない。
당신밖에 이것을 할 수 있는 사람은 없다.
❸ バスがないから、タクシーで行くよりしかたがない。
버스가 없으므로 택시로 갈 수밖에 없다.

unit 10 〜や 〜(이)랑

격조사 「〜や」는 사물을 열거하는 의미를 나타내며, 「〜など」와 함께 쓰기도 한다.

1 사물의 열거 (〜(이)랑)

❶ 事務室の中にはコンピューターやファックスや複写機などがあります。
사무실 안에는 컴퓨터랑 팩스랑 복사기 등이 있습니다.

❷ あれやこれや考えてみたが、ぜんぜんわかりません。
여러모로 생각해 보았지만, 전혀 알 수 없습니다.

❸ 八百屋でキュウリやトマトやキャベツなどを買いました。
채소가게에서 오이랑 토마토랑 양배추 등을 샀습니다.

2 접속조사

접속조사는 용언이나 조동사에 접속되어 문절을 만들고 문장과 문장을 접속시키는 역할을 하는 조사이다. 또한 접속조사는 접속 형태와 의미에 따라 「순접 접속조사」, 「역접 접속조사」, 「단순 접속조사」로 분류할 수 있다.

unit 01 〜が 〜인데, 〜이지만, 〜ㄹ지라도

접속조사 「〜が」는 용언의 기본형에 접속되어 전제나 보충적인 설명을 다음 서술에 연결시키는 기능을 한다. 또한 관련이 있는 앞뒤 문장을 연결하거나 어떠한 사실이 존재함에도 불구하고 그와 대비되는 다른 사실이 또 존재하고 있음을 나타내기도 하며 앞의 사항에도 불구하고 뒤의 사태가 성립되는 것을 강조하는 의미를 나타내기도 한다.

1 전제나 보충적 설명 (〜인데, 〜는데, 〜만)

❶ 石原と申しますが、社長はいらっしゃいますか。
이시하라라고 합니다만, 사장님은 계십니까?

❷ もしやと思い行ってみたが、状況は予想通りだった。
혹시나 하고 가 보았지만 상황은 예상대로였다.

❸ いい臭いがするが、今日の特別料理は何でしょうか。
맛있는 냄새가 나는데 오늘의 특별요리는 무엇인가요?

2 관련 있는 앞뒤 문장의 연결 (~이지만)

❶ 子供も子供だが、親も親だ。 자식도 자식이지만, 부모도 부모다.

❷ このスーパーは値段は安いが、品はよくない。
이 슈퍼는 가격은 저렴하지만, 물건은 안 좋다.

❸ 期待はしてなかったが、やはり結果もよくなかった。
기대를 걸지 않았지만, 역시 결과도 좋지 않았다.

3 대비되는 사실의 존재 (~인데, ~이기는 하나, ~(이)지만)

❶ 薬を飲んだが、病気は少しもよくならなかった。
약을 먹었지만, 병은 조금도 나아지지 않았다.

❷ 父は秀才だが、子供の方はそうでない。 아버지는 수재이지만, 자식은 그렇지 않다.

❸ 激しく叱ってみたが、利き目がなかった。 심하게 야단을 쳐 보았지만, 효과가 없었다.

4 가정에도 불구하고 사태가 성립됨을 강조 (~ㄹ지라도)

❶ 行こうが行くまいが、私の知ったことではない。
가거나 말거나 내가 알 바가 아니다.

❷ 人が見ていようがいまいが、正しくないことをしてはならない。
다른 사람이 보고 있든지 말든지 옳지 않은 짓을 해서는 안 된다.

---

unit 02　～から　～(이)니까, ～(이)므로, ～테니까

접속조사「～から」는 기본형에 접속되어 앞의 사태가 뒤의 원인·이유가 됨을 나타내며 화자의 주관적인 의사를 표현하기도 한다. 또한 상대방에게 강한 의지와 결심을 나타내고자 할 때에도 사용된다.

1 원인 · 이유 (~(이)니까, ~(이)므로)

❶ 雨が降りそうだから、傘を持って行きましょう。
비가 올 것 같으니까 우산을 가지고 갑시다.

❷ 病気だからでなく、用事があって欠席した。
병 때문이 아니라 볼일이 있어서 결석했다.

❸ 星が出ているから、明日もいい天気でしょう。
별이 떠 있으니까 내일도 날씨가 좋겠죠?

2 상대방에게 강한 결심의 표현 (~테니까)

❶ ただでは置かないから。 가만히 두지 않을 테니까.
❷ 今度は負けないから。 이번에는 지지 않을 테니까.

unit 03 　～と　~하면, ~하니, ~하니까, ~하자(마자)

접속조사 「～と」는 용언과 조동사의 기본형과 접속되어 사태나 동작이 잇달아 발생하는 상황을 나타내거나 어떤 사태가 계기가 되어 예외 없이 다른 사태가 발생하는 것을 나타낸다. 또한 어떤 상황의 가정과 그로 인한 귀결을 나타내기도 하고 「～う」, 「～よう」, 「～まい」에 접속되어 「～라도」, 「~(라)든지」라는 의미를 나타내기도 한다.

1 사태나 동작의 동시성 (~하자마자, ~하니까)

❶ ドアが開くと、どっとお客が入り込んだ。 문이 열리자 와락 손님이 들이닥쳤다.
❷ 私の顔を見ると、わっと泣き出した。 내 얼굴을 보자마자 그만 울음을 터뜨렸다.

2 어떤 사태가 전제가 되어 예외없이 다른 사태가 이루어짐을 표현 (~면)

❶ 本に向かうと、決って眠くなります。 책을 대하면 으레 졸음이 옵니다.
❷ 私は飲み過ぎると、決って歌を歌います。 나는 과음하면 으레 노래를 부릅니다.

3 어떤 상황의 가정과 귀결 (~하면)

❶ 午前中に出ないと、間に合わない。 오전 중에 출발하지 않으면 시간에 맞출 수 없다.
❷ その角を曲がると、右側に市役所があります。
그 모퉁이를 돌면 우측에 시청이 있습니다.
❸ 一生懸命に努力しないと、失敗するものだ。
열심히 노력하지 않으면 실패하기 마련이다.

4 「～う」, 「～よう」, 「～まい」에 접속 (~라도, ~든지)

❶ 雨が降ろうと、雪が降ろうと、勉強をしに行かなければならない。
비가 오든 눈이 오든 공부하러 가지 않으면 안 된다.
❷ 人に何と言われようと、自分が正しいと思ったことをやればいい。
남이 뭐라고 하든 자신이 옳다고 생각한 일을 하면 된다.
❸ あなたが行こうと、行くまいと、私には関係のないことだ。
당신이 가든 가지 않든 나에게는 상관없는 일이다.

unit 04 〜ば 〜하면, 〜하니, 〜하니까, 〜하자(마자)

접속조사 「〜ば」는 가정형에 접속되어 어떠한 사실을 가정하고 그 사실을 조건으로 내세워 서술하는 의미를 나타낸다. 또한 어떠한 조건하에서 다른 어떤 사태가 발생하는 경우의 조건을 제시하는 기능을 하기도 하며, 전제나 계기, 희망, 시사, 열거와 같은 의미를 나타낸다.

1 어떠한 사실을 조건으로 제시한다. (〜면)
❶ そこへ行け**ば**、酒井さんが待っているだろう。
　그곳에 가면 사카이 씨가 기다리고 있을 것이다.

❷ お互いに話し合え**ば**、誤解は解けるだろう。
　서로 대화를 하면 오해는 풀릴 것이다.

❸ 朝早く起きれ**ば**、気分が爽快になります。　아침에 일찍 일어나면 기분이 상쾌해집니다.

2 일정 조건하에서 다른 어떤 사태가 발생하는 경우의 조건을 제시한다. (〜면)
❶ 風が吹け**ば**、波が荒くなる。　바람이 불면 파도가 거세진다.

❷ 無理が通れ**ば**、道理が引っ込む。　억지가 통하면 도리가 물러선다.

❸ この病気は4日も経て**ば**、治ります。　이 병은 4일만 지나면 낫습니다.

3 뒷문장에 대해 앞문장이 전제·계기가 된다. (〜면)
❶ 天気予報によれ**ば**、明日は雨が降るそうです。
　일기예보에 의하면 내일은 비가 온다고 합니다.

❷ あなたがいやなら**ば**、行かなくてもいいです。　당신이 싫다면 가지 않아도 됩니다.

❸ あなたさえよけれ**ば**、私はかまいません。　당신만 좋다면 저는 상관없습니다.

4 희망, 시사, 열거 등을 나타낸다. (〜면, 〜면 할수록, 〜고(거니와))
❶ 雨がやめ**ば**、いいんですが。　비가 그쳤으면 좋겠습니다만.

❷ 真似をすれ**ば**するほど似てきます。　흉내를 내면 낼수록 비슷해집니다.

❸ 身寄りもなけれ**ば**財産もありません。　친척도 없고 재산도 없습니다.

unit 05 〜ても(でも) 〜해도, 〜하더라도

접속조사「〜ても(でも)」는 동사·형용사의「ます형」에 접속되어 역접의 가정조건(仮定条件)이나 역접의 기정조건(既定条件)을 나타낸다.

1 역접의 가정조건을 나타낸다. (가령 〜이라고 하더라도, 〜이라고 해도)

❶ いくら言ってもだめだろうと思います。 아무리 말해도 소용없을 것이라고 생각합니다.

❷ たとえ反対されても最後まで主張を貫くつもりです。
만약 반대해도 끝까지 주장을 관철시킬 생각입니다.

❸ いくら頼んでも受け入れないだろう。 아무리 부탁해도 받아들이지 않을 것이다.

2 역접의 기정조건을 나타낸다. (〜하였지만, 〜하였음에도 불구하고)

❶ いくら泣いて頼んでも、許されなかった。 아무리 울면서 부탁해도 허락하지 않았다.

❷ いくら頭をひねってもいい考えは出て来なかった。
아무리 머리를 쥐어 짜도 좋은 생각이 나지 않았다.

❸ 働いても働いても、生活はよくならなかった。
일을 해도 해도 생활은 나아지지 않았다.

unit 06 〜けれども(〜けど・〜けれど) 〜이(하)지만, 〜인데

접속조사「〜けれども」는 동사·형용사·조동사의 종지형에 접속되며, 병행하는 두 문장을 연결하거나 앞문장과 뒷문장이 서로 반대되는 사항을 나타내기도 한다. 또한 회화체에서는「〜けれど」,「〜けども」,「〜けど」의 형태로 사용되기도 한다.

1 병행하는 두 가지 사항을 연결한다. (〜(이)지만, 〜하지만)

❶ すまないけど、ここでちょっと待ってくれ。 미안하지만, 여기서 잠깐 기다려 줘.

❷ おいしくないかもしれないんですけど、どうぞ。
맛이 없을지 모르겠지만, 어서 드세요.

❸ 鈴木ですけれど、先生はいらっしゃいますか。 스즈키입니다만, 선생님 계십니까?

2 병행하는 두 가지 사항을 연결한다. (〜(이)지만)

❶ 風は止んだけれども、雨はまだ降っている。 바람은 그쳤지만 비는 아직 오고 있다.

❷ この部屋は広いけど、きたない。 이 방은 넓지만, 지저분하다.
❸ 中国語は読めるけれども、書けません。 중국어는 읽을 수 있지만, 쓸 수는 없습니다.

unit 07 〜のに ~인데(도), ~함에도 불구하고

접속조사「〜のに」는 동사·형용사의 연체형에 접속되며, 일반적으로 누구나 그렇게 될 것이라고 예상했지만, 예상과는 달리 다른 결과가 나오거나 정반대의 결과가 나오는 역접의 확정조건을 나타낸다.

❶ 歩いて10分しかかからないのに、バスに乗って来ます。
걸어서 10분밖에 걸리지 않음에도 불구하고 버스를 타고 옵니다.

❷ 12月になったのに、少しも冬らしくならない。
12월인데도 불구하고 조금도 겨울다워지지 않는다.

❸ 熱心に勉強したのに、成績は上がらない。 열심히 공부했는데도 성적은 오르지 않는다.

unit 08 〜ので ~이므로, ~때문에

접속조사「〜ので」는 동사·형용사·조동사의 연체형에 접속되며, 앞문장은 뒷문장의 원인이나 이유 등을 나타낸다. 회화체나 격식을 차리지 않은 일상적인 표현에서는「〜んで」의 형태를 사용하기도 한다. 이와 비슷한 표현인「〜から」는 어떠한 사항의 원인이나 이유를 주관적인 측면을 토대로 나타내는 반면,「〜ので」는 원인이나 이유를 객관적인 측면을 토대로 하여 나타낸다. 또한 여성들은 자신의 심정을 주관적으로 강하게 나타내는 것을 꺼려하는 경향이 있으므로「〜から」보다는「〜ので」를 많이 사용하기도 한다.

❶ 道が狭いので、交通事故が絶えない。 길이 좁아서 교통사고가 끊이지 않는다.

❷ 思ったより元気なので、ほっとしました。
생각했던 것보다 건강해서 한숨 돌렸습니다.

❸ お金がないと言うので、少し貸してやりました。
돈이 없다고 해서 조금 빌려주었습니다.

❹ お金がなかったんで、少し貸してやった。 돈이 없다고 해서 조금 빌려주었다.

unit 09 ～し 하고

접속조사 「～し」는 동사·형용사·조동사의 종지형에 접속되며, 비슷한 사항을 열거하거나 여러 가지 사항 중에서 특히 하나만을 예로 들어 나타내기도 한다.

❶ 渡部さんは頭もいいし、体も丈夫だし、気立てもいいし、欠点のない人だ。
와타베 씨는 머리도 좋고, 몸도 튼튼하고, 마음씨도 좋고 결점이 없는 사람이다.

❷ 年もとったし、無理しないほうがいいです。 나이도 들었고, 무리하지 않는 편이 좋습니다.

❸ いやだと断るわけにもいかないし、しかたがない。
싫다고 거절할 수도 없고 별도리가 없다.

❹ 大学も卒業して、就職もできたし、家を出て独立しようと思う。
대학도 졸업했고, 취직도 되었고, 집을 나가서 독립하려고 생각한다.

unit 10 ～て(で) ～하고, ～하여, ～해서

접속조사 「～て(で)」는 동사·형용사·조동사의 「て형」에 접속되며, 동작의 전환, 원인이나 이유, 병렬과 대비, 방법과 수단, 동작이나 작용의 구체적인 내용, 판단과 평가의 조건 등을 나타낸다.

1 하나의 동작을 마치고 다음 동작으로의 이동을 나타낸다. (～아, ～어, ～고)

❶ 日が暮れて、星が輝いている。 날이 저물어 별이 빛나고 있다.

❷ 毎日5時に起きて、散歩をします。 매일 5시에 일어나 산책을 합니다.

❸ ジョギングをして、朝食を終えて、出勤します。
조깅을 하고 아침 식사를 마치고 출근합니다.

2 원인이나 이유를 나타낸다. (～아서, ～어서, ～서)

❶ この上着は小さくて着れません。 이 상의는 작아서 입을 수가 없습니다.

❷ 君に会えてとてもうれしい。 너를 만나서 매우 기쁘다.

❸ 急用ができて出迎えできませんでした。 급한 용무가 생겨서 마중 나가지 못했습니다.

3 병렬과 대비를 나타낸다. (～고)

❶ 鉄は重くて固い。 쇠는 무겁고 단단하다.

❷ これは面白くてためになる新聞です。 이것은 재미있고도 유익한 신문입니다.

4 방법과 수단을 나타낸다. (~아서, ~어서, ~서)

❶ 声をあげて助けを求めました。 소리를 질러 구조를 요청했습니다.

❷ 道が凍った所では腕を組んで歩くのは危ない。
길이 언 곳에서는 팔짱을 끼고 걷는 것은 위험하다.

5 동작·작용의 구체적인 내용을 나타낸다. (~고, ~아, ~어, ~서)

❶ 西山さんは病院でなくてはならない人だ。
니시야마 씨는 병원에서 없어서는 안 되는 사람이다.

❷ 初めは苦労したが、いまやっと慣れてきました。
처음에는 고생했지만 이제서야 겨우 익숙해졌습니다.

6 판단과 평가의 조건을 나타낸다. (~서)

❶ 親切におっしゃってくださって、ありがとうございます。
친절하게 말씀해 주셔서 감사합니다.

❷ 細かい心づかいをしてくださって、ありがとうございます。
친절하게 배려해 주셔서 감사합니다.

---

unit 11 ～ながら ~하면서, ~이면서도, ~이지만

접속조사 「～ながら」는 체언과 「ナ형용사」의 어간, 동사와 조동사의 「ます형」, 「イ형용사」와 조동사의 종지형에 접속되며, 동작의 병행·계속, 한정, 두 가지 이상의 모순되는 사실 등을 나타낸다.

1 「~한 그대로의 상태에서」라는 의미를 나타낸다. (~그대로, ~채로)

❶ 私は昔ながらの習慣を大切にしています。
저는 옛날 그대로의 습관을 소중히 여기고 있습니다.

❷ 彼女は派手な身なりで、いつもながらのスタイルだ。
그녀는 화려한 차림새로, 평소대로의 스타일이다.

2 수량을 나타내는 말에 접속된다. (~그대로 전부, 모두 다)

❶ 兄弟二人が二人ながら新聞社に入社した。 형제 두 사람 모두 신문사에 입사했다.

❷ 子ども3人を3人ながら成功させた。 자식 세 명을 모두 성공시켰다.

3 두세 가지 이상의 동작이 병행·계속됨을 나타낸다. (~면서)
  ❶ 青い空をみながら草原に寝転んでいた。 푸른 하늘을 바라보면서 초원에 누워 있었다.
  ❷ 考え事をしながら歩いています。 골똘히 생각하면서 걷고 있습니다.

4 한정이나 전제를 나타낸다. (~나마, ~인데)
  ❶ 及ばずながらあなたに協力いたします。 미력하나마 당신에게 협력하겠습니다.
  ❷ 幾分ながら同情の余地がある。 다소나마 동정할 여지가 있다.

5 두 가지 이상의 사실이 모순됨을 나타낸다. (~면서도, ~지만, ~데도)
  ❶ 小さいながらよく働いています。 어리지만 일을 잘하고 있습니다.
  ❷ 悪口を言われながらも少しも怒らない。 욕을 먹으면서도 조금도 화내지 않는다.

unit 12 ~たり ~하기도 하고, ~하거나, ~이기도 하고

접속조사 「~たり」는 동사, 형용사, 조동사의 「て형」에 접속되며, 여러 가지 동작이나 상태를 열거하는 기능을 한다. 또한 반대되는 뜻의 말을 열거하여 동작·상태가 되풀이 되는 것을 나타내기도 하며 같은 종류의 사물 중에서 특히 하나만을 예로 드는 경우에 사용되기도 한다.

1 같은 종류의 동작·작용·상태의 열거 (~하기도 하고 ~하기도 한다)
  ❶ 見たり、経験したりしたことをそのまま書いてご覧なさい。
     보았거나 경험했던 것을 그대로 적어 보세요.
  ❷ 授業中質問に答えたり、本を読んだりすることが重要です。
     수업 중 질문에 대답 하거나 책을 읽는 것이 중요합니다.
  ❸ ホテルは部屋が立派だったり、お風呂がついていたりすると高くなる。
     호텔은 방이 좋거나 욕실이 딸려 있으면 비싸진다.

2 반대되는 동작이나 상태의 반복 (~하기도 하고 ~하기도 한다)
  ❶ 今月はよく晴れたり、曇ったりする。 이번 달은 자주 맑기도 하고 흐리기도 한다.
  ❷ ここのところは寒かったり、暖かったりして天気が定まらない。
     요즘 추웠다가 따뜻해졌다가 날씨가 고르지 않다.
  ❸ 虎はおりの中を行ったり、来たりしています。
     호랑이는 우리 안을 왔다 갔다 하고 있습니다.

3 같은 종류 중에서 하나만을 예로 들어 나타낸다. (~거나 ~거나)
① 嘘をついたりしてはいけない。 거짓말을 하거나 해서는 안 된다.
② 大切にしているものだから、壊したりなどしたら、大変だ。
중요하게 여기고 있는 것이므로 부수거나 하면 큰일이야.
③ 品物がよくなかったりしたら、買うのはやめます。
물건이 좋지 않다든지 하면 사는 것을 그만 두겠습니다.

unit 13 〜なり ~하자마자, ~한 채로

접속조사「〜なり」는 동사나 조동사의 연체형과 조동사의 과거형에 접속되며, 어떠한 동작·작용이 이루어져서 곧바로 다음 동작이 이루어지는 것을 나타낸다. 또한 동작·상태를 계속하고 있으면서 다른 동작을 하고 있다는 것을 나타내기도 한다.

1 동작·작용의 계속을 나타낸다. (~하자마자)
① 授業が終わるなり、あいさつもせずに出て来てしまった。
수업이 끝나자마자 인사도 없이 나가 버렸다.
② 家に帰るなり服を抜ぎ捨てた。 집에 돌아오자마자 옷을 벗어버렸다.
③ 疲れていたので家へ帰ってくるなり、寝てしまった。
피곤해서 집에 돌아오자마자 자 버렸다.

2 어떤 동작·상태를 계속하면서 다른 동작을 나타낸다. (~채로)
① 部屋へ入ったなり、壁にかけてある絵をじっと見ていた。
방에 들어온 채 벽에 걸려 있는 그림을 바라보고 있었다.
② 私の目を見つめたなり、まばたきもしなかった。
내 눈을 응시한 채 눈도 깜박거리지 않았다.
③ 服を脱いだなり片付けない。 옷을 벗은 채 정리하지 않는다.

unit 14 〜ものの ~(하기는)하였으나, ~(라고는)하지만, ~(했으니)망정이지

접속조사「〜ものの」는 활용형의 연체형에 접속되며, 당연히 성립되었어야 할 사항이 아직 존재·성립되어 있지 않음을 나타낸다. 또한 그 사물의 내용이 복잡하여 간단하게 나타낼 수 없음을 나타내며, 「～からいいようなものの」, 「～からよかったものの」의 형태를 사용하여 사물의 존재·성립에 반대되는 상황이 일어났더라면 어떻게 될 것인가를 나타내기도 한다.

1 예상되는 사항이 존재·성립되지 않음을 나타낸다. (～(하기는)하였으나)

❶ 引き受けてみたものの、どうしたらいいのかわからない。
맡기는 했으나 어떻게 하면 좋을지 모르겠다.

❷ かわいそうとは思うものの、その行為は許せなかった。
불쌍하다고는 생각했으나 그 행위는 용서할 수 없었다.

2 존재·성립에 반하는 상황에 대한 대비를 나타낸다. (～(했으니) 망정이지)

❶ 早く手当てをしたからいいようなものの、手遅れになるところだった。
빨리 치료를 했으니 망정이지 큰일 날 뻔했다.

❷ 私が助けてあげたからいいようなものの、一人では助からなかったです。
내가 구조해 주었으니 망정이지 혼자서는 살아나지 못했습니다.

3 부조사

부조사는 여러 가지 말에 접속되어 그 문절에 부사적인 성질과 기능을 갖게 하여 뒤에 오는 용언을 한정하는 기능을 한다. 또한 명사구, 동사, 부사 등의 해당 사항을 부각시켜 나타낸다고 하여 「とりたて助詞」라고도 한다.

unit 01 ～は ～는, ～은

부조사 「～は」는 무엇에 대해 이야기 하는지와 같은 화제의 제시와 설명을 나타내며, 서술하고자 하는 화제를 강조하기도 하고 서로 다른 것을 대조하여 강조하거나 부정형과 접속되어 한정된 일부분을 강조하기도 한다.

1 화제의 제시와 설명 (～은, ～는)

❶ 桜の花はたいへん美しいです。 벚꽃은 매우 아름답습니다.

❷ ご飯はもう済みましたか。 식사는 벌써 마쳤습니까?

❸ 今日一日は何も食べない方がいいです。 오늘 하루는 아무것도 먹지 않는 편이 좋습니다.

2 화제의 강조 (~은, ~는)

❶ 愛とは何か。 사랑이란 무엇인가?

❷ 時は金なり。 시간은 돈이다.

❸ 水は低い方へ流れる。 물은 낮은 쪽으로 흐른다.

3 대조하여 강조하는 의미를 나타낸다. (~은, ~는)

❶ 酒は飲みますが、タバコは吸いません。 술은 마십니다만, 담배는 피우지 않습니다.

❷ 静かではあるが、寂しくはない。 조용하기는 하지만, 쓸쓸하지는 않다.

❸ コーヒーはだめですが、紅茶は飲んでもいいです。
커피는 안 되지만, 홍차는 마셔도 됩니다.

4 특별한 경우의 일부분을 부정하여 강조한다. (~은, ~는)

❶ お金がなくては何もできない。 돈이 없어서는 아무것도 할 수 없다.

❷ 彼女は他の人に比べて美しくはないです。
그녀는 다른 사람에 비해 아름답지는 않습니다.

❸ お父さんがご病気では、色々と心配なことでしょう。
부친이 병환 중이어서 여러모로 걱정이겠어요.

Point 「~は」 vs 「~が」

(1) ~は

「~は」는 문장의 주제를 나타내어 전하고자 하는 신정보를 전달하는 기능을 한다. 또한 서로 대비되는 내용을 나타내며, 특정인을 부각시켜 나타내기도 하고 의문사 앞에 위치하기도 한다.

❶ 池田さんは図書館で資料を探しています。 이케다 씨는 도서관에서 자료를 찾고 있습니다.

❷ この本は面白くて、その本はつまらない。 이 책은 재미있고, 그 책은 재미없다.

❸ 田中さんは今度国会議員に当選された。 다나카 씨는 이번에 국회의원에 당선되었다.

❹ 歌を歌っている人は誰ですか。 노래를 부르고 있는 사람은 누구입니까?

(2) ~が

「~が」는 문장의 주어를 나타내며 보고 들은 현실적인 내용을 전달하는 기능을 한다. 또한 불특정 다수를 부각시켜 나타내기도 하고 의문사 뒤에 위치하기도 한다.

❶ 競技場で上原さんが走っています。 경기장에서 우에하라 씨가 달리고 있습니다.

❷ 大勢の人が試合を見に集まってきた。 많은 사람들이 시합을 보려고 모여들었다.

❸ 誰がMVPに選ばれましたか。 누가 MVP에 뽑혔습니까?

unit 02 　～も　～도

부조사 「～も」는 비슷한 것을 열거하거나 동일한 사항 중 하나를 예시하여 그 외에도 또 있음을 나타낸다. 그리고 특별한 경우를 내세워 그것을 부정하고 다른 경우도 물론 마찬가지라는 의미를 나타내기도 한다. 또한 수를 나타내는 어구와 접속되어 그것을 강조하는 의미를 나타낸다.

1 동일한 사항의 열거 (～도)
❶ 居ても立ってもいられない。 안절부절 못하다.
❷ 野も山も雪で真っ白です。 들도 산도 눈으로 새하얗습니다.
❸ タクシーが来なくて、行きも帰りも歩いた。
택시가 오지 않아서 갈 때도 올 때도 걸었다.

2 동일한 사항 중 하나를 예시하여 이외에도 있음을 나타낸다. (～도)
❶ 私も知りません。 나도 모릅니다.
❷ あなたが行くなら、私も行きます。 당신이 간다면 나도 가겠습니다.

3 특별한 경우를 부정하고 다른 것도 마찬가지라는 의미를 나타내다. (～도)
❶ あの人とは挨拶をかわしたこともない。 저 사람과는 인사를 한 적도(조차) 없다.
❷ 一年間日本語を勉強したのに、まだカタカナも読めません。
1년간 일본어를 공부했는데도 아직 가타카나도(조차) 읽지 못합니다.

4 수를 나타내는 어구에 접속되어 「전연 ～아니다」의 의미를 나타낸다. (～도)
❶ ここにはフランス人が一人もいません。 이곳에는 프랑스인이 한 사람도 없습니다.
❷ スペインには一度も行ったことがないです。 스페인에는 한 번도 간 적이 없습니다.

5 수를 나타내는 어구에 접속되어 「뜻밖에 많다」라는 의미를 나타낸다. (～이나)
❶ 郵便局まで一時間もかかりました。 우체국까지 한 시간이나 걸렸습니다.
❷ 病気で5年も寝たきりです。 병으로 5년이나 누운 채입니다.

6 수를 나타내는 어구에 접속되어 「그 이상은 없다」라는 의미를 나타낸다. (~도)
① スーツ一着1万円もしないんです。 양복 한 벌에 만 엔도 되지 않습니다.
② 論文は一年もあれば書けるだろう。 논문은 1년도 안 걸려서 쓸 수 있을 것이다.

unit 03 ～こそ ～이야말로

부조사「～こそ」는 체언과 활용어의 연체형에 접속되어 문장 안에서 앞의 말을 강조하는 기능을 한다. 또한 가정형에 접속되면「～하기 때문에」라는 의미를 나타낸다.

1 앞의 말을 강조한다. (～이야말로, ～으니만큼)
① この建物こそ代表的な日本家屋です。 이 건물이야말로 대표적인 일본가옥입니다.
② あなたがいたからこそ仕事もうまくいったのです。
당신이 있었으니만큼 일도 잘 되었던 것입니다.
③ 二人は愛しているこそ結婚するのです。 두 사람은 사랑하기 때문에 결혼하는 것입니다.

unit 04 ～しか ～밖에

부조사「～しか」는 주로 체언에 접속하지만, 동사의 연체형과 형용사의 정중형에 접속하기도 한다. 부정표현과 접속되어「그것뿐이며 다른 것은 없다」라고 하는 한정의 의미를 나타낸다. 또한「～だけしか」,「～のみしか」의 형태로「～しか」를 강조하기도 한다.

1 한정의 의미를 나타낸다. (～밖에)
① 会話しか習わなかったから、読むことができません。
회화밖에 배우지 않았기 때문에 읽지는 못합니다.
② 乗り物がない所だから、歩いて行くしかないです。
교통수단이 없는 곳이기 때문에 걸어서 가는 수밖에 없습니다.
③ 日本語は日本でしか使われない言葉です。
일본어는 일본에서밖에 사용되지 않는 언어입니다.

unit 05 〜さえ ~조차, ~까지도, ~마저

부조사「〜さえ」는 어떤 사항을 예로 들어 다른 것도 그와 비슷하다는 유추를 나타내며,「〜さえも」의 형태로 사용하기도 한다. 또한「〜さえ 〜ば」의 형태는「그것만으로 충분하고 다른 것은 필요하지 않다」라는 한정의 의미를 나타내고, 첨가의 의미를 나타내기도 한다.

1 어떤 사항을 예로 들어 유추의 의미를 나타낸다. (~조차)

❶ タバコさえ吸う暇がなかったです。 담배조차 필 틈이 없었습니다.

❷ そこは電気さえないような山の中です。 그곳은 전기조차 없는 산속입니다.

❸ 家族にさえも知らせずに、旅に出ました。 가족에게조차도 알리지 않고 여행을 떠났습니다.

2 한정의 의미를 나타낸다. (~만)

❶ やさしいから練習さえすれば、上手になるだろう。
쉬우므로 연습만 하면 능숙해 질 것이다.

❷ 材料を買って来てくれさえすれば、作ってあげます。
재료만 사다 주시면 만들어 주겠습니다.

❸ これさえあれば、他に何も要りません。 이것만 있으면 따로 아무것도 필요 없습니다.

3 첨가의 의미를 나타낸다. (~까지)

❶ 雪だけでなく、風さえも強く吹いて来ました。
눈뿐만이 아니라 바람까지 강하게 불고 있습니다.

❷ 市川さんはおとなしいばかりでなく、重みさえ感じられます。
이치카와 씨는 어른스러울 뿐만 아니라 중후감까지 느껴집니다.

unit 06 〜まで ~조차, ~까지도, ~마저

부조사「〜まで」는 주로 활용형의 연체형에 접속되며, 장소나 시간의 끝나는 점과 맨 마지막을 나타낸다. 또한 한정과 유추의 의미를 나타내며, 부정어를 수반한「〜までもない」,「〜までのこともない」의 형태로「~까지는 없다, ~나위도 없다」는 의미를 나타내기도 한다.

1 시간 · 장소의 끝나는 점을 나타낸다. (~까지)
- ❶ 遅くまでずっと待ちましたが、来ないので先に行きました。
  늦게까지 계속 기다렸습니다만, 오지 않아서 먼저 갔습니다.
- ❷ 今まで連絡もしないでどこで生活してきましたか。
  지금까지 연락도 하지 않고 어디에서 생활했습니까?
- ❸ レポートは明日までに提出せよ。 리포트는 내일까지 제출해라.
- ❹ この事件は調べるまでもないことです。 이번 사건은 조사할 것까지도 없습니다.

2 「단지 그것뿐이고 그 외는 생각할 필요가 없다」라는 한정을 나타낸다. (~따름)
- ❶ 取り急ぎ、ご挨拶まで。 우선 인사드립니다.
- ❷ いやなら、ここを辞めるまでだ。 싫으면 여기를 그만 둘 따름이다.
- ❸ 念のために尋ねてみたまでのことです。 확인하는 뜻에서 물어 보았을 따름이다.

3 특정한 경우를 예로 들어 「다른 경우도 마찬가지이다」라는 유추의 의미를 나타낸다. (~마저, ~조차)
- ❶ 一番仲の良い友だちにまで疑われているのですか。
  가장 사이가 좋은 친구에게마저 의심받고 있는 것입니까?
- ❷ 佐々木さんは兄弟にまで見捨てられています。
  사사키 씨는 형제에게까지 버림받고 있습니다.
- ❸ そんなにまで親切にするのはかえって彼のためにならない。
  그렇게까지 친절하게 하는 것은 오히려 그를 위한 것이 아니다.

4 「~までもない」, 「~までのこともない」 (~까지는 없다, ~할 나위도 없다)
- ❶ わざわざ行くまでもないでしょう。 일부러 갈 것까지는 없겠지요.
- ❷ 詳しくお話しするまでもなく、よくお分かりだろうと思います。
  자세하게 말할 나위도 없이 잘 아시리라 생각합니다.

unit 07 ～ばかり ～정도, ～뿐, ～만

부조사 「～ばかり」는 대강의 분량과 정도의 범위를 나타내고 한정의 의미도 나타낸다.

1 대강의 분량과 정도의 범위를 나타낸다. (～정도)

❶ この工事は5ヶ月ばかりかかります。 이 공사는 5개월 정도 걸립니다.

❷ コップの中に水が半分ばかり入っています。 컵 속에 물이 절반쯤 들어 있습니다.

❸ このCDを10日ばかりお借りしたいと思います。
이 CD를 10일 정도 빌렸으면 합니다.

2 한정의 의미를 나타낸다. (～만, ～뿐)

❶ 彼は背が高いばかりで、あまり力はない。 그는 키만 클 뿐이고, 그다지 힘은 없다.

❷ 座ってばかりいないで、たまには運動をしなさい。
앉아만 있지 말고 가끔은 운동을 하세요.

❸ 金さんは自分のことばかり言う不遜な人だ。
김 씨는 자기에 대해서만 말하는 불손한 사람이다.

unit 08 ～だけ ～만, ～뿐, ～만큼

부조사 「～だけ」는 한정이나 정도를 나타낸다.

1 한정을 나타낸다. (～만, ～뿐)

❶ 君にだけ教えよう。 자네한테만 가르쳐 주지.

❷ 言って見ただけだ。 그냥 말해 보았을 뿐이다.

❸ 新聞だけではなく、インターネットにも出ている。
신문뿐만이 아니라 인터넷에도 나와 있다.

2 정도를 나타낸다. (～만큼, ～까지)

❶ よくあれだけ我慢したものだ。 용케 거기까지 잘 참았군.

❷ 彼は稼いだだけ使っています。 그는 번만큼만 씁니다.

❸ 言うだけのことは言ったほうがよい。 말할 수 있는 데까지는 말하는 편이 좋다.

unit 09 ~ほど ~정도, ~쯤, ~만큼

부조사「~ほど」는 수량을 나타내는 말에 접속되어 대강의 분량, 정도의 기준과 비례를 나타낸다.

1 대강의 분량 (~정도)

❶ 事務室を準備するのに一週間ほどかかった。
사무실을 준비하는 데에 일주일 정도 걸렸다.

❷ 社長から10分ほど前に電話がありました。
사장님으로부터 10분 정도 전에 전화가 왔었습니다.

2 정도의 기준과 비례 (~정도로, ~수록)

❶ ゆっくりと休む暇もないほど忙しい。 편히 쉴 틈도 없을 정도로 바쁘다.

❷ 稲は実れば実るほど、頭が下がります。 벼는 익으면 익을수록 머리가 숙입니다.

❸ この漫画は読めば読むほど、面白いです。 이 만화는 읽으면 읽을수록 재미있습니다.

unit 10 ~くらい(ぐらい) ~정도, ~쯤, ~만큼

부조사「~くらい(ぐらい)」는 수량을 나타내는 말과 같이 사용되어 대강의 분량과 정도를 나타낸다.

1 대강의 정도 (~정도)

❶ お金はいくらぐらい残っていますか。 돈은 얼마 정도 남아 있습니까?

❷ おにぎりは野球のボールぐらいの大きさが適当だ。
주먹밥은 야구 공 정도의 크기가 적당하다.

2 최저의 한도 (~정도)

❶ このぐらいなら、十分でしょう。 이 정도라면 충분하겠지요?

❷ 毎朝軽い散歩ぐらいしたらいかがですか。
매일 아침 가벼운 산책 정도 하면 어떻겠습니까?

unit 11 ～きり(ぎり) ～뿐, ～만, ～밖에

부조사「～きり(ぎり)」는「그것 뿐」이라는 뜻을 나타내며 또한 어떠한 동작이 끝난 채 다음 동작이 시작되지 않고 있다는 것을 나타낸다. 또한 회화체에서는「それっきり」,「行ったきり」처럼「～っきり」의 형태로 많이 사용된다.

1 「그것 뿐」이라는 한정을 나타낸다. (～뿐)

❶ あなたの持っている資料は、これきりですか。
당신이 가지고 있는 자료는 이것뿐입니까?

❷ そこには机が一つあるきり、他には何もないです。
그곳에는 책상이 하나 있을 뿐이고 그 외에는 아무것도 없습니다.

❸ 大阪にはまだ一度行ったきりです。 오사카에는 아직 한 번밖에 간 적이 없습니다.

2 동작이 끝나고 다음 동작으로 이어지지 않는 상태를 나타낸다. (～뿐, ～채)

❶ 何を聞かれても口をつぐんだきり、答えない。
무엇을 질문 받아도 입을 다문 채 대답하지 않는다.

❷ 「いいえ」と一言言ったきり、黙ってしまいました。
'아니오' 라는 한마디만 말한 채 입을 다물어 버렸습니다.

❸ 朝早く出かけて行ったきり、帰ってこない。 아침 일찍 나간 채 돌아오지 않는다.

unit 12 ～など ～등, ～따위

부조사「～など」는 비슷한 사물 중에서 특히 하나만을 예로 들어 말할 경우에 사용되며, 또 그것을 명확하게 말하지 않는 경우에도 사용되는 표현이다. 또한 어떠한 사물에 대해 경멸하는 기분이나 유쾌하지 못한 느낌을 나타내기도 하며 회화체에서는「～なんか」를 사용하기도 한다.

1 특정 사물을 예시하고 다른 동류의 것이 있음을 나타낸다. (～와 같은 것)

❶ これなどはいかがですか。 이런 것은 어떠세요?

❷ 忙しくて、新聞など読む時間がないです。 바빠서 신문 같은 것을 읽을 시간이 없습니다.

❸ お茶などでもお召し上がりください。 차라도 어서 드십시오.

❹ 私は絵や音楽なんかにあまり興味がない。
나는 그림이나 음악 따위에 그다지 흥미가 없다.

2 부정적인 태도로 예시하거나 경멸과 과시와 같은 부정적인 의미를 나타낸다. (~따위)

❶ 嘘など言うもんか。 거짓말 따위 하지 않아.

❷ 君の言うことなどはだれも信用していない。
자네가 하는 말 따위는 누구도 신용하지 않는다.

❸ こんなにまずい料理など、とても食べられません。
이렇게 맛없는 요리 따위는 도저히 먹을 수 없습니다.

unit 13 ～か ~인가, ~인지

부조사「～か」는 의문을 나타내는 말「何」,「どこ」,「だれ」등과 접속되어 불확실한 짐작을 나타낸다.

1 불확실한 짐작을 나타낸다. (~ㄴ지)

❶ 病気のせいか、顔色が悪いですね。 아픈 탓인지 안색이 나쁘네요.

❷ 風邪を引いたのか、寒気がします。 감기가 들어서인지 한기가 듭니다.

2 의문을 나타내는 말과 접속하여 불확실한 뜻을 나타낸다. (~ㄴ가)

❶ 何年か前の出来事です。 몇 해인가 전에 있었던 일입니다.

❷ 何か飲みたいですね。 뭔가 마시고 싶네요.

unit 14 ～なんて ~같은, ~이라니, ~하다니, ~따위

부조사「～なんて」는 화제의 서술을 위한 예시, 놀람, 의외, 경멸의 의미를 나타내거나 화제에 대한 무시를 나타내기도 한다.

1 화제의 서술을 위한 예시를 나타낸다. (~같은)

❶ あなたなんて勝てるわけがない。 당신 같은 사람이 이길 리가 없다.

❷ 怖いなんて言うことは一言も言わなかった。 무섭다는 말은 한 마디도 하지 않았다.

2 의외, 놀람, 비판의 의미를 나타낸다. (~이라니, ~이다니)
❶ 今ごろになって、断るなんて信じられない。 이제 와서 거절하다니 믿을 수 없다.
❷ 彼女をだますなんて、悪いよ。 그녀를 속이다니 좋지 않아요.

3 화제에 대한 무시를 나타낸다. (~따위)
❶ お金なんてほしいと思わない。 돈 따위는 필요하다고 여기지 않는다.
❷ あの人が親切だなんて、とんでもない話だ。
저 사람이 친절하다니 어이없는 이야기다.

---

unit 15 ~やら ~인지, ~는지

부조사 「~やら」는 의문을 나타내는 말 「何」, 「どなた」, 「だれ」 등과 접속되어 불확실함을 나타내며, 병렬의 의미를 나타내기도 한다.

1 불확실한 짐작을 나타낸다. (~인가, ~인지)
❶ 何やらおかしいものが近づいてきている。 무언가 이상한 물체가 다가오고 있다.
❷ これはいつやら差し上げると約束をした本です。
이것은 언제인가 드리겠다고 약속한 책입니다.

2 병렬의 의미를 나타낸다. (~(이)랑, ~(이)며)
❶ 田中さんやら山田さんやらたくさんの友達が遊びに来ました。
다나카 씨랑 야마다 씨랑 많은 친구가 놀러 왔습니다.
❷ 誕生日に友だちやら家族からお祝いをもらいました。
생일에 친구며 가족으로부터 축하선물을 받았습니다.

---

unit 16 ~だって ~도, ~든, ~도 역시

부조사 「~だって」는 어떠한 사항을 언급하고 그 사항으로 미루어 보아 유추할 수 있는 사항을 나타낸다. 「~だって」는 「~ても(でも)」의 문어체이다.

1 어떠한 사항을 언급하고 그로 인한 유추를 나타낸다. (~라도, ~도 역시)
❶ こんな数学の問題は子供だってできるだろう。
이런 수학문제는 어린이라도 풀 수 있을 것이다.

❷ あなたの都合がいいときなら、いつだってかまいません。
당신 사정이 좋을 때라면 언제라도 상관이 없습니다.

❸ 見たければ、いくらだって見せてあげますよ。
보고 싶다면 얼마든지 보여 드리겠습니다.

unit 17 ～すら ～조차, ～마저

부조사「～すら」는「～さえ」의 문어적인 표현이며,「～さえ」와는 달리 가정조건을 나타내는 문장에서는 사용되지 않는다.

1 어떤 사항을 언급하여「다른 것은 물론 ～이다」라는 의미를 나타낸다. (～조차, ～마저)

❶ もう生きる望みすらなくなりました。 이제 살아갈 희망조차 없어졌습니다.

❷ 試験はやさしくて、私のような者ですらできました。
시험은 쉬워서 나 같은 사람도 할 수가 있었습니다.

❸ 電車が込んでいて、立っていることすらできませんでした。
전철이 붐벼서 서 있는 것조차 할 수 없었습니다.

unit 18 ～のみ ～뿐, ～만

부조사「～のみ」는 문어적인 표현에 많이 사용되며,「그것뿐이며 다른 아무것도 없다(아니다)」라는 한정의 의미를 나타낸다. 또한「～のみならず」는 관용적으로 사용되기도 한다.

1 한정용법 (～뿐, ～만)

❶ この寮には男子学生のみ入ることができる。 이 기숙사는 남학생만 들어갈 수 있다.

❷ 教育の目的は単に知識を与えることのみではない。
교육의 목적은 단지 지식을 전하는 것만이 아니다.

❸ この問題はわれわれのみならず、国民全体の問題として考えるべきだ。
이 문제는 우리들뿐만 아니라 국민 전체의 문제로서 생각해야 한다.

unit 19 ～とか ～라든지, ～라든가

부조사 「～とか」는 비슷하거나 동일한 내용의 사물이나 동작을 언급하고 서술해 나가는 병렬의 의미를 나타낸다. 또한 「言う」나 「聞く」와 접속하여 불확실한 전문을 나타내기도 한다.

1 병렬용법 (～라던지, ～라던가)

❶ 僕は映画とか芝居とかいうものはあまり好きじゃない。
나는 영화라던지 연극이라던지 하는 것은 그다지 좋아하지 않는다.

❷ 彼はいつも行くとか行かないとか騒いでいる。
그는 항상 간다거니 안 간다거니 떠들고 있다.

2 불확실한 전문 (～라고, ～라던가)

❶ 明日は雪だとか言っていた。 내일은 눈이 온다고 말했다.

❷ 平田とかいう男性が来ました。 히라타 씨라던가 하는 남자가 왔었습니다.

4 종조사

종조사는 문장 끝 부분에 접속되어 의문, 희망, 감동 등과 같은 화자의 주관적인 태도를 나타내는 조사이며, 주로 회화체에서 많이 사용되는 조사이다.

unit 01 ～か ～까, ～ㄴ가, ～느냐, ～구나

종조사 「～か」는 원래 질문이나 의문의 의미를 나타내지만, 반어적인 표현으로 문장을 강조하기도 하고 권유나 의뢰의 의미로 쓰이기도 한다. 또한 뜻밖의 사태에 대한 놀라움, 감동, 감탄 등을 나타내기도 한다.

1 질문이나 의문을 나타낸다. (～까, ～ㄹ지, ㄴ지)

❶ はたしてそうなるだろうか。 과연 그렇게 될까?

❷ どうしたらいいでしょうか。 어떻게 하면 좋을까?

❸ 日本の政治と経済について関心がありますか。
일본의 정치와 경제에 대해 관심이 있습니까?

2 반어적인 표현으로 문장을 강조한다. (~까, ~ㄴ가)

❶ こんなばかげたことがあるだろうか。 이런 어리석은 일이 있겠는가.
❷ こんなうれしいことがまたとあろうか。 이렇게 기쁜 일이 또 있을 것인가.
❸ そんなことがあるだろうか。 그런 일이 있을 리가 있겠는가.

3 권유·의뢰를 나타낸다. (~까)

❶ そろそろ出かけようか。 슬슬 나가볼까?
❷ もう少し考えて見ようじゃないか。 좀 더 생각해 보아야 하지 않겠는가?

4 뜻밖의 사태에 대한 놀라움이나 감동을 나타낸다. (~구나, ~이냐, ~ㄴ가)

❶ なんだ、お前か。 누군가 했더니 바로 너로구나.
❷ しまった、今日は休みだったのか。 아차! 오늘은 휴일이었구나.
❸ なんたる事か。 어찌된 일이냐, 한심하다.

---

unit 02 ~が ~련만, ~이지만, ~데

종조사「~が」는 어찌 할 수 없는 일이나 사실과는 반대되는 일에 대하여 실현을 소망하는 마음을 나타내며, 말끝을 맺지 않고 의사를 완곡하게 나타내기도 한다.

1 사실과 반대되는 일에 대한 실현의 희망을 나타낸다. (~텐데, ~련만)

❶ うまくいくといいが。 잘 되었으면 좋으련만.
❷ もっと勉強してほしいんだが。 좀 더 공부를 해 주었으면 좋겠는데.
❸ 和田さんが来てくれたら、よかったんだが。 와다 씨가 와 주었으면 좋으련만.

2 말끝을 맺지 않고 의사를 완곡하게 전달한다. (~만, ~데)

❶ すみません、よく聞こえなかったんですが。 미안하지만, 잘 들리지 않습니다만.
❷ そんなつもりではなかったんですが。 그럴 생각은 아니었습니다만.
❸ お願いしたいことがあるんですが。 부탁드릴 일이 있습니다만.

unit 03 〜ね 〜군, 〜군요, 〜이지요

종조사「〜ね」는 가벼운 감탄이나 감동의 기분을 나타내며, 가벼운 주장을 나타내기도 한다. 또한 다짐하는 기분을 나타내고 상대방에게 동의를 구하여 대답을 바라는 기분을 나타내기도 한다.

1 가벼운 감탄이나 감동을 나타낸다. (〜구나, 〜군요)

❶ やあ、ずいぶんきれいな部屋だね。 와 정말 깨끗한 방이로군.

❷ このシャツいい柄だね。 이 셔츠 무늬가 멋진데.

2 가벼운 주장을 나타낸다. (〜데요)

❶ 彼は偉大な政治家だと思いますね。 그는 위대한 정치가라고 생각하는데요.

❷ これは僕のだからね。 이것은 제 것이니까요.

3 다짐하는 기분을 나타낸다. (〜겠지(요))

❶ もうこれからはしないよね。 이제 앞으로는 안 하겠지?

❷ どう、この内容わかったね。 어떤가, 이 내용 알겠지?

4 상대방에게 동의를 바라는 기분을 나타낸다. (〜이지(요))

❶ 出発の時間は10時ですね。 출발시간은 10시지요?

❷ 今回の事件は君に責任があるね。 이번 사건은 너의 책임이지?

5 친밀감을 갖고 질문하는 것을 나타낸다. (〜나(요))

❶ 今回もやっぱりだめかね。 이번에도 역시 틀렸나!

❷ ここに城があったそうだね。 이 곳에 성이 있었다지!

unit 04 ～よ ～야, ～고, ～요, ～지

종조사 「～よ」는 주로 회화체에서 많이 사용하며, 상대방에게 자신의 생각을 강하게 나타거나, 의문의 말과 접속하여 「그러면 곤란하다(안 된다)」라는 의미, 또는 부탁하는 말을 좀 더 강조하는 의미를 나타낸다. 주로 여성들이 많이 사용하는 편이며, 조동사 「～う」, 「～よう」와 접속하여 권유하는 기분을 나타낸다.

1 자신의 생각을 강하게 표현한다. (～요, ～야)
❶ あなたが行かなくても、私は行くよ。 당신이 가지 않더라도 나는 갈 테야.
❷ お腹が痛いから、何も食べたくないよ。 배가 아파서 아무것도 먹고 싶지 않아요.

2 그러면 안 된다(곤란하다)라는 의미를 나타낸다. (～지?, ～요, ～야)
❶ なぜ僕に教えてくれなかったんだよ。 왜 나한테 가르쳐 주지 않았었지?
❷ だれよ。私にだまってこれを見た人は。 누구야? 나한테 말하지 않고 이거 본 사람은.

3 명령이나 부탁을 강조하여 표현한다. (～요, ～고)
❶ 遅れるから、早く行けよ。 늦어지니까 빨리 가라고.
❷ 私の言うことをよく聞きなさいよ。 내가 하는 말을 잘 들으세요.

4 권유의 의미를 나타낸다. (～요, ～고)
❶ 遅れないように早く行こうよ。 늦지 않게 빨리 가자고요.
❷ 疲れたなあ。少し休もうよ。 피곤하네. 좀 쉬자고.

조사 助詞

unit 05 ～の ～요, ～고, ～지

종조사 「～の」는 가볍게 상대방의 주의를 끌고자 할 경우에 사용되며 여성들은 「～のよ」라고도 표현한다. 또한 끝부분의 악센트를 높여 질문의 뜻을 나타내기도 하고, 틀림이 없는지 확인하고자 할 경우에도 사용되며 명령의 뜻을 나타내기도 한다.

1 상대방의 주의를 끄는 의미를 나타낸다. (～요, ～고)
❶ 来月帰国するのよ。食事でもしない？ 다음 달 귀국한다고요. 식사라도 하지 않겠어?

❷ 私もこれから出かけますのよ。一緒に行きましょうか。
나도 지금 외출할 거에요. 함께 갈까요?

2 끝부분의 악센트를 올려 의문의 뜻을 나타낸다. (~지?, ~지요?)

❶ 冬休みはいつから始まるの。 겨울 방학은 언제부터 시작되지요?

❷ 涙なんかこぼして、何がそんなにかなしいの。
눈물 따위나 흘리고, 무엇이 그렇게 슬프지?

3 확인의 의미를 나타낸다. (~지요?, ~군요?)

❶ 来てくれるの。待ってますよ。 오는 거지요? 기다리고 있겠어요.

❷ あなたが行くなら、私は行かなくていいのね。
당신이 간다면, 나는 가지 않아도 되는 거지요?

4 명령의 의미를 나타낸다. (~요)

❶ 遊んでいないで、勉強するの。 놀지만 말고 공부해요.

❷ 来なさいと言ったら、すぐにこっちへ来るの。
'오세요' 하고 말하면, 곧바로 이쪽으로 와요.

unit 06 ~わ ~요, ~고, ~지

종조사 「~わ」는 주로 여성들이 회화에서 문장의 끝에 많이 사용하는 종조사이다. 「~わ」는 말의 억양을 부드럽게 하는 여성스런 상냥한 말투이며, 「~わよ」는 상대방에게 자기의 생각을 강조하며, 「~わね(え)」는 상대방에게 찬성을 구하거나 사실의 진위여부를 확인하는 표현이다. 또한 「~わ ~わ」의 형태는 같은 말을 반복하여 놀랐거나 감탄의 의미를 나타내기도 한다.

1 부드럽고 상냥한 말투를 나타낸다. (~요)

❶ あの映画、昨日見たわ。 저 영화 어제 봤어요.

❷ いいわ、それはあなたにあげるわね。 좋아요. 그것은 당신에게 드리겠어요.

2 상대방에게 자신의 생각을 강조한다. (~고, ~고요)

❶ 今度の行事には私も行くわよ。 이번 행사에는 나도 가겠다고요.

❷ いいわよ、いいわよ、そんなに謝らなくても。
괜찮다고요, 그렇게 사과하지 않아도.

3 상대방에게 찬성을 구하거나 사실을 확인하는 의미를 나타낸다. (~지요)

❶ あの花、ほんとうにきれいだ**わね**。 저 꽃 정말 아름답지요!

❷ あなたはイタリアから来た学生でした**わね**。 당신은 이탈리아에서 온 학생이었지요!

4 감탄이나 놀라는 기분을 나타낸다. (~군, ~구나)

❶ カバンを開けてみたら、ある**わ**、ある**わ**。 가방을 열어보았더니 있네, 있네요!

❷ よく食べる**わ**、食べる**わ**、もう3人前も食べてしまった。
잘도 먹는구나. 벌써 3인분이나 먹어 치웠어.

조사
助詞

---

unit 07 ~な(なあ) ~말아라, ~구나, ~요, ~라

종조사 「~な(なあ)」는 주로 회화체에서 많이 사용되는 종조사이며, 금지와 명령의 의미를 나타낸다. 또한 감탄이나 낙심, 기쁘거나 슬픈 심정을 나타내며, 자신이 말한 내용에 대해 찬성을 구하거나 확인하는 의미를 나타내기도 한다.

1 금지의 의미를 나타낸다. (~말라, ~말아라)

❶ 天気が悪いから、どこへも行く**な**。 날씨가 좋지 않으므로 어디에도 가지 말아라.

❷ 用事のない人は入る**な**。 용무가 없는 사람은 들어오지 말아라.

2 명령과 권고의 의미를 나타낸다. (~라)

❶ 明日はもっと早く来**な**。 내일은 좀 더 일찍 와라.

❷ 欲しいものは何でも持って行き**な**。 가지고 싶은 것이 있으면 무엇이든 가져가라.

3 감탄·낙심·기쁨·슬픔의 심정을 나타낸다. (~구나, ~데)

❶ ああ、今日はいい天気だ**なあ**。 아, 오늘은 날씨가 좋구나.

❷ 私に相談してくれたら、よかったのに**なあ**。 나한테 상의해 주었으면 좋았을텐데.

4 화자의 희망과 염원을 나타낸다. (~데, ~나)

❶ きれいで大きな家で住んで見たい**なあ**。 깨끗하고 큰 집에서 살아보고 싶은데.

❷ 早く休みになるといい**なあ**。 빨리 방학이 되었으면 좋겠는데.

5 상대방에게 찬성을 구하거나 확인의 의미를 나타낸다. (~요, ~데, ~지)

❶ いい天気ですなあ。どこかへ出かけませんか。
날씨가 좋군요. 어딘가 가지 않겠습니까?

❷ 頼んだ用事は間違いなくやってくれるなあ。 부탁한 일은 틀림없이 해 주겠지?

unit 08　~ぞ　~ㄴ가, ~고, ~터이다, ~ㄴ데

종조사 「~ぞ」는 주로 남성들이 많이 사용하는 종조사이며, 혼잣말을 중얼거릴 경우에도 사용하고 상대방의 주의를 끌도록 말을 강조하거나 자신의 기분을 강조하는 의미를 나타낸다. 또한 조동사 「~う」, 「~よう」와 접속하여 「그럴까? 아냐 그렇지는 않아」라는 반어의 의미를 나타낸다.

1 혼잣말을 나타낸다. (~는데, ~본데, ~라고)

❶ これはうまくいったぞ。 이건 잘 됐는데.

❷ おかしいぞ、どうしたんだろう。 이상한데, 웬일일까?

2 자신의 말이나 기분을 강조하는 의미를 나타낸다. (~테야, ~고, ~야)

❶ 二度とそんなことをしてはいけないぞ。 두 번 다시 그런 짓을 해서는 안 된다고.

❷ 今度間違えたら、承知しないぞ。 이번에도 틀리면 용서하지 않을 테야.

3 반어적인 표현 (~ㄴ가)

❶ そんなばかげたこと、どうして許されようぞ。
그런 어처구니없는 일을 어떻게 용서할 수 있단 말인가?

❷ そんなうれしいことをどうして忘れられようぞ。
그렇게 기쁜 일을 어찌 잊을 수 있겠는가?

unit 09 　～かしら　～지 몰라, ～건가, ～지요?

종조사 「～かしら」는 주로 여성들이 회화체에서 많이 사용하는 표현이며, 남성의 「～かなあ」에 해당된다. 의문의 심정을 혼잣말 하듯이 표현할 때 사용하며, 상대방에게 질문하는 의미를 나타내기도 한다. 또한 「～ないかしら」의 형태로 「그리 되면 좋겠다」라는 화자의 희망을 나타내기도 한다.

1 의문의 내용을 혼잣말하듯이 표현한다. (～지 몰라, ～지 모르겠어)
　❶ だれの忘れ物かしら。 누구의 분실물인지 모르겠어.
　❷ なんて言ったらいいかしら。 뭐라고 말하면 좋을지 모르겠어.

2 상대방에게 질문하는 뜻을 나타낸다. (～야?, ～지요?)
　❶ あなたご存じかしら、先生の住所。 당신 알아? 선생님 주소 말이야.
　❷ この財布、あなたのじゃないかしら。 이 지갑 당신 것 아니야?

3 화자의 희망이나 원망의 뜻을 나타낸다. (～지 몰라, ～지 않겠어)
　❶ だれかその秘密を言ってくれないかしら。 누가 그 비밀을 말해주지 않겠어?
　❷ 早くバスが来ないかしら、遅れてしまうわ。 빨리 버스가 안 오나? 늦겠어.

unit 10 　～さ　～야, ～말이야

종조사 「～さ」는 주로 남성들이 회화체에서 많이 사용하는 표현이며, 「충분히 알고 있는 일이다」, 「이제부터는 어떻게 할 수도 없다」, 「그다지 깊은 뜻은 아니다」와 같은 기분으로 가볍게 말할 경우에 사용할 수 있는 표현이다. 또한 의문을 나타내는 말과 접속되어 상대방에게 강하게 되묻거나 상대방이 하는 말에 반대하는 기분을 나타내기도 하며, 상대방이 잘 주의하도록 말을 강하게 나타낼 때 사용되기도 한다.

1 상대방에게 강요하지 않고 가볍게 내뱉는 말투를 나타낸다. (～야, ～말이야)
　❶ それは君の間違いさ。 그건 자네의 잘못이야.
　❷ ちょっと聞いてみただけさ。別に深い意味はないんだよ。
　　그냥 물어 본 것뿐이야. 별로 깊은 뜻은 없다고.

2 상대방에게 강하게 되묻거나 반대하는 기분을 나타낸다. (~야, ~말이야)

❶ これも食べてはいけないって、それじゃ何を食べればいいのさ。
이것도 먹으면 안 된다니, 그러면 무엇을 먹으란 말이야.

❷ どうしろと言うのさ。何も教えてくれないで。
어떻게 하라는 거야. 아무것도 가르쳐 주지 않으면서.

3 상대방이 주의하도록 말을 강하게 나타낸다. (~말이야)

❶ あなただってさ、そう思うだろう。 당신들 말이야, 그렇게 생각하겠지.

❷ 急にさ、あの人ったら、大声で笑い出すんですもの。
갑자기 말이야, 저 사람이 큰 소리로 웃는걸요.

unit 11 ~もの ~ㄴ걸

종조사 「~もの」는 이유를 설명하는 문장에서 상대방에게 이해시키려고 하는 의미를 나타낸다.

1 상대방을 이해시키려는 의미를 나타낸다. (~ㄴ걸)

❶ あなたにみんなお任せしますわ。あなただけが頼りなんですもの。
당신에게 모두 맡기겠어요. 당신만이 의지할 사람인걸요.

❷ どうして、今度の旅行に行かないんだ。 왜 이번 여행에 가지 않지?

だって、お金がないんだもの。 왜냐하면, 돈이 없는걸.

unit 12 ~とも ~고 말고

종조사 「~とも」는 회화체에서 많이 사용하며 조금도 의문이나 반대의 생각이 없다는 의미를 나타낸다.

1 「물론 ~이다」라는 의미를 나타낸다. (~고 말고)

❶ 明日行くかい。 내일 갈 테야?

行くとも。 가고말고.

❷ あなたの家は静かなんですって。 당신 집은 조용하다면서?

　静かだとも。 조용하고말고.

❸ いいとも、いいとも、欲しいものは何でもあげるよ。
좋고 말고, 좋고 말고, 가지고 싶은 것이 있으면 무엇이든 줄게.

unit 13 〜や 〜고, 〜아, 〜야

종조사「〜や」는 남성이 친한 사람에게 말할 경우에 사용되는 종조사로 공손한 말투는 아니다. 상대방에게 권유하는 의미를 나타내며, 특히 혼잣말을 하는 듯한 기분으로 가볍게 말하는 느낌을 준다.

1 권유의 의미를 나타낸다. (〜고)
❶ お茶でも飲みに行こうや。 차라도 마시러 가자고.
❷ もう遅いから、帰ろうや。 이제 늦었으니 돌아가자고.

2 혼잣말을 하듯 가볍게 말하는 것을 나타낸다. (〜어, 〜아)
❶ 難しくて、わからないや。 어려워서 모르겠어.
❷ できなければ、いいや。後でぼくがやるよ。 할 수 없다면, 괜찮아. 나중에 내가 할게.

06

경어

敬語

1 경어의 특징

경어(敬語)란 화자, 청자, 화제가 되는 대상인 제 3자의 행위·상태·소유물 등을 높이는 표현법이다. 일본어에서는 청자나 제 3자에게 말을 할 경우나 문장을 쓸 경우에 경어를 많이 사용하며, 존경어(상대방의 동작을 존경하는 경우), 겸양어(자신의 동작을 낮추어 상대적으로 상대를 높이는 경우), 정중어(정중하게 말을 할 경우)로 크게 분류할 수 있다.

2 경어의 종류

일본어의 경어는 크게 존경어, 겸양어, 정중어로 분류할 수 있다.

분 류	의 미
존경어	화자가 청자나 화제가 되는 대상의 동작·상태·소유물 등을 직접적으로 존경해서 말하는 경어
겸양어	화자가 자신의 행위를 낮추거나 겸손하게 말함으로써 청자나 화제가 되는 대상을 간접적으로 높이는 경어
정중어	화자가 청자나 화제가 되는 대상에게 말을 정중하게 표현하여 자신의 정중한 마음을 나타내는 경어

1 존경어

화자가 청자나 화제가 되는 대상의 동작·상태·소유물 등을 직접적으로 존경해서 말하는 경어를 존경어라고 한다.

unit 01 존경을 나타내는 특별동사

보통 존경어는 접두어나 활용어미의 활용에 의해 존경표현을 나타낼 수 있지만, なさる(하시다), おっしゃる(말씀하시다), いらっしゃる(가시다·오시다·계시다), 召し上がる(드시다) 등과 같은 단어는 그 자체에 존경의 의미가 있는 특별동사이다.

❶ 増田さんは今どこにいらっしゃいますか。 마스다 씨는 지금 어디에 계십니까?
❷ 何時に昼ごはんを召し上がりましたか。 몇 시에 점심을 드셨습니까?
❸ おっしゃった通りにすることにします。 말씀하신대로 하도록 하겠습니다.
❹ 先週の日曜日、何をなさいましたか。 지난 주 일요일에 무엇을 하셨습니까?

unit 02 존경의「れる・られる」~하시다

동사의 활용어미 대신에 존경의 조동사「～れる」,「～られる」를 접속시키면 존경어가 된다. 1그룹 동사와 2그룹 동사는 활용어미를「a」모음으로 바꾸고「～れる」를 접속시킨다. 또한 3그룹 동사는 각각「する→される」,「来る→来られる」이다. 이 표현은 다른 존경표현보다 경어의 정도가 낮은 편이므로 상황에 맞게 사용해야 한다.

경어 敬語

1 1그룹 동사

❶ 先生は椅子に座って休まれています。［休む］→［休まれる］
선생님은 의자에 앉아서 쉬고 계십니다.

❷ 課長は新聞を読まれています。［読む］→［読まれる］
과장님은 신문을 읽고 계십니다.

2 2그룹 동사

❶ デザートを食べられましたか。［食べる］→［食べられる］
디저트는 드셨습니까?

❷ 遠くの山を見られています。［見る］→［見られる］
먼 산을 보고 계십니다.

3 3그룹 동사

❶ あなたはいつ韓国へ来られましたか。［来る］→［来られる］
당신은 언제 한국에 오셨습니까?

❷ 栗原さんは毎日テニスをされますか。［する］→［される］
구리하라 씨는 매일 테니스를 하십니까?

unit 03　お(ご)+ます형·동작성 명사+になる　~하시다

일본어에서 가장 대표적인 존경표현이라고 할 수 있다. 그러나 2그룹 동사 중에서 「ます형」의 음절이 1음절인 경우(みる・ねる・きる…)나 3그룹 동사인 「来る」는 이 형식으로 존경표현을 나타낼 수 없다. 또 다른 3그룹 동사인 「する」는 「동작성 명사+する」인 경우에는 명사만을 이용해 존경표현을 만든다.

1　1그룹 동사

❶ お客様、もうお帰りになりますか。[帰る] → [お帰りになる]
손님, 벌써 돌아가십니까?

❷ 課長は新聞をお読みになっています。[読む] → [お読みになる]
과장님은 신문을 읽고 계십니다.

2　2그룹 동사

❶ この仕事はいつお始めになりましたか。[始める] → [お始めになる]
이 일은 언제 시작하셨습니까?

❷ あなたは何時に朝ごはんをお食べになりますか。
[食べる] → [お食べになる]
당신은 몇 시에 아침 식사를 하십니까?

❸ あなたは何時にお寝になりますか。(×)
あなたは何時に寝られますか。[寝る] → [寝られる]
당신은 몇 시에 주무시나요?

3　3그룹 동사

❶ 石原さん、いつご出発になりますか。[出発する] → [ご出発になる]
이시하라 씨, 언제 출발하십니까?

❷ あなたは何時にお来になりますか。(×)
あなたは何時に来られますか。[来る] → [来られる]
당신은 몇 시에 오십니까?

unit 04　お(ご)+ます형·동작성 명사+です　~하십니다

현재 진행 중인 상태를 나타내거나 가까운 시일 내에 발생할 수 있는 경우에 많이 사용되는 존경표현이다. 그러나 2그룹 동사 중에서「ます형」의 음절이 1음절인 경우(みる·ねる·きる…)와 3그룹 동사인「来る」는 이 형식으로 존경표현을 나타낼 수 없으며,「勉強する」처럼「동작성 명사+する」인 경우는 그다지 많이 사용되지 않는다.

1　1그룹 동사

❶ お客様、お決まりですか。［決まる］→［お決まりです］
손님, 정하셨습니까?/주문하시겠습니까?

❷ もうお帰りですか。［帰る］→［お帰りです］
벌써 돌아가십니까?

2　2그룹 동사

❶ 何時からお勤めですか。［勤める］→［お勤めです］
몇 시부터 근무하십니까?

❷ おそろいでお出かけですか。［出かける］→［お出かけです］
함께 나가십니까?

❸ 何の映画をお見ですか。(×)

何の映画を見られますか。［見る］→［見られる］
무슨 영화를 보시겠습니까?

3　3그룹 동사

❶ 石原さん、いつご出発ですか。［出発する］→［ご出発です］
이시하라 씨, 언제 출발하십니까?

❷ あなたは何時にお来ですか。(×)

あなたは何時に来られますか。［来る］→［来られる］
당신은 몇 시에 오십니까?

경어　敬語

unit 05　お(ご)＋ます형・동작성 명사＋ください　～하십니다

이 표현은 「～てください」보다 더 정중한 표현이며 상대방에 대해 정중한 의뢰나 권유를 나타내는 표현이다.

1　1그룹 동사

❶ 大きな声でお読みください。［読む］→［お読みください］
큰 소리로 읽어주세요.

❷ 遅くならないようにお帰りください。［帰る］→［お帰りください］
늦지 않도록 돌아오세요.

2　2그룹 동사

❶ 駅に着いたら、お降りください。［降りる］→［お降りください］
역에 도착하면 내려 주십시오.

❷ ゆっくりとお食べください。［食べる］→［お食べください］
천천히 드세요.

3　3그룹 동사

❶ 着いたら、ご連絡ください。［連絡する］→［ご連絡ください］
도착하면 연락주세요.

❷ きちんとご説明ください。［説明する］→［ご説明する］
정확하게 설명해 주세요.

unit 06　존경의 접두어・접미어

존경을 나타내는 접두어는 「おん」, 「貴」, 「お」, 「ご」등이 있지만, 특히 「お」와 「ご」가 일반적으로 많이 사용된다. 존경을 나타내는 「お」는 순수 일본어에 접속되어 존경을 나타내지만, 「ご」는 주로 한자어에 접속된다. 하지만 한자어일지라도 일상생활에서 많이 사용하여 고착화된 단어일 경우에는 「ご」를 사용하지 않고 「お」를 사용하기도 한다(お料理, お食事, お洋服…). 또한 「お」나 「ご」가 접속된다고 해서 모두 존경을 나타내는 것은 아니다. 보통 화제의 인물과 직접적으로 관계 있는 말과 접속되면 존경을 나타내지만, 그 외에는 화자의 말투를 아름답고 품위있게 해주는 역할을 할 뿐이며, 이를 미화어(美化語)라고 한다.

1 존경의 접두어 「お」·「ご」+ 형용사

① お嬢様、お美しいですね。 따님이 아름다우시군요.
② お若く見えますね。 젊어 보이시네요.
③ この頃お忙しいですか。 요즘 바쁘세요?
④ お元気ですか。 건강하십니까?
⑤ お上手ですね。 잘하시는군요.

2 존경의 접두어 「お」·「ご」+ 명사

① いつご帰国なさいますか。 언제 귀국하십니까?
② あなたのお住まいはどこですか。 당신이 사는 곳은 어디십니까?
③ ご結婚おめでとうございます。 결혼을 축하합니다.

3 존경의 접미어 「さん」, 「さま」

① 娘さん 따님, 息子さん 아드님, 奥さん 사모님 ……
② 鈴木様 스즈키님, 神様 신, 하나님 ……

4 단어에 존경의 의미가 포함된 경우

① あなた 당신, こちら 이분, そちら 그분, あちら 저분, どちら 어느 분 ……

경어 敬語

---

2 겸양어

화자가 자신의 행위를 낮추거나 겸손하게 말함으로써 청자나 화제가 되는 대상을 간접적으로 높이는 경어를 겸양어라고 한다.

unit 01   겸양을 나타내는 특별동사

보통「お~する」나「お~いただく」와 같은 표현으로 겸양표현을 나타내지만, 「まいる(가다・오다)」, 「いただく(받다)」, 「いたす(하다)」 등과 같은 단어는 그 자체에 겸양의 의미가 있는 특별한 동사이다.

❶ 後で伺うことにします。[訪ねる] → [伺う]
　나중에 찾아뵙겠습니다.

❷ 申し上げることがありますが。[言う] → [申し上げる]
　말씀드릴 것이 있습니다만.

❸ 先生に本をいただきました。[もらう] → [いただく]
　선생님께 책을 받았습니다.

unit 02   お(ご)+ます형・동작성 명사+する(いたす) ~해 드리다

「お(ご)+ます형+する」형태는 겸양어 중에서도 가장 많이 사용되는 대표적인 표현이며, 형태적인 측면에서는 매우 규칙적인 겸양형태이다. 또한 「お(ご)+ます형+いたす」형태가 정중도가 높고 일반적으로 많이 사용되는 표현이다.

1 1그룹 동사

❶ これからよろしくお願いいたします。[願う] → [お願いいたす]
　앞으로 잘 부탁드리겠습니다.

❷ ホテルまでお送りいたします。[送る] → [お送りいたす]
　호텔까지 모셔다 드리겠습니다.

2 2그룹 동사

❶ 書類をお届けいたします。[届ける] → [お届けいたす]
　서류를 보내 드리겠습니다.

❷ 資料をお見せいたします。[見せる] → [お見せいたす]
　자료를 보여 드리겠습니다.

3 3그룹 동사

❶ ご案内いたします。[案内する] → [ご案内いたす]
　안내해 드리겠습니다.

❷ また後でご連絡いたします。[連絡する] → [ご連絡いたす]
또 나중에 연락드리겠습니다.

unit 03 お(ご)+ます형·동작성 명사+いただく ~해 주시다

상대방에게 도움이나 이익을 받을 경우에 사용하는 표현이며, 정중하고 격식을 차린 겸양표현이다.

1 1그룹 동사
❶ お読みいただいてありがとうございます。[読む] → [お読みいただく]
읽어 주셔서 감사합니다.

❷ お書きいただいてありがとうございます。[書く] → [お書きいただく]
써 주셔서 감사합니다.

2 2그룹 동사
❶ お見せいただいてありがとうございます。[見る] → [お見せいただく]
보여 주셔서 감사합니다.

❷ お教えいただいてありがとうございます。[教える] → [お教えいただく]
가르쳐 주셔서 감사합니다.

3 3그룹 동사
❶ 最初から最後までご説明いただきました。
[説明する] → [ご説明いただく]
처음부터 끝까지 설명해 주셨습니다.

❷ ご連絡いただきましてありがとうございます。
[連絡する] → [ご連絡いただく]
연락 주셔서 감사합니다.

unit 04 겸양의 접두어·접미어

1 겸양의 접두어 「お」·「ご」
❶ お礼 감사, お電話 전화, お祝い 축하, ご相談 상담, ご案内 안내 ······

2 명사에 겸양의 의미가 포함된 경우

타인 앞에서 자기의 가족을 칭할 경우에 해당된다.
❶ 父ちち 아버지, 母はは 어머니, 兄あに 형 ……

【특별한 형태의 경어】

기본형	존경어	겸양어
いる 있다	いらっしゃる おいでになる	おる
行いく 가다 来る오다		参まいる
尋たずねる 묻다 訪たずねる 방문하다		伺うかがう
聞きく 듣다	お聞ききになる	うかがう お聞ききする
言いう 말하다	おっしゃる	申もうす 申もうし上あげる
食たべる 먹다 飲のむ 마시다	召めし上あがる	いただく
くれる 주다	くださる	
やる 주다 あげる 주다		差さし上あげる
もらう 받다		いただく
見みる 보다	ご覧らんになる	拝見はいけんする
知しる 알다・思おもう 생각하다	ご存ぞんじだ	存ぞんじる・存ぞんずる
会あう 만나다	お会あいになる	お目めにかかる
見みせる 보여주다		お目めにかける
する 하다	なさる	致いたす
借かりる 빌리다		拝借はいしゃくする
寝ねる 자다	お休やすみになる	

3 정중어

정중어는 존경어나 겸양어와는 달리 화자의 말투를 정중하게 표현하여 상대방에게 직접적으로 경의를 표하는 경어이며, 대표적인 형태는 「〜です」와 「〜ます」이다. 또한 「〜です」의 공손한 말투는 「〜でございます」이고, 「〜あります」의 공손한 말투는 「〜ございます」이다.

1 정중한 표현

❶ 木村でございます。[〜です]
기무라라고 합니다.

❷ あのデパートにもございます。[あります]
저 백화점에도 있습니다.

❸ 先生に本をいただきました。[もらう] → [いただく]
선생님께 책을 받았습니다.

2 정중의 접두어(미화어)

미화어는 특별하게 존경의 의미가 있는 말은 아니며, 화자 자신의 말투를 품위 있게 하기 위해 사용되고, 일상생활에 보편화되어 관용적으로 사용되는 말이다. 그리고 지나치게 긴 단어나 자연현상, 공공건물과 같은 경우에는 접속되지 않는다.

❶ お寿司 초밥, お刺身 생선회, おしぼり 물수건, お料理 요리, おつり 거스름돈, お祝い 축하, お休み 휴일, ご飯 밥 ……

❷ おほうれんそう 시금치, おじゃがいも 감자 …… (×)

❸ お雨 비, お雷 벼락, お雪 눈, お波 파도, ご病院 병원, ご学校 학교 …… (×)

07 부사

副詞

1 부사의 특징

부사(副詞)란 자립어이며 활용을 하지 않고 스스로 독립어가 될 수 없다. 주로 동사·형용사·부사·명사를 수식하여 동작이나 상태의 모양·정도 등을 나타내는 기능을 한다. 일본어의 부사는 동사의 모습이나 상태를 수식하는 「정태부사(情態副詞)」, 용언을 수식하여 용언의 정도를 나타내는 「정도부사(程度副詞)」, 술어와 호응을 이루는 「진술부사(陳述副詞)」로 분류된다.

2 부사의 종류

일본어의 부사는 정태부사, 정도부사, 진술부사로 분류할 수 있다.

분류	의 미
정태부사	동사를 수식하여 동사의 모습이나 상태와 같은 고유의 이미지를 구체적으로 설명하는 부사이며 상태부사라고도 한다.
정도부사	주로 형용사를 수식하여 동작이나 상태의 정도를 나타내는 부사이며, 다른 부사나 체언을 수식하기도 한다.
진술부사	술어에 긍정이나 부정을 나타내는 말과 호응을 이루어 문장의 전체 흐름을 예상하게 하는 부사이며, 화자의 심적 태도를 나타내기도 한다. 서술부사라고도 한다.

1 정태부사

동사를 수식하여 동사의 모습이나 상태와 같은 고유의 이미지를 구체적으로 설명하는 부사이며 「상태부사」라고도 한다. 대부분의 의성어(擬声語)와 의태어(擬態語)가 정태부사에 속한다. 또한 정태부사는 「시간을 나타내는 정태부사」, 「양을 나타내는 정태부사」, 「태도를 나타내는 정태부사」로 분류할 수 있다.

unit 01 시간을 나타내는 정태부사

1 しばらく (잠시, 잠깐, 얼마동안, 당분간)

❶ しばらくお待ちください。 잠시만 기다려 주십시오.

❷ しばらくでございます。 오랜만입니다.

❸ 彼女としばらく会っていません。 그녀와 얼마동안 못 만나고 있습니다.

2 よく (자주, 종종, 곧잘, 용케, 흔히, 감히)

❶ 日本にはよく台風が来ます。 일본에는 자주 태풍이 옵니다.

❷ それは若い人のよくする過ちだ。 그것은 젊은 사람이 흔히 하는 실수이다.

❸ 忙しいのによくお知らせくださいました。 바쁘실 텐데 용케 알려주셨습니다.

3 ゆっくり (천천히, 느긋이, 너끈히, 넉넉히)

❶ 田舎のバスはゆっくりと走る。 시골 버스는 천천히 달린다.

❷ 昨日の夜は父とゆっくりと話し合った。 어젯밤에는 아버지와 느긋이 얘기를 나누었다.

❸ このベンチはゆっくり5人は座れる。 이 벤치는 너끈히 5명이 앉을 수 있다.

4 あらかじめ (미리, 사전에)

❶ あらかじめお知らせくだされば、用意しておきます。
미리 알려 주시면 준비해 두겠습니다.

❷ あらかじめ許しをもらわないと入れない。
미리 허가를 얻지 않으면 들어갈 수 없다.

❸ あらかじめわかっていたことです。 사전에 알고 있었던 일입니다.

5 ときどき (때때로, 그때 그때, 가끔)

❶ 時々手紙で様子を知らせます。 때때로 편지로 소식을 알립니다.

❷ 暇があれば、時々訪ねます。 시간이 나면 가끔 방문합니다.

❸ その時々の状況によって判断しなさい。 그때 그때의 상황에 따라 판단하세요.

부사
副詞

6 すでに (이미, 벌써)

❶ 着いた時には、すでに始まっていました。 도착했을 때에는 이미 시작되었습니다.

❷ すでにご承知だと思いますが。 이미 알고 계시리라 생각합니다만.

❸ 連絡をした時には、すでに終わっていった。 연락을 했을 때에는 이미 끝나 있었다.

7 たびたび (자주, 종종, 몇 번이고)

❶ 用事がないのにたびたび訪ねてきます。 용무가 없는데도 자주 찾아옵니다.

❷ たびたび訪問したので、親しくなりました。 자주 들렀기 때문에 친해졌습니다.

❸ たびたびのことですみませんが。 매번 죄송합니다만.

8 しばしば (종종, 자주)

❶ イギリスはしばしば雨が降る国だ。 영국은 자주 비가 내리는 나라이다.

❷ ヒマラヤではしばしば雪崩れがおきる。 히말라야에서는 자주 눈사태가 발생한다.

❸ しばしばこのお寺を訪れた。 종종 이 절을 찾아왔었다.

9 ついに (드디어, 마침내, 끝내)

❶ 楽しかった休みもついに終わってしまった。 즐거웠던 휴가도 드디어 끝나고 말았다.

❷ 何度も失敗したが、ついに実を結びました。
몇 번이고 실패했지만 마침내 결실을 거두었습니다.

❸ あの人はついに一生結婚しなかった。 저 사람은 평생 동안 끝내 결혼하지 않았다.

10 やがて (이윽고, 얼마 안 있어, 곧)

❶ やがて夜になった。 이윽고 밤이 되었다.

❷ 私もやがて留学するつもりです。 나도 머지않아 유학할 작정입니다.

❸ 今は寒いが、やがて春になるだろう。 지금은 춥지만 곧 봄이 될 것이다.

11 ふと (문득, 갑자기, 우연히)

❶ ふと昔のことを思い出した。 문득 옛날 일을 상기했다.

❷ ふとその考えが胸に浮かんだ。 문득 그 생각이 떠올랐다.

❸ ふとしたことから喧嘩になった。 우연한 일로 싸움이 시작되었다.

12 いよいよ (차츰, 드디어, 정말로)

❶ 5月になったら、いよいよ暑くなった。 5월이 되자 차츰 더워지기 시작했다.

❷ 嫌なこともいよいよ終わりに近づいた。 싫은 일도 드디어 끝이 가까워졌다.

❸ いよいよ彼が犯人に違いない。 정말로 그가 범인임에 틀림없다.

unit 02 태도를 나타내는 정태부사

1 せっかく (모처럼, 애써, 일부러)

일부러 힘들게 고생했는데, 그것에 반하는 의외의 결과가 발생한 것에 대한 화자의 유감을 나타내거나 또는 어떠한 사항을 가까스로 고생하여 했거나 간신히 성취한 모양을 나타낸다.

❶ せっかく貯めたお金をバスの中でなくしてしまった。
모처럼 모은 돈을 버스 안에서 잃어버리고 말았다.

❷ せっかく買い物に来たのに、デパートは休みだった。
모처럼 쇼핑하러 왔는데 백화점은 쉬는 날이었다.

❸ せっかく京都まで来たのですから、いろいろ見物して行きませんか。
모처럼 교토까지 왔으니까 여러 가지 구경하고 가지 않습니까?

❹ せっかくの機会だから、みんなで一枚写真を撮りませんか。
모처럼의 기회이니 다같이 사진 한 장 찍지 않겠습니까?

2 わざわざ (일부러, 특별히)

어떤 일정한 일을 위해서만 특별히 행동을 하는 모양을 나타내며, 하지 않아도 되는 일이나 하지 않는 편이 좋다는 것을 알면서도 하는 모양을 나타낸다.

❶ 肉が嫌いだから、あなたのためにわざわざ別の料理を作りました。
고기를 싫어하니까 당신을 위해서 일부러 다른 요리를 만들었습니다.

❷ わざわざ遠くから来るのは大変だから、電話で話してください。
일부러 먼 곳에서 오는 것은 힘든 일이니까 전화로 이야기 해 주세요.

❸ 近くの店で買えるのに、わざわざ遠くまで買いに行く。
가까운 가게에서 살 수 있는데도 일부러 먼 곳까지 사러 간다.

3 わざと (일부러, 고의로)

하지 말아야 될 일이지만 자신의 이익을 위하거나 다른 목적을 위해서 고의적으로 행동하는 것을 나타낸다.

❶ 彼はわざととぼけています。 그는 일부러 딴청을 피우고 있습니다.

❷ わざと人にぶつかっている。 일부러 사람과 부딪치고 있다.

❸ 私が嫌だと言うことをあの人はわざとさせる。
내가 싫다고 한 것을 저 사람은 일부러 시킨다.

unit 03 양을 나타내는 정태부사

1 すべて (모두, 전부)

❶ 火事で家もお金もすべて失いました。 화재로 집도 돈도 모두 잃어버렸습니다.

❷ お金だけが人生のすべてではない。 돈만이 인생의 전부는 아니다.

❸ 先生が書かれた本はすべて読んだ。 선생님이 쓰신 책은 죄다 읽었다.

2 すっかり (모두, 죄다, 완전히)

❶ おいしかったので、すっかり食べてしまった。 맛있어서 죄다 먹어 버렸다.

❷ すっかり用意ができたから、いつでも出かけられる。
완전히 준비가 되었으니 언제든지 나갈 수 있다.

❸ 考え方もすっかり日本人のようになってしまった。
사고방식도 완전히 일본인처럼 되어 버렸다.

3 ますます (차츰 더, 더욱 더)

❶ 人口がますます増える一方だ。 인구가 점점 늘어나기만 한다.

❷ 薬を飲んだら、病気がますます悪くなった。 약을 먹었더니 병이 점점 더 나빠졌다.

❸ ますますお元気でお過しください。 더욱더 건강하시다 하니 기쁘게 생각하고 있습니다.

4 いっさい (일체)

❶ いっさい知らない。 전혀 모른다.

❷ お酒はいっさい飲めません。 술은 일절 마시지 못합니다.

 **의성어 · 의태어**

【자주 사용하는 의성어 · 의태어】

いらいら 안절부절	ごそごそ 바스락바스락	とくとく 뚝뚝	ふらふら 비틀비틀
うつらうつら 꾸벅꾸벅	ごたごた 어수선함	とっくり 차분히	ぶるぶる 부들부들
うろうろ 어슬렁어슬렁	こっくり 꾸벅꾸벅	どっさり 털썩	ふわふわ 푹신푹신
おずおず 조심조심	ごつごつ 울퉁불퉁	とぼとぼ 터벅터벅	ぶんぶん 붕붕
おどおど 주저주저	こっそり 살짝	どんどん 척척	へたへた 털썩
おろおろ 허둥지둥	ごろごろ 데굴데굴	なみなみ 찰랑찰랑	べたべた 끈적끈적
かさかさ 바삭바삭	ざあざあ 쏴쏴	にこにこ 싱글벙글	ぺたぺた 찰싹찰싹
がざがざ 꺼칠꺼칠	さっぱり 산뜻함	にやにや 히죽히죽	ぺらぺら 줄줄, 술술
がたがた 와들와들	さらさら 졸졸	ぬけぬけ 뻔뻔함	ほかほか 따끈따끈
かちかち 재깍재깍	しとしと 부슬부슬	ぬるぬる 미끈미끈	ぼそぼそ 소곤소곤
かんかん 쨍쨍	じめじめ 구질구질	のっそり 느릿느릿	ぽっかり 두둥실
きちきち 빽빽함	じゃぶじゃぶ 철벅철벅	のめのめ 뻔뻔스럽게	ぼつぼつ 슬슬
ぎゅうぎゅう 꽉꽉	すくすく 무럭무럭	のらりくらり 빈둥빈둥	ほやほや 말랑말랑
きりきり 빙글빙글	ずたずた 토막토막	ぱちぱち 짝짝	ぼろぼろ 너덜너덜
ぎりぎり 빠듯함	すやすや 새근새근	ばらばら 뿔뿔이	ぼんやり 멍하니
ぐうぐう 쿨쿨, 쪼르륵	すらすら 술술, 줄줄	ぴかぴか 반짝반짝	まごまご 우물쭈물
くしゃくしゃ 꾸깃꾸깃	ずらずら 줄줄이	ぴくぴく 실룩실룩	まるまる 토실토실
くすくす 킥킥, 낄낄	そろそろ 슬슬	びしびし 가차없이	むかむか 메슥메슥
ぐずぐず 꾸물꾸물	ぞくぞく 속속, 잇달아	ひたひた 찰싹찰싹	むくむく 뭉게뭉게
ぐっすり 푹	だぶだぶ 헐렁헐렁	ぴったり 꽉, 빽빽이	むずむず 근실근실
ぐったり 녹초 된 모양	ちびちび 홀짝홀짝	ひょっと 불쑥	もくもく 뭉게뭉게
ぐらぐら 흔들흔들	ちらちら 팔랑팔랑	ひらひら 펄럭펄럭	もぐもぐ 우물우물
くるくる 뱅글뱅글	ちりぢり 뿔뿔이	ふかふか 푹신푹신	もりもり 왕성하게
くんくん 킁킁	つるつる 매끈매끈	ぶくぶく 부글부글	ゆるゆる 느릿느릿
ぐんぐん 쭉쭉	てくてく 터벅터벅	ぶつぶつ 중얼중얼	よちよち 아장아장
こそこそ 살금살금	どきどき 두근두근	ぶよぶよ 포동포동	わいわい 와글와글

부사 副詞

2 정도부사

주로 형용사를 수식하여 동작이나 상태의 정도를 나타내고, 다른 부사나 체언을 수식하기도 한다.

1 かなり (꽤, 제법, 상당히)
❶ この辞書はかなり便利です。 이 사전은 상당히 편리합니다.
❷ あの子は英語がかなりできる。 저 아이는 영어를 제법 할 줄 안다.
❸ あの人はかなり実力のある歌手だ。 저 사람은 상당히 실력이 있는 가수이다.

2 ずいぶん (몹시, 퍽, 대단히)
❶ 熱のためにずいぶん苦しんでいた。 열 때문에 몹시 괴로워하고 있다.
❷ ずいぶん勉強したが、試験に失敗してしまった。
　꽤 공부했지만, 시험에 실패하고 말았다.
❸ 借りたお金を返さないとはずいぶんな人だ。
　빌려간 돈을 갚지 않다니 지독한 사람이다.

3 少なくとも (적어도)
❶ 泥棒が入って、少なくとも10万円は盗まれた。
　도둑이 들어서 적어도 10만 엔은 도둑맞았다.
❷ 少なくとも1日に5字ずつ、漢字を覚えなさい。
　적어도 하루에 5자씩 한자를 외우세요.

4 すぐ (곧, 금방, 즉시, 바로)
❶ 用があるから、すぐ来てください。 용건이 있으니 즉시 와 주세요.
❷ この薬は強いから、飲むとすぐ効きます。
　이 약은 독하니까 먹으면 금방 효과가 있습니다.
❸ 安いものはすぐ壊れるはずだ。 싼 물건은 금방 망가지기 마련이다.

5 少し (조금, 약간)
❶ ビールを少し飲んでもすぐ赤くなります。 맥주를 조금 마셔도 곧 빨개집니다.
❷ あの人は少しのことですぐ怒る。 저 사람은 조그만 일로 곧잘 화를 낸다.
❸ 学校は駅から少しの所にあります。 학교는 역에서 조금만 가면 있습니다.

6 ずっと (훨씬, 쭉, 내내)

❶ 戦争があったのがずっと昔のような気がします。
전쟁이 있었던 것이 아주 옛날처럼 느껴집니다.

❷ 休みの間ずっと北海道にスキーに行っていた。
휴가 때 계속 홋카이도에 스키타러 갔었다.

❸ ずっと中にお入りください。 쭉 안으로 쑥 들어가 주세요.

7 だいぶ (상당히, 꽤)

❶ あの人の病気はだいぶ悪いらしい。 저 사람의 병환은 상당히 나쁜 모양이다.

❷ 彼とはだいぶ長い間会っていない。 그와는 꽤 오랫동안 만나지 않고 있다.

❸ 締め切りまではだいぶ余裕があるから、急がなくてもいい。
마감까지는 꽤 여유가 있으니까 서두르지 않아도 된다.

8 たいへん (매우, 대단히)

❶ 部屋がたいへん散らかっていた。 방이 매우 어질러져 있었다.

❷ 留守にしてまして、たいへん失礼いたしました。
집에 없어서 매우 실례했습니다.

❸ 連休だから、たいへんな込みようでした。 연휴여서 대단히 혼잡상태였습니다.

9 やっと (간신히, 가까스로, 겨우, 고작)

❶ 二時間もかかって、やっと宿題ができた。 두 시간이나 걸려서 겨우 숙제를 했다.

❷ 辞書を引いてからやっとわかるようになった。
사전을 찾아보고 가까스로 알게 되었다.

❸ 月給が安いので、食べるのがやっとです。 월급이 적어서 겨우 먹고 삽니다.

10 とても (매우, 몹시, 도저히)

❶ 日本語では日本人にはとても適いません。
일본어로는 일본인에게 도저히 당하지 못합니다.

❷ 北海道はとてもきれいな所です。 홋카이도는 매우 아름다운 곳입니다.

❸ 今日はとても疲れた。 오늘은 매우 지쳤다.

11 なかなか (꽤, 상당히, 좀처럼)

❶ 去年の冬はなかなか寒かったですね。 작년 겨울은 꽤 추웠었지요.
❷ 問題は難しくてなかなか解けません。 문제는 어려워서 좀처럼 풀리지 않습니다.
❸ 忙しくてなかなか本が読めません。 바빠서 좀처럼 책을 읽을 수 없습니다.

12 もう (벌써, 이미, 이제, 더, 또)

❶ 東京に来てから、もう三年になった。 도쿄에 온 지 벌써 3년이 되었다.
❷ もうすぐ夏休みだ。 이제 곧 여름방학이다.
❸ もう二日待ってください。 이틀 더 기다려 주세요.

13 もっと (더, 더욱)

❶ もっと奮発しなければ、いけませんよ。 좀 더 분발하지 않으면 안 돼요.
❷ もっと大きな声で話してください。 좀 더 큰소리로 말씀해 주세요.
❸ 土地はもっと値段が高くなるそうだ。 땅 값은 더욱 더 비싸진다고 한다.

3 진술부사

술어에 긍정이나 부정을 나타내는 말과 호응을 이루어 문장의 전체 흐름을 예상하게 하는 부사이며, 화자의 심적 태도를 나타내기도 한다. 서술부사라고도 한다.

■ 부정표현과 접속되는 부사

1 あまり (그다지, 별로)

❶ これはあまりおいしくないですね。 이것은 그다지 맛있지 않군요.
❷ 私は大野さんをあまりよく知りません。 나는 오노 씨를 별로 잘 알지 못합니다.
❸ 歴史の授業はあまり面白くないです。 역사 수업은 그다지 재미있지 않습니다.

2 ぜんぜん (전연, 전혀)

❶ 今までぜんぜん病気をしたことがない。 지금까지 전혀 병이 난 적이 없다.

❷ 君の言うことはぜんぜん無意味だよ。 자네가 하는 말은 전혀 무의미하다고!

❸ まだだれからもぜんぜん聞いていません。 아직 누구에게서도 전혀 듣지 않았습니다.

3 けっして (결코, 절대로)

❶ けっして死ぬな。 절대로 죽지 마.

❷ ご恩はけっして忘れません。 은혜는 결코 잊지 않겠습니다.

❸ 工藤さんはけっして嘘をつかない人です。
구도 씨는 결코 거짓말을 하지 않는 사람입니다.

4 必ずしも (반드시 ~라고는)

❶ 金持ちが必ずしも幸福だとは言えない。 부자가 반드시 행복하다고는 말할 수 없다.

❷ 成績のいい生徒が必ずしも頭がいいとは言えない。
성적이 좋은 학생이 반드시 머리가 좋다고는 말할 수 없다.

❸ 私は必ずしもそうは思いません。 나는 꼭 그렇게 생각하지는 않습니다.

5 ちっとも (조금도, 잠시도)

❶ 運動をしないから、ちっともお腹が空きません。
운동을 하지 않으니까 조금도 배가 고프지 않습니다.

❷ あの子はちっともじっとしていない。 저 아이는 잠시도 가만히 있지 않는다.

❸ 毎日練習しているが、ちっとも上手にならない。
매일 연습을 하고 있지만, 조금도 늘지 않는다.

■ 희망표현과 접속되는 부사

1 どうか (부디, 어떻게 해서)

❶ どうかよろしくお願いいたします。 부디 잘 부탁드립니다.

❷ どうにかして日本語が上手に話せるようになりたいです。
어떻게 해서든지 일본어를 유창하게 말할 수 있게 되었으면 합니다.

❸ 死ぬまでには、どうかしてそれを完成したいです。
죽을 때까지 어떻게 해서든지 그것을 완성하고 싶습니다.

부사 | 275

2 ぜひ (반드시, 꼭)

❶ 服が傷んできたので、ぜひ新しいのを買いたいんです。
옷이 낡아져서 꼭 새것을 사고 싶습니다.

❶ 一度でもいいからぜひヨーロッパへ行きたいです。
한 번이라도 좋으니 꼭 유럽에 가고 싶습니다.

❷ 彼の書いた本は有名なので、ぜひ読んでみたいです。
그가 쓴 책은 유명하므로 꼭 읽어 보고 싶습니다.

■ 비유표현과 접속되는 부사

1 まるで (마치)

❶ 鎌田さんはまるで女性のような言葉づかいをします。
가마타 씨는 마치 여자와 같은 말씨를 씁니다.

❷ あの子はとてもおとなしくて、まるで人形のようです。
저 아이는 너무 순해서 마치 인형과 같습니다.

2 ちょうど (마치)

❶ 松尾さんの顔が赤くなって、ちょうど猿のように見えました。
마츠오 씨의 얼굴이 빨개져서 마치 원숭이 같이 보였습니다.

❷ 風が吹くと、ちょうど雪が降るように桜の花が散る。
바람이 불면 마치 눈이 오듯이 벚꽃이 떨어진다.

3 あたかも (마치, 흡사)

❶ あたかも雪の降るように花が散る。 마치 눈이 오듯이 꽃이 떨어진다.

❷ あたかも私のことのようだ。 마치 내 일과 같다.

■ 추측표현과 접속되는 부사

1 たぶん (아마)

❶ 宮田さんはたぶん合格するだろう。 미야타 씨는 아마 합격하겠지?

❷ そんなことはたぶん起こらないでしょう。 그런 일은 아마 일어나지 않겠지요?

2 まさか (아마, 설마)

❶ まさか雨は降らないだろう。 설마 비는 오지 않겠지?

❷ まさか勝つとは思わなかった。 설마 이길 거라고는 생각하지 않았다.

3 たしか (아마, 거의, 대개, 분명)

❶ 山下さんはたしか結婚したはずです。 야마시타 씨는 분명 결혼했을 것입니다.

❷ 物音がしたのはたしか夜明けごろでした。 소리가 난 것은 아마 새벽쯤이었습니다.

4 おそらく (아마, 필시)

❶ この分ではおそらく彼は来ないだろう。 이 상태대로라면 아마 그는 오지 않을 것이다.

❷ 今度の試験はおそらくだめだ。 이번 시험은 필시 글렀다.

■ **가정표현과 접속되는 부사**

1 もし (만약, 만일)

❶ もし発見が遅れたら、助からなかっただろう。
만약 발견이 늦어지면 살아나지 못했을 것이다.

❷ もし水がなかったら、人間は生きていけない。
만일 물이 없으면 인간은 살아 갈 수 없다.

2 万一 (만일)

❶ 万一そんなことが起こったら、大変だ。 만일 그런 일이 일어난다면 큰일이다.

❷ 万一休んでも心配しないでくれ。 만일 쉬더라도 염려하지 말게.

■ **부정추측표현과 접속되는 부사**

1 とても (도저히)

❶ 一人ではとてもできないことだろう。 혼자서는 도저히 불가능한 일일 것이다.

❷ 一人ではとても食べきれないだろう。 혼자서는 도저히 다 먹을 수 없을 것이다.

2 まさか (설마)

❶ まさか本気じゃないだろうね。 설마 진심은 아니겠지?

❷ この提案にまさかいやだとは言わないだろう。
이 제안에 설마 싫다고는 말하지 않겠지?

3 けっして (결코)

❶ 永井さんにはけっして負けないだろう。 나가이 씨에게는 결코 지지 않을 것이다.

❷ それはけっしてやさしいことじゃないでしょう。
그것은 결코 쉬운 일은 아니겠지요?

■ 의문·반어표현과 접속되는 부사

1 どうして (왜, 어떻게)

❶ ここにはどうしていらっしゃいましたか。 여기에는 어떻게 오셨습니까?

❷ こんなに重い荷物をどうして持てるものか。
이렇게 무거운 짐을 어떻게 들 수 있겠는가.

2 なぜ (왜)

❶ 学校を休んだのはなぜですか。 학교를 쉰 것은 무슨 까닭입니까?

❷ なぜかと考えてみたのですが、やはりわかりませんでした。
왜 그런지 하고 생각해 보았으나 역시 알 수 없었습니다.

3 なんで (왜, 어째서)

❶ こうするのがなんでいけないのだ。 이렇게 하는 것이 왜 나쁘지?

❷ なんで駄目なことがあるものか。 어째서 안 된다는 것이냐?

■ 강조표현과 접속되는 부사

1 やっぱり (역시, 결국, 예상대로)

❶ 彼女は今でもやっぱり美しい。 그녀는 지금도 여전히 아름답다.

❷ 噂はやっぱりデマだった。 소문은 역시(예상대로) 헛소문이었다.

2 もちろん (물론)
❶ 勝利はもちろんわがものだ。 승리는 물론 우리 것이다.
❷ 中国語はもちろんのことで英語もできる。 중국어는 물론 영어도 할 줄 안다.

3 さすが(に) (과연, 역시)
❶ さすがに彼の球は速い。 과연 그의 공은 빠르다.
❷ さすがに自慢するだけあって見事だ。 과연 자랑할 만큼 훌륭하다.

4 いやしくも (적어도)
❶ いやしくも良識ある人間ならすべきことではない。
적어도 양식 있는 사람이라면 할 일이 못된다.
❷ いやしくも先生が嘘をつくはずない。 적어도 선생님이 거짓말을 할 리가 없다.

■ 단정표현과 접속되는 부사

1 かならず (반드시, 꼭, 틀림없이)
❶ 本間さんは約束したことは必ず守る人だ。
혼마 씨는 약속한 것은 반드시 지키는 사람이다.
❷ 今度は必ずやり遂げてみせます。 이번에는 반드시 해 보이겠습니다.

2 きっと (꼭, 반드시, 틀림없이)
❶ きっとそうだと思います。 틀림없이 그렇다고 생각합니다.
❷ 外出したら、きっと風邪をひきますよ。 외출하면 꼭 감기에 걸립니다.

3 ぜひ (꼭, 반드시, 세상없어도)
❶ ぜひお会いしたいです。 꼭 만나고 싶습니다.
❷ ぜひにと言うなら、行くことにしよう。 꼭이라고 한다면 가기로 하겠다.

Point 「必ず」vs「きっと」vs「ぜひ」

(1) 必ず

상대방의 의지와 생각과는 관계없이 화자의 굳은 결심·부탁·요구와 같은 강한 심정을 나타내며, 앞문장의 전제 조건에 대해 뒷문장의 실현이 확실한 경우에 사용하는 표현이다. 따라서 자연법칙, 논리, 명령과 같은 표현에 사용될 수 있으며, 앞문장과 뒷문장의 필연성은 강한 편이다.

❶ 必ず成功してみせます。 꼭 성공해 보이겠습니다.

❷ 明日必ず電話してください。 내일 꼭 전화주세요.

❸ 食べ過ぎれば、必ず病気になります。 과식하면 반드시 병에 걸립니다.

❹ 水曜日までに必ず報告書を出してください。 수요일까지는 반드시 보고서를 제출하세요.

(2) きっと

앞문장과 뒷문장이 강한 필연성으로 이어지는 것이 아니라, 화자의 추측이나 희망을 나타내고, 동작이 아닌 상태를 가정하여 판단하는 것이다. 또한 상대방의 의지를 존중하면서 자신의 결심이나 의지를 나타낸다.

❶ 明日きっといいことがあるだろう。 내일은 분명 좋은 일이 있을 것이다.

❷ 明日の朝、きっと電話してください。 내일 아침 꼭 전화주세요.

❸ 毎日運動しているので、きっと健康になると思います。
매일 운동하므로 꼭 건강해질 것입니다.

(3) ぜひ

화자의 간절한 희망·의뢰·실행 의지를 나타낸다.

❶ ぜひフランスへ行きたいです。 꼭 프랑스에 가고 싶습니다.

❷ ぜひよろしくお願いします。 꼭 잘 부탁드리겠습니다.

❸ ぜひお茶を飲みに来てください。 꼭 차를 드시러 오십시오.

08 형식명사

形式名詞

1 형식명사의 특징

「そんなはずがない(그럴 리가 없다)」처럼 그 말이 지니고 있는 본래의 실질적인 의미를 잃고 형식적으로 사용되는 명사이다.

unit 01 こと ~한 적, 것, 일, 사정

▶ 접속 : 동사 기본형, 과거형, 명사+の

1 과거의 경험
❶ 私は家族と一緒に九州へ行ったことがあります。
나는 가족과 함께 큐슈에 간 적이 있습니다.

❷ あなたは中華料理を食べたことがありますか。
당신은 중화요리를 먹어 본 적이 있습니까?

❸ 日本の歴史について習ったことがあります。 일본의 역사에 대해 배운 적이 있습니다.

2 추상적인 사항과 개념
❶ ぼくの言うことを聞いてくれ。 내가 하는 말을 들어주게.

❷ ことがことだから面倒です。 일이 일이니만큼 번거롭습니다.

❸ いい成績を取りたければ、熱心に勉強することが必要です。
좋은 성적을 얻고 싶으면 열심히 공부하는 것이 필요하다.

3 결심 · 결정
❶ 頭痛で、今週は休むことにします。 두통 때문에 이번 주는 쉬기로 하겠습니다.

❷ 会議は午後3時から始めることにします。
회의는 오후 3시부터 시작하기로 하겠습니다.

❸ 来週に発表することにします。 다음 주에 발표하도록 하겠습니다.

4 사람의 감정 · 태도
❶ 私はあなたのことが大好きです。 저는 당신을 너무 좋아합니다.

❷ 顔色が悪いですね。何か心配なことがあるんですか。
안색이 안 좋군요. 무슨 걱정이 되는 일이 있습니까?

Point 「こと」vs「の」

(1) 「こと」만 사용하는 경우

　❶ 私の夢は作家になることです。 제 꿈은 작가가 되는 것입니다. [동등관계]

　❷ 会議で自分のことを話してください。 회의에서 자신의 사정을 말씀해 주세요. [사정]

　❸ そんなことをしてはいけません。 그런 일을 해서는 안 됩니다. [일]

(2) 「の」만 사용하는 경우

　❶ 椅子に座っているのはだれですか。 의자에 앉아 있는 사람은 누구인가요? [사람]

　❷ 日本へ行けたのはあなたのおかげです。 일본에 갈 수 있었던 것은 당신 덕분입니다. [이유]

　❸ 空港があるのは成田です。 공항이 있는 곳은 나리타입니다. [장소]

　❹ 井上さんに会ったのは去年でした。 이노우에 씨를 만났던 것은 작년이었습니다. [시간]

　❺ 子供たちが歌っているのが聞こえる。 어린이들이 노래 부르는 소리가 들린다. [지각동사 접속]

형식명사
形式名詞

unit 02　もの　~하는 법, ~군

▶ 접속 : 동사 기본형, 과거형, ナ형용사의 연체형(な)

1　당연한 귀결과 회상

　❶ 困った時は助け合うものだ。 곤란할 때에는 서로 돕는 법이다.

　❷ 何でも習っておくものだ。 뭐라도 배워 두어야 하는 법이다.

　❸ 昨年までここに住んでいたものだ。 작년까지 이곳에서 살았었지.

2　감동

　❶ よくやったものだ。 용케도 해냈군!

　❷ ずいぶんと勝手なものだ。 아주 제멋대로이군!

3　강조나 강한 부정 (부정·의문표현과 접속)

　❶ 彼が先生なものか。 그가 선생님이란 말인가.

　❷ その事実を信じるものですか。 그 사실을 믿을 수 있습니까?

unit 03 はず(だ) 틀림없이(거의) ~일 것이다

▶ 접속 : 명사+の, 동사의 기본형, イ형용사의 기본형, ナ형용사의 연체형(な)

1 객관적 근거를 바탕으로 추측
❶ 薬を飲めば、治るはずです。 약을 먹으면 나을 것입니다.
❷ 金曜日の夜は込むはずです。 금요일 저녁은 붐빌 것입니다.
❸ 今日は土曜日だから、銀行は休みのはずだ。 오늘은 토요일이므로 은행은 쉴 것이다.

2 미래의 예정
❶ もうすぐ帰るはずだ。 이제 곧 돌아올 것이다.
❷ 祭りは日曜日に開かれるはずだ。 축제는 일요일에 개최될 예정이다.
❸ 春になると、桜の花が咲くはずです。 봄이 되면 벚꽃이 필 것입니다.

3 강한 부정
❶ そんなことをするはずがない。 그런 일을 할 리가 없다. (절대로 하지 않는다)
❷ その噂は本当であるはずがない。 그 소문은 사실일 리가 없다. (절대로 사실이 아니다)
❸ 忙しいから今日も来るはずがない。 바쁘기 때문에 오늘도 올 리가 없다. (절대로 오지 않는다)

unit 04 つもり(だ) ~할 작정(예정·생각)이다, ~한 셈치고

▶ 접속 : 동사의 기본형·과거형, ている형

1 화자의 의지·계획·예정
❶ 来週、ソウルに引っ越しするつもりです。 다음 주에 서울로 이사할 생각이다.
❷ 卒業してから就職するつもりです。 졸업하고 나서 취직할 예정입니다.
❸ 結婚するつもりで貯金しています。 결혼할 생각으로 저축하고 있습니다.

2 현실과 반대되는 사항
❶ 死んだつもりで働いています。 죽은 셈치고 근무하고 있습니다.
❷ 成功したつもりで新聞に発表しました。 성공한 셈치고 신문에 발표했습니다.

3 서술내용과 반대의 사실 (2·3인칭일 경우)

❶ 計画を進めたつもりだったが、実際はそうならなかった。
계획을 진행시켰다고 생각했지만, 실제로는 그렇게 되지 않았다.

❷ 金さんは知っているつもりだが、実は全然知らない。
김 씨는 알고 있다고 생각하지만, 사실은 전혀 모른다.

unit 05 予定(だ) ~할 계획(예정)이다

▶ 접속 : 동사의 기본형

1 예정이나 계획

❶ 5時の飛行機で東京へ帰る予定です。 5시 비행기로 도쿄에 돌아갈 예정입니다.

❷ 船は予定の時間通り港を出た。 배는 예정시간대로 항구를 떠났다.

형식명사
形式名詞

unit 06 ところ ~정도(쯤), ~한 바(점), ~한 결과, 막~하려던 참이다, 막 ~하고 있는 중이다, 막 ~했다

▶ 접속 : 동사 기본형, 형ている형, 과거형

1 정도·범위·쯤

❶ これくらいのところで手を打ちましょう。 이 정도에서 타협합시다.

❷ 今日のところはここまでにしましょう。 오늘은 여기까지로 합시다.

2 사실의 명사화 (~한 바)

❶ その事件は私の知るところではない。 그 사건은 제가 알 바가 아니다.

❷ 説明を聞いたところによると、事実ではなかった。
설명을 들은 바에 따르면 사실이 아니었다.

3 동작의 결과 (~했더니 : 과거형과 접속)

❶ 運動してみたところ、健康になった。 운동을 해 보았더니 건강해졌다.

❷ 試してみたところ、意外に成功した。 도전해 보았더니 의외로 성공했다.

4 동작의 진행 직전 (막 ~하려던 참이다 : 기본형과 접속)

❶ 行事を終えて食事をするところです。 일을 마치고 막 식사를 하려던 참입니다.

❷ 荷づくりしてから寝るところです。 짐을 꾸리고 막 자려고 하려던 참입니다.

5 진행 중인 상태 (막 ~하는 중이다 : 진행형과 접속)

❶ 主人は今、食事をしているところです。
남편은 지금 막 식사를 하고 있는 중입니다.

❷ 宿題をしているところです。 이제 막 숙제를 하고 있는 중입니다.

6 동작의 실현 직후 (막 ~했다 : 과거형과 접속)

❶ 中国からお客様が着いたところです。 중국에서 손님이 방금 도착했습니다.

❷ レポートを終えたところです。 방금 리포트를 마무리했습니다.

7 특정인·특정물에 대한 방향 (~에게, ~께, ~쪽)

❶ 秋に親のところに行くつもりです。 가을에 부모님께 갈 계획입니다.

❷ おっしゃった書類は私のところにあります。 말씀하신 서류는 저한테 있습니다.

❸ エレベーターのところは込みますから、階段を利用してください。
엘리베이터 쪽은 혼잡하므로 계단을 이용해 주세요.

Point 「과거형+ところだ」 vs 「과거형+ばかりだ」

(1) 과거형+ところだ

과거형과 접속하여 동작이 완료된 직후를 나타낸다.

(2) 과거형+ばかりだ

동작이 완료된 직후나, 완료 후 시간이 어느 정도 경과된 경우(一日前·一ヶ月前·一年前)에도 사용할 수 있다.

❶ 日本から今帰国したところ/ばかりです。 일본에서 지금 막 귀국했습니다.

❷ 先月オーストラリアに来たばかりです。 지난달 호주에 다녀왔습니다.

❸ 先週この町に引っ越してきたばかりです。 지난주 이 마을로 막 이사했습니다.

unit 07　わけ(だ) (당연히) ~할 만하다, ~하는 것이다

▶ 접속 : 동사 기본형, わけでは(には)ない

1 서술내용의 당연함, 주장과 설명 (당연히 ~할 만하다, ~하는 것이다)

❶ 5年も習ったから、よくできるわけですね。　5년이나 배웠으니 잘할 만도 하군요.

❷ 連絡もとれないのですから、怒るわけですね。
　연락이 되지 않으니 화낼 만도 하군요.

2 부드러운 강조 (~인 것은 아니다 : わけではない/わけにはいかない)

❶ まったく運動をしないわけではない。　운동을 전혀 하지 않는 것은 아니다.

❷ 具合が悪いからといって、休むわけにはいかない。
　상태가 안 좋다고 해서 쉴 수는 없는 노릇이다.

❸ 休みだからといって、帰るわけにはいかない。　휴가라고 해서 돌아갈 수는 없다.

❹ あなたの意見を聞かないで決めるわけにはいかないんです。
　당신의 의견을 듣지 않고 결정할 수는 없습니다.

❺ もうすぐ締め切りなのでぐずぐずしているわけにはいかない。
　이제 곧 마감이므로 우물쭈물할 수는 없는 노릇이다.

3 강한 강조 (~해야만 한다 : ないわけにはいかない)

❶ 両親の許可を得ないわけにはいかない。　부모님의 허락을 받아야만 한다.

❷ 明日までにレポートを出さないわけにはいかない。
　내일까지 과제물을 내야만 한다.

❸ 同僚の結婚式なんだから行かないわけにはいかないです。
　동료의 결혼식이라서 가지 않으면 안 됩니다.

unit 08　まま　~한 채, ~대로

▶ 접속 : 동사 과거형, 명사+の

1 변화되지 않는 상태의 계속

❶ 帽子をかぶったまま教室に入ってはいけない。
　모자를 쓴 채로 교실에 들어가서는 안 된다.

형식명사 | 287

❷ ままならない(思うようにならない)。 마음먹은 대로 되지 않는다.
❸ 自分の心のままに行うのが重要です。 자신의 뜻대로 행동하는 것이 중요합니다.
❹ 疲れたから、テレビをつけたまま寝てしまいました。
피곤했기 때문에 텔레비전을 켜 놓은 채로 자버렸습니다.

unit 09 ため ~때문에, ~위하여

▶접속 : ①명사・동사・イ형용사의 기본형・ナ형용사의 연체형(な)
　　　　②동사의 기본형, 명사+の

1 객관적인 인과관계 (~때문에)
❶ 風が強かったために船が出航しなかった。 바람이 강했기 때문에 배가 출항하지 않았다.
❷ 怠けたために失敗した。 태만했기 때문에 실패하였다.
❸ 車が衝突したのは、不注意のためだった。 자동차가 충돌한 것은 부주의 때문이었다.

2 동작의 목적 (~을 위하여)
❶ あなたのために準備しておきました。 당신을 위해 준비해 두었습니다.
❷ 意味を知るためには、辞書を引くべきです。
의미를 알기 위해서는 사전을 찾아봐야 합니다.
❸ 体を丈夫にするために毎日運動をしています。
몸을 튼튼하게 하기 위해 매일 운동을 하고 있습니다.

unit 10 ほう ~방면, 분야, ~편(쪽)

▶접속 : ①명사+の
　　　　②동사 과거형, イ형용사 기본형, ナ형용사의 연체형(な)

1 방면・분야
❶ 将来言語学のほうに進みます。 장차 언어학 방면으로 나가겠습니다.
❷ 彼は酒のほうでは誰にも引けを取らない。 그는 술 분야에서는 누구에게도 뒤지지 않는다.
❸ この単語は医学のほうで使う言葉です。 이 단어는 의학계통에서 사용하는 말입니다.

2 방향, ～편, ～쪽

❶ この病院は静かなほうです。 이 병원은 조용한 편입니다.

❷ 大勢の人が公園のほうに歩いている。 많은 사람들이 공원 쪽으로 걸어가고 있다.

❸ このほうがあれよりきれいだと思います。 이쪽이 저것보다 예쁘다고 생각합니다.

❹ 私はご飯よりパンのほうが好きです。 나는 밥보다 빵 쪽을 좋아합니다.

형식명사
形式名詞

09

접속사

接続詞

1 접속사의 특징

접속사(接続詞)란 자립어이며 활용을 하지 않고, 주어·술어·수식어·피수식어가 될 수 없다. 또한 단어와 단어 혹은 문장과 문장을 연결하여 화자의 생각이나 감정을 간접적으로 나타내는 기능을 한다.

2 접속사의 종류

접속사는「첨가(添加)의 접속사」,「순접(順接)의 접속사」,「역접(逆接)의 접속사」,「전환(転換)의 접속사」,「선택(択擇)의 접속사」,「병렬(並列)의 접속사」,「설명(説明)의 접속사」등으로 분류된다.

unit 01 첨가의 접속사

첨가의 접속사는 앞의 단어나 문장을 이어받아 시간적으로 계속되는 사항이나 그것의 결과가 되는 것을 나타내는 접속사이다.

1 そして (그리고)
① 友だちが3時ごろ遊びに来た。そして4時ごろ帰った。
친구가 3시경에 놀러왔다. 그리고 4시경에 돌아갔다.
② 私の楽しみは朝早く新聞を読んで、そして散歩をすることです。
나의 즐거움은 아침 일찍 신문을 읽고, 그리고 산책을 하는 것입니다.
③ 田中さんは九州へ行きました。そして私は会社へ帰りました。
다나카 씨는 큐슈에 갔습니다. 그리고 나는 회사로 돌아왔습니다.

2 それに (게다가, 더욱이)
① 木村さんは頭がいい。それに親切だ。
기무라 씨는 머리가 좋다. 게다가 마음씨도 친절하다.
② 頭が痛い。それに風邪気味だ。 머리가 아프다. 게다가 감기 기운도 있다.
③ 雨が降り出した。それに風も強く吹きはじめた。
비가 오기 시작했다. 게다가 바람도 강하게 불기 시작했다.

3 それから (그리고, 그리고 나서)

❶ 部屋にはテレビ、ラジオ、それからピアノもある。
방에는 텔레비전, 라디오, 그리고 피아노도 있다.

❷ それから何日も経ったのにまだ返事が来ない。
그로부터 며칠이나 지났는데도 답장이 없다.

❸ それからずっと会社を休んでいます。 그 이후 계속해서 회사를 쉬고 있습니다.

4 なお (또한)

❶ なお申し添えますと。 또한 덧붙여 말씀드리자면.

❷ なお詳細はのちほどご連絡いたします。 또한 상세한 내용은 나중에 연락드리겠습니다.

5 そのうえ (게다가, 더구나, 또한)

❶ この店は質がいい。そのうえ値段も安いのでいつもお客がいっぱい入っている。 이 가게는 품질이 좋다. 게다가 가격도 저렴해서 항상 손님으로 가득 차 있다.

❷ 主題について、そのうえ言うことはないです。 주제에 관해서 더 말할 것은 없습니다.

6 また (게다가, 또, 그 위에)

❶ 気がやさしいし、また力も強い。 마음도 상냥하고 힘도 세다.

❷ 評論家であり、また作家でもある。 평론가인데다가 작가이기도 하다.

7 しかも (게다가, 더욱이)

❶ 問題は難しく、しかも数が多い。 문제는 어렵고 게다가 수가 많다.

❷ 富士山は高くて、しかも美しい山だ。 후지산은 높고 게다가 아름다운 산이다.

8 おまけに (게다가)

❶ 東京は物価が高い。おまけに家賃も高い。 도쿄는 물가가 비싸다. 게다가 집세도 비싸다.

❷ 彼は日本語が下手だ。おまけに漢字も下手だ。
그는 일본어가 서툴다. 게다가 한자도 서툴다.

9 さらに (게다가, 더욱 더, 그 위에)

❶ さらに付け加えるならば。 게다가 덧붙인다면.

❷ お金も大事だが、さらに大切なものは時間だ。
돈도 중요하지만, 더욱 소중한 것은 시간이다.

> **Point**　「さらに」 vs 「そのうえ」 vs 「それに」

「さらに」는 앞문장에서 진술한 상태보다 더욱 정도가 높아지거나 심해지는 상태를 나타낸다. 그러므로 앞문장의 요소와 뒷문장의 요소는 같은 종류이거나 같은 요소이어야 한다. 또한 「そのうえ」와 「それに」는 뒷문장에 명령문이 올 수 없다.

❶ 参席した人は佐藤さん、藤田さん、それにもう一人鈴木さんです。
　참석한 사람은 사토 씨, 후지타 씨, 거기에 또 한 사람 스즈키 씨입니다.

❷ 池田さんは今まで努力してきた。さらに努力しなさい。
　이케다 씨는 지금까지 노력해 왔다. 더욱 노력하세요.
　池田さんは今まで努力してきた。そのうえ努力しなさい。(×)
　池田さんは今まで努力してきた。それに努力しなさい。(×)

unit 02　순접의 접속사

앞문장의 내용이 원인이나 이유가 되어 뒷문장의 사건이 발생하는 경우에 사용되는 접속사이다.

1　したがって (따라서)

❶ よく勉強した。したがって試験もよくできた。
　열심히 공부했다. 따라서 시험도 잘 쳤다.

❷ これは大変よい品物です。したがって値打ちも高いです。
　이것은 매우 좋은 물건입니다. 따라서 가치도 높습니다.

2　すると (그러자)

❶ 門を叩いた。すると主人が出てきた。　문을 두드렸다. 그러자 주인이 나왔다.

❷ 上の子が泣きだした。すると下の子も泣きだした。
　큰 아이가 울기 시작했다. 그러자 둘째 아이도 울기 시작했다.

3　それなら (그렇다면, 그러면)

❶ 今日は一日中忙しいです。　오늘은 하루 종일 바쁩니다.
　それなら、明日はどうですか。　그렇다면 내일은 어떤가요?

❷ この本は今読んでいます。　이 책은 지금 읽고 있습니다.
　それなら、あの本を貸していただけますか。　그렇다면 저 책을 빌려 주시겠습니까?

4 だから (그래서, 때문에)

❶ ご覧、だから言ったのさ。 그것 보게나, 그래서 말했던 걸세.

❷ だからといって、他にいい案があるわけでもない。
그렇다고 해서 달리 좋은 안이 있는 것도 아니다.

5 それで (그래서)

❶ 一人ではぜんぜんわかりません。それで相談に伺います。
혼자서는 전혀 모르겠습니다. 그래서 의논하러 왔습니다.

❷ それでどちらが勝ちましたか。 그래서 어느 편이 이겼습니까?

6 そこで (그래서)

❶ ノックをしたが、答えがない。そこで裏へ回ってみた。
노크를 했지만 대답이 없다. 그래서 뒤로 돌아가 보았다.

❷ とても眠かった。そこでお風呂に入ってからすぐ寝てしまった。
매우 졸렸다. 그래서 목욕하고 나서 곧 잠들고 말았다.

접속사 接続詞

Point 「だから」 vs 「それで」 vs 「したがって」

(1) だから

앞문장의 사항이 이유를 나타내고 뒷문장에 그 이유를 설명하는 접속사이다.

❶ 雨にすっかり濡れてしまった。 비에 흠뻑 젖어 버렸다.
 だから、傘を持って行きなさいと言ったでしょう。 그러니까 우산을 가지고 가라고 했지요.

❷ 明日は台風が来るそうですね。 내일부터 태풍이 온다고 하네요.
 だから、明日の試合は中止しましょう。 그러니 내일 시합은 그만두자고.

(2) それで

앞문장의 사항이 원인이 되어 뒷문장에 그 결과가 나타나는 형태이다. 또한 상대방의 이야기를 계속해서 듣고자 할 때에도 사용되는 접속사이다.

❶ 雨がひどく降っています。それで山登りを止めました。
 비가 많이 내리고 있습니다. 그래서 등산을 취소했습니다.

❷ 彼はいやだと言って、帰ってしまいました。 그는 싫다고 말하고 돌아가 버렸습니다.
 それで、あなたはどうするつもりですか。 그럼 당신은 어떻게 할 작정입니까?

(3) したがって

앞문장의 사항과 뒷문장의 사항이 필연적인 관계임을 나타내는 접속사이다. 그러므로 수학적인 공식을 전개해 나가거나 이론적인 법칙을 서술할 경우에 사용될 수 있다.

❶ お互いに過ちはない。したがって、処罰は該当いない。
서로 잘못은 없다. 따라서 처벌은 해당되지 않는다.

❷ AとBは等しい。またBとCも等しい。したがって、AとCは等しい。
A와 B는 같다. 또한 B와 C도 같다. 따라서 A와 C는 같다.

unit 03 역접의 접속사

앞문장의 내용으로 미루어 보아 당연히 예상되는 것에 반대되는 내용을 뒷문장에 나타내는 접속사이다.

1 が (그러나, ~이지만)
❶ この間の話ですが、あれはその後どうなりましたか。
요전 이야기입니다만, 그것은 그 후 어떻게 되었습니까?

❷ 昼間は暖かくなったが、夜はまだ寒いです。
낮에는 따뜻해졌지만, 밤에는 아직 춥습니다.

2 しかし (그러나, 하지만)
❶ 物価は上がった。しかし月給は上がらなかった。
물가는 올랐다. 그러나 월급은 오르지 않았다.

❷ あの人はお金持ちです。しかしあまり幸せではなさそうです。
저 사람은 부자입니다. 그러나 그다지 행복한 것 같지 않습니다.

3 でも(だって) (하지만, 그럴지만)
❶ 体の具合が悪いんだけど、でも会社を休むほどではない。
몸 상태가 나쁘지만 그래도 회사를 쉴 정도는 아니다.

❷ でも私に話してくれたら、よかったのに。 그래도 나에게 말해 주었다면 좋았을 텐데.

4 けれども (그러나, 하지만)
❶ さっき何か話したいことがあると言っていたけれども、何の話だい。
조금 전 무언가 할 이야기가 있다고 했는데 무슨 이야기지?

❷ それはよくわかっているんですけれども。 그것은 잘 알고 있습니다만.

5 それでも (그럼에도 불구하고, 그런데도)

❶ 彼は貧しいながら、それでも幸せそうに見える。
그는 가난하지만, 그럼에도 불구하고 행복해 보인다.

❷ 用心深い性格だが、それでも大胆はところがある。
신중한 성격이지만, 그럼에도 불구하고 대담한 데가 있다.

6 ところが (그런데, 하지만)

❶ 夕立が降った。ところが少しも涼しくならない。
소나기가 왔다. 그런데 조금도 시원해지지 않는다.

❷ 頼んだところが、体よく断られた。 부탁했으나 완곡히 거절당했다.

7 それなのに (그런데, 그럼에도 불구하고)

❶ 熱心に練習した。それなのに免許を取れなかった。
열심히 연습했다. 그럼에도 불구하고 면허를 따지 못했다.

❷ 収入は十分だ。それなのにいつも赤字だ。 수입은 충분하다. 그런데도 항상 적자다.

8 とはいえ (그렇다고는 해도)

❶ 酒の席とはいえ、大変失礼しました。 술자리라고는 해도 대단히 실례했습니다.

❷ 春も近い。とはいえまだ寒い。 봄도 가까워졌다고는 해도 아직 춥다.

Point 「しかし」 vs 「ところが」

(1) しかし

앞문장과 뒷문장을 단순한 역접관계로 연결하여 반대의 사항이나 일부분이 다르다는 것을 나타낸다.

❶ 頭のいい学生だ。しかし、努力をしない。
머리가 좋은 학생이다. 그러나 노력을 하지 않는다.

❷ 経済は成長した。しかしながら、まだ満足できる状態ではない。
경제는 성장했다. 그러나 역시 아직은 만족할 수 있는 상태는 아니다.

(2) ところが

예상외의 사태를 암시하여 앞문장과 뒷문장이 서로 반대되는 내용을 나타낸다.

❶ 時間になったので家を出た。ところが、途中で腹痛が起ったため、引き返した。
시간이 되어 집을 나섰다. 그런데 도중에 (예상하지 못한) 배가 아파서 되돌아갔다.

> **Point** 　　　　　　　　　　「それでも」 vs 「それなのに」

「それでも」는 앞문장에서 말하고 있는 것과 관계없이, 그것과 반대되는 사항이 이루어지는 것을 나타낸다. 또한 앞문장과 뒷문장이 불확실한 경우이거나, 뒷문장이 주관적인 표현일 경우에는 「それなのに」는 사용될 수 없고, 「それでも」를 사용해야 한다.

❶ 明日は雪だろう。それでも予定通り行われる。(○)
　내일은 눈이 올 것 같다. 그래도 일정대로 진행된다.

❷ 明日は雪だろう。それでもハイキングに行きたい。(○)
　내일은 눈이 올 것 같다. 그래도 하이킹 하러 가고 싶다.
　明日は雪だろう。それなのにハイキングに行きたい。(×)

unit 04 전환의 접속사

화제를 다른 내용으로 바꾸는 경우에 사용되는 접속사이다.

1 それでは (그러면, 그렇다면)

❶ それでは、ここで失礼いたします。　그럼 이만 실례하겠습니다.
❷ それでは、今日の発表を終わります。　그럼 오늘 발표를 여기서 마치겠습니다.

2 ところで (그런데)

❶ ところでその事件はどうなりましたか。　그런데 그 사건은 어떻게 되었습니까?
❷ 連絡したところで留守に決っている。　연락해 봤자 틀림없이 집에 없을 것이다.

3 それはそうと (그건 그렇고)

❶ それはそうと、次は何ですか。　그건 그렇고 다음 순서는 무엇입니까?
❷ それはそうと、先日お願いしたことはどうなりましたか。
　그건 그렇다 치고 일전에 부탁드린 일은 어떻게 되었습니까?

unit 05 선택의 접속사

두 가지 사항 중에서 어느 한 가지 사항을 선택할 때 사용되는 접속사이다.

1 または (혹은, 또는)

❶ 今度の旅行は特急列車または航空機が利用できる。
이번 여행은 특급열차 혹은 항공기를 이용할 수 있다.

❷ 申請書はボールペンまたは万年筆でお書きください。
신청서는 볼펜 혹은 만년필로 적어 주세요.

2 あるいは (혹은, 또는)

❶ あるいは強くあるいは弱く。 혹은 강하게 혹은 약하게.

❷ 明日あるいは明後日に伺います。 내일 혹은 모레 찾아뵙겠습니다.

3 それとも (그렇지 않으면, 아니면)

❶ バスで行こうか、それとも汽車で行こうか。 버스로 갈까, 아니면 기차로 갈까?

❷ これになさいますか、それともあれになさいますか。
이것으로 하시겠습니까? 아니면 저것으로 하시겠습니까?

4 もしくは (혹은, 또는)

❶ 書面もしくは電話でご返事いたします。 서면 혹은 전화로 대답하겠습니다.

❷ 私かもしくは代理人が伺います。 저 혹은 대리인이 찾아뵙도록 하겠습니다.

5 ないし (내지, 혹은)

❶ 家庭ないし学校での教育は大変重要だ。 가정 혹은 학교에서의 교육은 매우 중요하다.

❷ 北ないし北東の風が吹いています。 북 내지 북동풍이 불고 있습니다.

Point 「あるいは」 vs 「または」 vs 「もしくは」 vs 「ないしは」

「あるいは」는 두 가지 요소 중에서 하나를 선택한다는 의미 이외에도 예시(例示)의 의미도 있으므로 선택의 접속사 중에서도 사용 영역이 넓다고 할 수 있으며, 「または」와 「もしくは」는 두 가지 요소 중에 하나만을 선택한다는 의미를 지니지만, 「ないしは」는 두 가지 요소뿐만 아니라 그 중간의 요소도 선택할 수 있다는 의미를 나타낸다.

❶ 野球も、サッカーも、あるいはバスケットボールもできる。
야구도, 축구도, 또는(혹은) 농구도 할 줄 안다.

❷ 五万円または/もしくは/あるいは六万円が必要です。
5만 엔 혹은 6만 엔이 필요합니다. (양자택일 → 5만 엔과 6만 엔 중 하나선택)

❸ 五万円ないしは六万円が必要です。
5만 엔 내지 6만 엔이 필요합니다. (중간적 요소 선택가능 → 5만 5천 엔도 가능)

unit 06 병렬의 접속사

앞문장과 뒷문장의 내용이 서로 대등한 관계를 나타내는 접속사이다.

1 また (또)
❶ この犬は小さくまた賢いです。 이 개는 작고 또 영리합니다.
❷ 本を読み、また宿題をした。 책을 읽고 또 숙제를 했다.

2 ならびに (및)
❶ 名前、ならびに生年月日を書きなさい。 이름 및 생년월일을 쓰세요.
❷ 中学校、ならびに高校を義務教育とする。 중학교 및 고등학교를 의무교육으로 한다.

3 および (및, 또한)
❶ 国語および歴史はことに重要な科目である。 국어 및 역사는 특히 중요한 과목이다.
❷ 自転車および自動車の通行を禁止します。
자전거 및 자동차의 통행을 금지합니다.

4 かつ (또한, 동시에)
❶ 歌いかつ舞う。 노래하며 춤춘다.
❷ 飲み、かつ語る。 한편 마시고, 또한 이야기한다.

unit 07 설명의 접속사

앞문장의 내용을 강조하거나 자세하게 설명하고자 할 때 사용되는 접속사이다.

1 つまり (즉, 이를테면, 요컨대)
❶ つまりこんな状況では、どうすればいいだろうか。
즉 이러한 상황에서는 어떻게 하면 좋을까?

❷ あなたの言いたいことは、つまりこうなんでしょう。
당신이 말하고 싶은 것은, 요컨대 이렇다는 거지요.

2 たとえば (예를 들면)

❶ 健康のためスポーツ、<u>たとえば</u>ゴルフやテニスなどをしなさい。
건강을 위한 스포츠, 예를 들면 골프나 테니스 등을 하세요.

❷ 体の害になるもの、<u>たとえば</u>タバコや酒は飲まない方がいいですね。
몸에 해로운 것, 예를 들면 담배나 술은 안 하는 것이 좋아요.

3 すなわち (즉, 이를테면)

❶ 少しぐらいなら大丈夫だろうと言う気持ち、<u>すなわち</u>油断と言うものだ。
조금정도라면 괜찮겠지라는 마음, 이를테면 방심이라는 것이다.

❷ 日本には四季、<u>すなわち</u>春夏秋冬の変化がある。
일본에는 4계절, 즉 춘하추동의 변화가 있다.

4 ただし (단)

❶ 明日臨時休校。<u>ただし</u>教職員は出勤すること。
내일 임시 휴교. 단, 교직원은 출근할 것.

❷ 少し遅くなってもいいよ。<u>ただし</u>10時までには帰って来て。
조금 늦어도 좋아. 단, 10시까지는 돌아와.

접속사
接続詞

5 いいかえれば (다시 말하면, 바꿔 말하면)

❶ 川崎さんは作曲家でもあり歌手でもある。<u>いいかえれば</u>、シンガーソングライターだ。
가와사키 씨는 작곡가이고 가수이다. 다시 말하면 싱어송라이터이다.

❷ 堀さんは家でも学校でもよく勉強する。<u>いいかえれば</u>、まじめな学生だ。
호리 씨는 집에서도 부지런하고 학교에서도 열심히 공부한다. 바꿔 말하면 성실한 학생이다.

10 연체사, 감동사
連体詞・感動詞

1 연체사

연체사(連体詞)란 활용을 하지 않는 자립어이며, 명사·대명사·수사와 같은 체언을 수식하는 말이다.

unit 01 〜の+체언

연체사는 「〜の+체언」, 「〜る+체언」, 「〜な+체언」, 「〜た(だ)+체언」, 「〜が+체언」의 형태로 분류할 수 있다.

1 「〜の+체언」

> この 이   その 그   あの 저   どの 어느   ほんの 그저/불과

❶ この着物はいくらぐらいですか。 이 기모노는 얼마 정도 합니까?
❷ あの先生を知っていますか。 저 선생님을 알고 계십니까?
❸ ほんの少しだけ見ました。 아주 조금만 봤습니다.
❹ 会社とはほんの名ばかりです。 회사라고는 하나 그저 이름뿐입니다.
❺ この建物が学生会館です。 이 건물이 학생회관입니다.
❻ ほんの2点の差で2等になってしまった。 불과 2점 차이로 2등이 돼 버렸다.

2 「〜る+체언」

> あらゆる 온갖/모든   ある 어느/어떤   さる 지난   いわゆる 소위/이른바
> あくる 다음   いかなる 어떠한   きたる 돌아오는/오는

❶ あらゆる手段を尽くしました。 모든 수단을 다 썼습니다.
❷ あらゆる対策を立てています。 모든 대책을 강구하고 있습니다.
❸ ある程度教えてもらえば、後は自分でできるだろう。
　 어느 정도까지 가르쳐 주면 나머지는 스스로 할 수 있을 것이다.
❹ ある人が私にコンサートに出ないかと勧めた。
　 어떤 사람이 나에게 콘서트에 나오지 않겠느냐고 권했다.
❺ 去る木曜日入院しました。 지난 목요일에 입원했습니다.

❻ 去る秋のことです。 지난 가을의 일입니다.
❼ その感情がいわゆる愛と言うものだ。 그 감정이 소위 사랑이라는 것이다.
❽ これがいわゆる人生と言うものか。 이것이 소위 인생이라는 것인가.
❾ 父がシベリアから帰ったのは、戦争の終わったあくる年だった。
아버지가 시베리아에서 돌아오신 것은 전쟁이 끝난 이듬해였다.
❿ 症状はあくる日になってもよくならなかった。
증상은 이튿날이 되어도 좋아지지 않았다.
⓫ いかなる星のもとに生まれたか。 이 무슨 얄궂은 운명이란 말인가.
⓬ いかなる理由があろうとも許せない。 어떤 이유가 있더라고 용서할 수 없다.
⓭ きたる土曜日に会うことにします。 오는 토요일에 만나기로 하겠습니다.
⓮ きたる日曜日が娘の初めての誕生日だ。 오는 일요일이 딸의 첫돌이다.

3 「～な+체언」

大きな 큰　小さな 작은　おかしな 이상한　こんな 이런　そんな 그런
あんな 저런　どんな 어떤　いろんな 여러가지　主な 주됨

연체사 감동사

❶ 彼はいつも大きなことを言う。 그는 항상 큰소리친다(호언장담한다).
❷ 大きなお世話ですね。 쓸데없는 참견이에요.
❸ 人の邪魔になるから、小さな声で読んでください。
다른 사람에게 방해가 되므로 작은 목소리로 읽어 주세요.
❹ 私は小さな家に住んでいます。 나는 작은 집에 살고 있습니다.
❺ 地球におかしな変化が現れています。 지구에 이상한 변화가 나타나고 있습니다.
❻ 昨日友だちからおかしな話を聞きました。
어제 친구에게서 이상한 이야기를 들었습니다.
❼ これからこんなことをしてはいけない。 앞으로 이런 짓을 해서는 안 된다.
❽ そんなわけで辞職願いを提出します。 그러한 연유로 사직서를 제출합니다.
❾ 私もそんな小説を書きたいんです。 나도 저런 소설을 쓰고 싶습니다.
❿ 小山さんはどんな苦労も厭わない。 고야마 씨는 어떠한 고생도 마다하지 않는다.
⓫ 古本屋でいろんな本を買いました。 헌 책방에서 여러 가지 책을 샀습니다.
⓬ 主な点だけを掻い摘んで話してください。 주요한 점만을 간추려 이야기해 주세요.

4 「～た(だ)＋체언」

> たった 단지, 겨우　　たいした 대단한　　とんだ 엉뚱한, 뜻밖의
> ちょっとした 대수롭지 않은　　おもいきった 대담한

❶ たった一人しか来なかったです。 겨우 한 사람밖에 오지 않았습니다.
❷ 日本で3,500メートルより高い山はたった一つしかない。
　일본에서 3,500미터보다 높은 산은 단 하나밖에 없다.
❸ ノーベル賞をもらったんだから、あの人はたいした学者です。
　노벨상을 받았으니 저 사람은 대단한 학자입니다.
❹ たいした病気ではないから、じきに治ると思う。
　대단한 병이 아니므로 이내 나을 것이다.
❺ とんだ目に会ってしまった。 뜻밖의 변을 당하고 말았다.
❻ 昨日とんだ失敗をしてしまいました。 어제 뜻밖의 실수(실패)를 해 버렸습니다.
❼ 彼はちょっとしたことにすぐ腹を立てます。
　그는 대수롭지 않은 일에 곧잘 화를 냅니다.
❽ おもいきった冒険を計画しています。 대담한 모험을 계획하고 있습니다.
❾ 彼は時々おもいきった行動をする。 그는 이따금 대담한 행동을 한다.

5 「～が＋체언」

> わが 우리의, 나의, 내

❶ わが世の春は始まった。 내 인생의 전성기는 시작되었다.
❷ 先生は合格したことをわがことのように喜んでくれました。
　선생님은 합격한 사실을 자신의 일처럼 기뻐해 주었습니다.

2 감동사

감동사(感動詞)란 활용을 하지 않는 자립어이며, 감동(화자의 느낌)·호칭·응답을 나타내고 단독으로 하나의 문장이 될 수 있다.

unit 01 감동(화자의 느낌)

화자의 느낌을 나타내는 감동의 표현은 놀람, 기쁨, 슬픔, 두려움, 당혹, 노여움 등의 다양한 감정을 나타낸다.

> **ああ** 아아 **あら** 어머나 **ほら** 자, 이봐, 이봐요 **まあ** 어머, 저런, 정말
> **おや** 저런, 어 **おっと** 이크, 아차

❶ ああ、そうそう今思い出した。 아, 그래 그래 이제 생각났다.

❷ ああ、悲しいかな。 오호, 슬픈지고.

❸ あら、大変。 어머 큰일 났네.

❹ あら、まあお久しぶりですね。 어머나, 오랜만이군요.

❺ ほら、さっき君に話しただろう。 자, 앞서 너에게 말했지.

❻ ほら、去年植えた桜を覚えているでしょう。
이봐요, 작년에 심은 벚나무를 기억하고 있지요.

❼ まあ、驚いた。 저런 놀랐는데.

❽ それはまあ、よかったですね。 그것은 정말 다행이군요.

❾ おや、だれかやって来た。 저런 누군가 찾아왔네.

❿ おや、君だったのか。 어, 자네였군.

⓫ おっと、危ない。 이크, 위험해라.

⓬ おっと、そうだったのか。 아차, 그랬던가.

unit 02 부름

남을 호칭하거나 주의를 환기시키는 의미를 나타낸다.

> やい 야, 얘야   おい 이봐   あのね 저기요, 이봐요   さあ 자, 글쎄

❶ やい、小僧。 야, 꼬마야.

❷ おい、そこで何をしてるんだ。 이봐, 거기서 뭘 하고 있지?

❸ おい、大丈夫か。 이봐, 괜찮아?

❹ あのね、落し物ですよ。 저기요, 물건을 떨어뜨렸어요.

❺ さあ、ここへいらっしゃい。 자, 이리로 와요.

❻ さあ、今日から始めましょう。 자, 오늘부터 시작합시다.

❼ さあ、よくわかりません。 글쎄, 잘 모르겠습니다.

unit 03 응답

상대방의 말에 대답하거나 호응의 의미를 나타낸다.

> はい 예, 자, 이봐요   いいえ 아니오   ええ 예, 저어, 어어, 아아, 예?
> うん 응, 어어   いや 야, 아니

❶ はい、承知しました。 예, 알겠습니다.

❷ はい、静かにしてください。 자, 조용히 해 주세요.

❸ いいえ、まだです。 아니요, 아직입니다.

❹ ええ、その通りです。 예, 그렇습니다.

❺ 今日はええ、休日です。 오늘은 저어, 휴일입니다.

❻ ええ、そんな馬鹿な。 아, 그런 바보같은 짓이!

❼ ええ、本当ですか。 예? 정말인가요?

❽ うん、わかった。 그래, 알았다.

❾ うん、たいしたものだ。 어어, 대단하다.

❿ いや、弱ったなあ。 야, 이거 낭패인데.

⓫ いや、待ってよ。こうも考えられる。 아니, 가만 있자. 이렇게도 생각할 수 있다.

- [ ] **동사 ます형+たがる** ~하고 싶어한다
  - 子供はいつも遊びたがっています。 어린이는 항상 놀고 싶어합니다.
  - 人はだれでも成功したがっています。 사람은 누구나 성공하고 싶어합니다.

- [ ] **~ばかり** ~만, ~뿐
  - 学校では日本語ばかり習っています。 학교에서는 일본어만 배우고 있습니다.
  - 仕事はしないで、遊んでばかりいます。 일은 하지 않고, 놀고만 있습니다.

- [ ] **~ばかりで** ~할 뿐이고
  - 株価は下がるばかりで、上がる気配がない。 주가는 내릴 뿐이고 오르는 기색이 없다.
  - 周囲はじろじろ見るばかりで、助けてくれなかった。 주위는 빤히 볼 뿐이고 도와주지 않았다.

- [ ] **~てもだめだ** ~해도 소용없다, 쓸모없다
  - この時計は古いから、直してもだめだ。 이 시계는 낡아서 고쳐도 소용없다.
  - いまさら後悔してもだめだ。 이제 와서 후회해도 소용없다.

- [ ] **동사 ます형+やすい** ~하기 쉽다
  - ガラスは壊れやすいです。 유리는 깨지기 쉽습니다.
  - 成功すれば、油断しやすいです。 성공하면 방심하기 쉽습니다.

- [ ] **동사 ます형+にくい** ~하기 어렵다
  - この薬は苦くて、飲みにくいです。 이 약은 써서 먹기 힘듭니다.
  - 知らない人に声をかけることはしにくい。 모르는 사람에게 말을 거는 것은 어렵다.

- [ ] **~ほど ~く(で)はありません** ~만큼 ~하지는 않습니다
  - 日本は中国ほど大きくはありません。 일본은 중국만큼 크지는 않습니다.
  - あなたほど日本語が上手ではありません。 당신만큼 일본어가 능숙하지는 않습니다.

- [ ] **~のに** ~하는데도, ~임에도 불구하고
  - 雨が降っているのに、海へつりに行きました。 비가 오는데도 바다에 낚시하러 갔습니다.
  - 晴れているのに、なぜ出かけないんでしょうか。 날씨가 좋은데 왜 외출하지 않으십니까?

- [ ] **~なければ、~も ~ません** ~하지 않으면 ~도 ~않겠습니다
  - あなたが行かなければ、私も行きません。 당신이 가지 않으면 저도 가지 않겠습니다.
  - あなたが買わなければ、私も買いません。 당신이 사지 않으면 저도 사지 않겠습니다.

～ない ほうが いい ~하지 않는 편이 좋다
- 湖で泳がないほうがいいです。 호수에서 수영하지 않는 편이 좋습니다.
- こんな本は読まないほうがいいです。 이런 책은 읽지 않는 편이 좋습니다.

～ても はじまらない ~해도 소용없다
- いまさら、頼んでもはじまらないです。 이제 와서 부탁해도 소용없습니다.
- いまさら、そうしてもはじまらないです。 이제 와서 그렇게 해도 소용없습니다.

～付き ~가 딸려 있다
- 庭付きの家がほしいですが。 정원이 딸린 집을 원합니다만.
- 風呂付きの部屋を探していますが。 욕실이 딸린 방을 찾고 있습니다만.

～ふりをする ~체하다
- 虫が死んだふりをしている。 벌레가 죽은 체하고 있다.
- あの人は親切なふりをしています。 저 사람은 친절한 체하고 있습니다.

～なくても いい ~하지 않아도 좋다(된다)
- 嫌だったら、答えなくてもいいです。 싫다면 대답하지 않아도 좋습니다.
- 休日なので、出勤しなくてもいいです。 휴일이므로 출근하지 않아도 됩니다.

世話 돌봄
- お世話になりました。 여러모로 신세졌습니다.
- 赤ちゃんの世話で忙しいです。 아기를 돌보느라고 바쁩니다.

～させて いただきます ~하겠습니다
- 会社を辞めさせていただきます。 회사를 그만두겠습니다.
- 掃除が終わったので、帰らせていただきます。 청소가 끝났으니 돌아가겠습니다.

～ば ～ほど ~하면 ~할수록
- 練習すればするほど、上手になります。 연습하면 할수록 능숙해집니다.
- 考えれば考えるほど、難しくなります。 생각하면 할수록 어려워집니다.

～に ついて ~에 관하여
- 日本の政治についての論文を書きました。 일본정치에 관한 논문을 썼습니다.
- 平和についてお互いに話し合いました。 평화에 관하여 서로 이야기 했습니다.

☐ 동사 ます형+ながら ~하면서
- 新聞を読みながら、ごはんを食べます。 신문을 읽으면서 밥을 먹습니다.
- 彼はいつもタバコを吸いながら、働きます。 그는 늘상 담배를 피우면서 일을 합니다.

☐ ~て おく ~해 두다
- 暑いから、窓を開けておきました。 더워서 창문을 열어 두었습니다.
- おせち料理をたくさん作っておきましょう。 설음식을 많이 만들어 둡시다.

☐ ~で できている ~로 되어 있다(소재)
- このカバンは革でできています。 이 가방은 가죽으로 되어 있습니다.
- エスキモーの家は氷でできている。 에스키모 집은 얼음으로 되어 있다.

☐ 동사 기본형+に 足りる ~할 만하다
- 高山さんは信頼するに足りる人です。 다카야마 씨는 믿을 만한 사람입니다.
- 高山さんに任せるに足りる仕事です。 다카야마 씨에게 맡길 만한 일입니다.

☐ ~ように なる ~하게 되다
- 日本の新聞が読めるようになりました。 일본 신문을 읽을 수 있게 되었습니다.
- 英語が教えられるようになりました。 영어를 가르칠 수 있게 되었습니다.

☐ ~ため ~을 위해
- 結婚のため、お金を貯めています。 결혼을 위해 돈을 모으고 있습니다.
- 日本語の勉強をするため、日本へ行っています。 일본어 공부를 위해 일본에 가 있습니다.

☐ ~ば ~も ~하거니와 ~도, ~하는가 하면 ~도
- 山もあれば、川もある。 산도 있거니와 강도 있다.
- ピアノも引けば、歌も歌います。 피아노도 치거니와 노래도 부릅니다.

☐ ~て しかたがない ~해서 못 견디겠다, ~해서 도리가 없다
- 懐かしくてしかたがない。 그리워서 못 견디겠다.
- 試験が難しくてしかたがない。 문제가 어려워서 별 도리가 없다.

☐ ~て もらわないと、こまる ~해 주지 않으면 곤란하다
- はやくしてもらわないと、こまります。 빨리 해 주지 않으면 곤란합니다.
- 気をつけて運転してもらわないと、こまります。 조심해서 운전하지 않으면 곤란합니다.

~(さ)せる ~하게 하다, ~하게 시키다
- 先生は学生に漢字の練習をさせます。 선생님은 학생에게 한자연습을 시킵니다.
- もう一度、試験を受けさせてください。 다시 한 번 시험을 보게 해 주십시오.

동사 과거형+まま ~한 채로
- 寝巻きを着たまま、出ました。 잠옷을 입은 채로 밖에 나갔습니다.
- くつを履いたまま、部屋に入らないで。 신발을 신은 채로 방에 들어가지 마세요.

~のは ~からです ~한 것은 ~하기 때문입니다
- 寒いのは、窓を開けているからです。 추운 것은 창문이 열려있기 때문입니다.
- 太るのは、運動をしないからです。 살찌는 것은 운동을 하지 않기 때문입니다.

~によると ~에 의하면
- 新聞によると、経済が悪くなるそうです。 신문에 의하면 경제가 나빠진다고 합니다.
- 噂によると、彼は金持ちになったそうです。 소문에 의하면 그는 부자가 되었다고 합니다.

イ형용사 어간+そうだ ~인 것 같다
- このコートは暖かそうです。 이 코트는 따뜻할 것 같습니다.
- 予告された映画は面白そうです。 예고된 영화는 재미있을 것 같습니다.
- あのケーキはとてもおいしそうです。 저 케이크는 매우 맛있을 것 같습니다.

동사 ます형+そうだ ~할 것 같다
- 台風で家が壊れそうです。 태풍으로 집이 무너질 것 같습니다.
- 晴れているから、夜には星が出そうです。 맑아서 저녁에는 별이 뜰 것 같습니다.

동사 ます형+たいです ~하고 싶습니다
- デパートでカメラが買いたいです。 백화점에서 카메라를 사고 싶습니다.
- お金を貯めて、ヨーロッパへ行きたいです。 돈을 모아서 유럽에 가고 싶습니다.

~たり ~たり します ~하기도 하고 ~하기도 합니다.
- 彼は笑ったり、泣いたりします。 그는 웃기도 하고 울기도 합니다.
- 山登りをしたり、勉強をしたりします。 등산을 하기도 하고 공부를 하기도 합니다.

~なければ、~できません ~하지 않으면 ~할 수 없습니다
- 天気がよくなければ、遠足に行けません。 날씨가 좋지 않으면 소풍갈 수 없습니다.
- 英語が上手でなければ、就職できません。 영어가 능숙하지 않으면 취업할 수 없습니다.

□ **～のため** ~때문에
- 病気のため、学校を休みました。 병 때문에 학교를 쉬었습니다.
- 不注意のため、事故が起きました。 부주의 때문에 사고가 났습니다.

□ **～(よ)うと 思います** ~하려고 생각합니다
- 勉強して資格を取ろうと思います。 공부해서 자격증을 따려고 생각합니다.
- 明日は久しぶりに早く起きようと思っています。 내일은 오랜만에 일찍 일어나려고 합니다.

□ **동사 과거형+ばかり** 막 ~했다
- 今出発したばかりです。 이제 막 출발했습니다.
- 先ほど聞いたばかりの話を忘れました。 방금 전 들은 얘기를 잊어버렸습니다.

□ **동사 기본형+つもり** ~할 작정
- 来年日本へ留学に行くつもりです。 내년에 일본에 유학 갈 예정입니다.
- どうするつもりか、ぜんぜんわかりません。 어떻게 할 작정인지 전혀 모르겠습니다.

□ **～に かぎる** ~에 한하다
- 希望者は女性にかぎります。 희망자는 여성에 한합니다.
- 10人にかぎり、許可するつもりです。 열 명에 한해 허가할 계획입니다.

□ **～で なければ ～できません** ~가/이 아니면 ~하지 않습니다.
- 南側でなければ、稲作はできません。 남쪽이 아니면 쌀농사는 불가능합니다.
- 彼でなければ、問題を解決できません。 그가 아니면 문제를 해결할 수 없습니다.

□ **～かも しれません** ~일지도 모릅니다
- 入試に落ちるかもしれません。 입학시험에 떨어질지도 모릅니다.
- 家にもどらないかもしれません。 집에 돌아가지 못 할지도 모릅니다.

□ **동사 과거형+わけではありません** ~했던 것은 아닙니다
- 初めから上手だったわけではありません。 처음부터 능숙했던 것은 아닙니다.
- 初めから人が住んでいたわけではありません。 처음부터 사람이 살았던 것은 아닙니다.

□ **～か どうか** ~인지 어떤지
- おいしいかどうか、ちょっと食べてみましょう。 맛있는지 어떤지 좀 먹어 봅시다.
- 雨が降るかどうか、天気予報を聞いてみましょう。 비가 올지 어떨지 일기예보를 들어봅시다.

~ことに する ~하기로 하다
- 健康のために禁煙することにします。 건강을 위해 담배를 피우지 않기로 하겠습니다.
- 家族のためにお酒を飲まないことにします。 가족을 위해 술을 마시지 않기로 하겠습니다.

~て ある ~되어 있다
- 床にカーペットが敷いてあります。 바닥에 카펫이 깔려 있습니다.
- いつの間にか、車が直してあった。 어느새 자동차가 고쳐져 있었다.

동사 ます형+すぎる 너무 ~하다
- 働きすぎて病気になりました。 너무 과로해서 병이 났습니다.
- ごはんを食べすぎて、お腹をこわしました。 과식해서 배탈이 났습니다.

びっくりする 깜짝 놀라다
- 突然帰ったので、みんなびっくりした。 갑자기 돌아와서 모두 깜짝 놀랐다.
- 夜中どろぼうに入られて、びっくりした。 한밤중에 도둑이 들어 깜짝 놀랐다.

동사 ます형+次第 ~하는 대로
- 出来次第、お届けします。 다 되는 대로 배달해 드리겠습니다.
- 着き次第、ご連絡ください。 도착하는 대로 연락주세요.

~に しては ~치고는
- 冬にしては、ずいぶん暖かいです。 겨울치고는 상당히 따뜻합니다.
- こちらのコーヒーは200円にしては、おいしい。 이곳의 커피는 200엔 치고는 맛있다.

동사 기본형+に つれて ~함에 따라
- 体が弱くなるにつれて、心も弱くなる。 몸이 약해짐에 따라 마음도 약해진다.
- 年をとるにつれて、体も弱くなるものだ。 나이를 먹음에 따라 몸도 약해지는 법이다.

명사+に よって ~에 따라
- 国によって、季節の変化も違う。 나라에 따라 계절의 변화도 다르다.
- 考え方は人によって違うはずだ。 사고방식은 사람에 따라 다른 법이다.

~に ちがいない ~임에 틀림없다
- あの人は中国人にちがいない。 저 사람은 중국인임에 틀림없다.
- その成績だったら、合格するにちがいない。 그 성적이라면 합격임에 틀림없다.

☐ **〜とおりに** ~대로
- ご覧のとおりになりました。 보시는 바와 같이 되었습니다.
- あなたに言われたとおりにしました。 당신이 하라는 대로 했습니다.

☐ **ひとりでに** 저절로
- 車がひとりでに動き出した。 차가 저절로 움직이기 시작했다.
- この本は宣伝しなくても、ひとりでに売れる。 이 책은 선전하지 않아도 저절로 잘 팔린다.

☐ **何と言っても** 뭐니뭐니해도
- 何と言っても、友人は義理が重要なのだ。 뭐니뭐니해도 친구는 의리가 중요한 것이다.
- 何と言っても、母が作る料理は最高だ。 어머니가 만든 요리는 최고다.

☐ **〜が きっかけで** ~을 계기로
- 口げんかがきっかけで、仲がよくなった。 말다툼을 계기로 사이가 좋아졌다.
- そのような発言がきっかけで、首になった。 그와 같은 발언을 계기로 해고되었다.

☐ **동사 ます형+そこなう。** 잘못 ~하다
- 私を見そこなっては、困ります。 저를 잘못 보아서는 곤란합니다.
- くぎを打ちそこなって、けがをした。 못을 잘못 박아서 상처를 입었다.

☐ **〜に すぎない。** ~에 지나지 않다
- それは想像にすぎない。 그것은 상상에 지나지 않는다.
- それは一部の意見にすぎない。 그것은 일부 의견에 지나지 않는다.

☐ **동사 과거형+つもりで** ~한 셈치고
- 映画を見たつもりで、貯金しました。 영화를 본 셈치고 저금했습니다.
- 先生になったつもりで、説明してみなさい。 선생님이 된 셈치고 설명해 보세요.

☐ **〜に かぎる** ~가 제일이다
- 黙っているにかぎる。 침묵하는 것이 제일이다.
- 疲れた時には寝るにかぎる。 피곤할 때는 자는 것이 제일이다.

☐ **동사 ます형+がちだ** ~하는 경향이 있다
- 曇りがちの天気がつづいている。 흐릴 때가 많은 날씨가 계속되고 있다.
- 試験がないと、学生は怠けがちだ。 시험이 없으면 학생은 게을러지는 경향이 있다.

☐ ～のあまり ~한 나머지

- うれしさのあまり、泣き出しました。 기쁜 나머지 울었습니다.
- 傷心(しょうしん)のあまり、病気になりました。 상심한 나머지 병이 들었습니다.

☐ ～て(で)たまらない ~해서 견딜 수 없다, 참을 수 없다

- うるさくてたまらなかった。 시끄러워서 참을 수 없었다.
- 病気(びょうき)の母が心配(しんぱい)でたまらない。 병에 걸린 어머니가 걱정되어서 견딜 수 없다.

☐ ～ながら ~하지만

- 毎日(まいにち)勉強していながら、成績はわるい。 매일 공부하면서도 성적은 나쁘다.
- 朴(パク)さんは体(からだ)は小(ちい)さいながら、力(ちから)は強い。 박 씨는 몸은 작지만 힘은 세다.

☐ ～にとって ~에게 있어서는

- 私にとっては我慢(がまん)しがたい侮辱(ぶじょく)だ。 나에게는 참을 수 없는 모욕이다.
- 私にとっては彼はかけがえのない存在(そんざい)だ。 나에게 있어서는 그는 더없이 소중한 존재이다.

☐ 동사 과거형+うえで ~한 다음에

- 相談(そうだん)したうえで、決(き)めます。 상담 후에 결정하겠습니다.
- 意見を聞いたうえで、お返事(へんじ)します。 의견을 들은 다음에 대답하겠습니다.

☐ とんでもない 당치도 않다

- とんでもない失敗(しっぱい)をしてしまった。 당치도 않은 실패를 해 버렸다.
- 彼が学者(がくしゃ)だなんてとんでもない話だ。 그가 학자라니 당치도 않은 이야기다.

☐ しかたがない 하는 수 없다

- 何と言われてもしかたがない。 뭐라고 해도 할 수 없다.
- もう済(す)んでしまったことはしかたがない。 이미 끝나 버린 일은 하는 수 없다.

☐ 동사 ます형+える ~할 수 있다

- そんなことはありえない。 그런 일은 있을 수 없다.
- 実行(じっこう)しえない計画(けいかく)を立(た)てるのはむだだ。 실행할 수 없는 계획을 세우는 것은 소용없다.

☐ 동사 기본형+には及ばない ~할 필요는 없다

- わざわざ、来るにはおよばない。 일부러 올 필요는 없다.
- 大人(おとな)なので、心配するにはおよばない。 어른이므로 걱정할 필요는 없다.

핵심문형 | 319

□ **思いの他** 예상외로
- 思いの他びっくりしました。 예상외로 깜짝 놀랐습니다.
- 日本は思いの他あたたかい国です。 일본은 예상외로 따뜻한 나라입니다.

□ **あたりまえだ** 당연하다
- 借りたものを返すのはあたりまえだ。 빌린 것을 되돌려 주는 것은 당연하다.
- 冬は寒いのがあたりまえだ。 겨울은 추운 것이 당연하다.

□ **〜た(の)あげく** 〜한 끝에
- 苦労のあげく、ようやく完成した。 고생 끝에 간신히 완성했다.
- 生活に困ったあげく、人の金を盗んだ。 생활에 곤란한 나머지 남의 돈을 훔쳤다.

□ **〜うえに** 〜한데다가
- 彼女は美人のうえに金持ちです。 그녀는 미인인데다가 부자입니다.
- 値段が安いうえに品質もすぐれている。 값이 싼데다가 품질도 뛰어난다.

□ **まるで 〜のようだ** 마치 〜같다
- 4月なのに、まるで夏のように暑い。 4월인데도 마치 여름같이 덥다.
- 彼の態度は、まるでこおりのように冷たい。 그의 태도는 얼음처럼 차갑다.

□ **〜に かかわらず** 〜에 상관없이
- 理由如何にかかわらず、だめだ。 이유여하를 막론하고 안 된다.
- 雨が降るか降らないかにかかわらず、遠足に行く。 비가 오든 안 오든 간에 상관없이 소풍간다.

□ **〜とは 限らない** 반드시 〜하다고는 할 수 없다
- 雨が降らないとは限らない。 비가 꼭 안 온다고는 할 수 없다.
- 金持ちが幸福だとは限らない。 부자가 반드시 행복한 것은 아니다.

□ **思いもよらない** 뜻밖이다
- 思いもよらない事故でけがをした。 뜻밖의 사고로 부상을 입었다.
- あなたに出会ったのは思いもよらないことです。 당신을 만난 것은 뜻밖의 일입니다.
- 彼が声をかけるなんて、思いもよらないことだ。 그가 말을 걸다니 생각지도 못한 일이다.

□ **〜に 限って** 〜만은
- あの人に限ってうそをつくはずがない。 저 사람만은 거짓말을 할 리가 없다.
- 大事な日に限って残業になる。 중요한 날에만 잔업하게 된다.

□ **동사 기본형+に 堪えない** ~할 가치가 없다
- 答えるに堪えない質問です。 대답할 가치가 없는 질문입니다
- この映画は見るに堪えないものです。 이 영화는 볼 가치가 없는 것입니다.

□ **동사 ます형+そうもない** ~할 것 같지도 않다, 불가능할 것 같다
- 高すぎて買えそうもありません。 너무 비싸서 살 수 없을 것 같다.
- 辛すぎて耐えられそうもありません。 너무 괴로워서 참을 수 없을 것 같습니다
- 難しすぎて出来そうもありません。 너무 어려워서 할 수 없을 것 같습니다.

□ **~だけあって** ~인(한) 만큼
- 国家を代表する選手だけあって、体力がすぐれている。
  국가를 대표하는 선수인 만큼 체력이 뛰어나다.
- 先生だけあって、話がうまい。 선생님인 만큼 화술이 좋다.

□ **~に かけている** ~가 결여되어 있다, ~가 부족하다
- これは充分条件にかけている。 이것은 충분조건이 결여되어 있다.
- 義理にかけている人は信用できません。 의리가 없는 사람은 신용할 수 없습니다.

□ **必ずしも ~とは言えない** 반드시 ~하지는 않는다
- お金があるといって、必ずしも幸福だとは言えない。
  부자라고 해서 반드시 행복한 것은 아니다.
- 値段が高いものが必ずしも質がいいとは言えない。 비싼 것이 반드시 질이 좋은 것은 아니다.

□ **からには** ~하는 이상에는, ~할 바에는
- やるからには立派にやれ。 할 바에는 멋지게 해라.
- こうなったからには私がやるよりほかない。 이렇게 된 이상 내가 하는 수밖에 없다.
- 引き受けたからには最後までやり通さなければならない。 맡은 이상 끝까지 해내야 한다.

□ **동사 과거형+ばかりに** ~했기 때문에, ~한 이상
- 腹を立てたばかりに損をした。 화를 냈기 때문에 손해를 보았다.
- 油断したばかりに事故を起こしてしまった。 방심하였기 때문에 사고를 내고 말았다.

□ **~にはずれる** ~에 벗어나다, ~에 빗나가다
- この話しは本筋にはずれている。 이 이야기는 본 줄거리에서 벗어나 있다.
- 規則にはずれたことをするのは、いけません。 규칙에 어긋나는 일을 하는 것은 안 됩니다.

☐ ～ものか ～할까 봐라(강한 부정)

- 見舞いなんかに行ってやるものか。 문병 따위를 가 주는가 봐라.
- いくら君(きみ)が来いと言ったって行くものか。 네가 아무리 오라고 해도 가는가 봐라.

☐ 동사 ます형+つつ ～하면서

- 成功を期待(きたい)しつつ努力すればいい。 성공을 기대하면서 노력하면 좋다.
- 食べてはいけないと思いつつ食べてしまった。 먹으면 안 된다고 생각하면서 그만 먹어버렸다.

☐ 동사 ます형+つつある 계속 ～하고 있다

- 国民(こくみん)の生活が向上(こうじょう)しつつある。 생활이 계속해서 향상되고 있다.
- 食糧不足(しょくりょうぶそく)に悩(なや)みつつある国もたくさんある。 식량부족으로 고민하고 있는 나라가 많다.

☐ ～(さ)せられる ～하게 되다 (사역수동)

- 私は学校を辞(や)めさせられました。 나는 학교를 그만두게 되었습니다.
- 玄関(げんかん)で30分も待(ま)たせられました。 현관에서 30분이나 기다리게 되었습니다.

☐ ～としたら ～라고(한다고) 한다면

- もしあなただとしたら、どうしましたか。 만약 당신이었다면 어떻게 했겠습니까?
- デパートへいったとしたら、何が買いたいんですか。 백화점에 간다면 무엇을 사고 싶은가요?

☐ かえって 오히려

- 薬を飲んだら、かえって具合(ぐあい)が悪くなった。 약을 먹었더니 오히려 몸 상태가 악화되었다.
- ひどくしかると、かえって子供によくない。 심하게 꾸짖으면 오히려 아이에게 좋지 않다.

☐ ～ほど ～할 정도

- 彼は顔を洗(あら)わないほどの怠(なま)け者(もの)だ。 그는 세수를 하지 않을 정도로 게으름뱅이다.
- 日本人に間違(まちが)えられるほど日本語が上手だ。 일본인으로 착각할 정도로 일본어가 능숙하다.

☐ ～とか～とか ～하느니 ～하느니

- いいとか悪いとか違ったことを言っている。 좋으니 나쁘니 다른 말을 하고 있다.
- おいしいとかまずいとか言いながら二杯(にはい)も食べた。
  맛있느니 없느니 하면서 두 그릇이나 먹었다.

☐ 동사 과거형+きり ～한 채, ～할 뿐

- 朝出かけたきり、まだ帰って来ない。 아침에 나간 채 아직도 돌아오지 않다.
- 「いいえ」と一言を言ったきり黙っている。 아니오! 라고 한마디만 한 채 침묵하고 있다.

☐ ~よりしかたがない   ~할 수밖에 없다

- そうする**よりしかたがなかった**。 그렇게 할 수밖에 없었다.
- 車がないから、歩いていく**よりしかたがなかった**。 차가 없어서 걸어갈 수밖에 없었다.

☐ ~ないようにするために   ~하지 않도록 하기 위해서

- 火事になら**ないようにするために**、いつも注意しなければならない。
  화재가 나지 않도록 하기 위해서는 항상 주의해야 한다.
- どろぼうに入られ**ないようにするために**、いつも戸じまりに気をつけなさい。
  도둑이 들지 않도록 항상 문단속에 주의하세요.
- お腹がこわさ**ないようにするために**、冷たいものをやめなさい。
  배탈이 나지 않도록 하기 위해서는 찬 것은 금물입니다.

☐ ~はず   ~할 리, ~할 터

- 知っている**はず**なのに、知らないふりをしている。 알고 있을 터인데 모른척하고 있다.
- 工場地帯なのだから公害がない**はず**がなかろう。 공장지대이므로 공해가 없을 리가 없을 것이다.

☐ ~てもらいたいと   ~해 주었으면 하고

- みんなが見**てもらいたいと**思っています。 모두가 봐 주었으면 하고 생각하고 있습니다.
- 犯罪がない社会になっ**てもらいたいと**思います。 범죄 없는 사회가 되었으면 하고 생각합니다.

☐ ~をはじめ   ~을 비롯해

- 台風は洪水**をはじめ**、たくさんの災害を招く。 태풍은 홍수를 비롯해 많은 재해를 초래합니다.
- マラソン**をはじめ**、いろんな競技が行われている。
  마라톤을 비롯해 여러 가지 경기가 펼쳐지고 있다.

☐ もし ~だとすると   만일 ~라고 한다면

- **もし**、あなたが私**だとすると**、どうしますか。 만일 당신이 나라면 어찌 하겠습니까?
- **もし**、あなたが親**だとすると**、どう育てますか。 당신이 부모라면 어떻게 기르겠습니까?
- **もし**、大統領**だとすると**、どう政策を取りますか。
  만일 당신이 대통령이라면 어떠한 정책을 취하겠습니까?

☐ 동사 과거형+ものの   ~했지만

- 来るには来た**ものの**、あまりおもしろくない。 오기는 왔지만 그다지 재미없다.
- 引き受けた**ものの**、どうすればいいかわからず困っている。
  떠맡긴 했으나 어떻게 해야 할지 몰라서 어려움을 겪고 있다.

～ばかりでなく　～뿐만 아니라

- 反省（はんせい）しないばかりでなく、口答（くちごた）えもする。 반성하지 않을 뿐만 아니라 말대꾸도 한다.
- 耳（みみ）が聞こえないばかりでなく、話すこともできない。
  귀가 들리지 않을 뿐 아니라 말도 못한다.

ともすると　자칫 잘못하면

- ともすると、計算（けいさん）をまちがえる。 자칫 잘못하면 계산이 틀린다.
- ともすると、交通事故（こうつうじこ）が起こる。 자칫 잘못하면 교통사고가 난다.

동사 ます형+かねない　～할지도 모른다

- あの男なら、やりかねない。 저 남자라면 할지도 모른다.
- 死ねと言われたら、死にかねない。 죽으라는 말을 들으면 죽을지도 모른다.

むだ　쓸데없음, 헛됨, 낭비

- いくら忠告（ちゅうこく）してもむだだった。 아무리 충고해도 소용없었다.
- そんな物を買うのはむだです。 그런 물건을 사는 것은 낭비입니다.

～なり ～なり　～든(지) ～든(지)

- 買うなり借りるなりしてください。 사든지 빌리든지 하세요.
- 味（あじ）つけはみそなり醤油（しょうゆ）なり入れてください。 양념은 된장이든 간장이든 넣어 주세요.

つい ～てしまう　나도 모르게 그만 ～해 버리다

- つい笑ってしまいました。 나도 모르게 그만 웃어 버렸습니다.
- 秘密（ひみつ）をついしゃべてしまった。 비밀을 나도 모르게 발설하고 말았다.

동사 ます형+そうだ　～할 것 같다

- 石（いし）につまずいて、転（ころ）びそうになった。 돌에 걸려서 넘어질 뻔 했었다.
- 今にも泣き出しそうな顔をしている。 금방이라도 울 것 같은 얼굴을 하고 있다.

동사 과거형+ところで　～해 보았자

- 話したところで、むだでした。 이야기를 해 보았지만 소용없습니다.
- 威張（いば）ったところで、値打（ねう）ちだけ下がるんですよ。 뽐내 보았자 값어치만 떨어질 뿐입니다.

～に 詳（くわ）しい　～에 환하다(정통하다)

- 私は社内事情（しゃないじじょう）に詳しいです。 나는 회사 사정에 대해 환하게 알고 있습니다.
- 彼は文法（ぶんぽう）に詳しいから、聞いてみましょう。 그는 문법에 정통하니까 물어봅시다.

- 日本に詳しい方を紹介していただけますか。 일본에 정통한 분을 소개해 주실 수 있나요?

～としても ～다고 하더라도

- 忙しかったとしても、電話をかける余裕はあるんでしょうね。
  바빴다고 하더라도 전화를 걸 여유는 있었겠지요?
- 先生は許すとしても、親は絶対に許さない。
  선생님은 용서하더라도 부모님은 절대 용서하지 않는다.

やむを得ない。 어쩔 수 없다, 부득이하다

- 彼は疑われてもやむを得ない。 그는 의심을 받아도 어쩔 수 없다.
- やむを得ない事情により欠席しました。 부득이한 사정으로 결석했습니다.

それにしても 그렇다손 치더라도

- 経済が悪いけど、それにしても高すぎだ。 경제가 나쁘지만, 그래도 너무 비싸다.
- 不景気と言われているが、それにしても失業者が多すぎだ。
  불경기라고 하지만, 그렇다손 치더라도 실업자가 너무 많다.

～にほかならない 다름 아닌 ～이다

- その行為は罪悪にほかならない。 그 행위는 다름 아닌 죄악이다.
- それは努力の結果にほかならない。 그것은 다름 아닌 노력의 결과이다.

동사 기본형+までもない ～할 것(필요)도 없다

- わざわざ、行くまでもない。 일부러 갈 필요도 없다.
- 君が乗り出すまでもない事件だ。 자네가 나설 필요도 없는 사건이다.

～のやら ～のやら ～하는 것인지 ～하는 것인지

- 来るのやら来ないのやらさっぱりわからない。 오는지 안 오는지 전혀 모르겠다.
- 女なのやら男なのやらわからない若者が多い。 여자인지 남자인지 구별할 수 없는 젊은이가 많다.

せっかく ～から 모처럼 ～이므로

- せっかくだから、いただきます。 모처럼 주시는 거니까 받겠습니다.
- せっかく来たんだから、写真でも撮りましょうか。 모처럼 왔으니까 사진이라도 찍을까요.

お(ご) ～さま(です/でした) ～하시다

- おそまつさま(です・でした)。 변변치 못했습니다.
- ご愁傷さま(です・でした)。 얼마나 상심이 크시겠습니까.

- ご苦労さま(です・でした)。 수고하십니다. 수고하셨습니다.
- おつかれさま(です・でした)。 수고 많으십니다. 수고 하셨습니다.
- お世話さま(です・でした)。 신세를 많이 졌습니다. 폐가 많았습니다.
- お互いさま(です・でした)。 서로 마찬가지입니다. 피차일반입니다.

〜か 何か。　〜나 다른 무엇

- お金か何か貴重品はありますか。 돈이나 다른 귀중품은 있습니까?
- 試験か何かで来られないんですか。 시험이나 다른 것 때문에 못 오시는 건가요?

〜ぬき　〜없이, 거름

- あいさつぬきで、用件だけ言います。 용건만 말하겠습니다.
- 腹を割って、商売ぬきで話し合いましょう。 속을 털어놓고, 장사속은 빼고 이야기합시다.

저자소개: 홍두표(洪斗標)

약력 : 일본어교육전공(제2언어습득)
　　　건국대학교 일반대학원 일어일문학과 졸업
　　　쓰쿠바대학 인문사회과학연구과 언어전공수료
　　　전남대학교 일반대학원 일어일문학과 졸업
　　　전남과학대일본문화연구소 전임연구원
　　　대불대학교 강의전담교수
　　　남부대학교 강의교수
　　　동강대학 강의교수
　　　전남대학교 강의교수

저서 : 『초급일본어회화(상)』 나우문화사
　　　『관광안내실무』 나우문화사
　　　『초급뛰어넘기 영상일본어회화』 나우문화사
　　　『생생체험 일본어회화』 백산출판사
　　　『야스쿠니신사와 그 현주소』 학사원 외

일본어 **문법** 라이브러리

초판발행	2008년 9월 22일
1판 5쇄	2020년 5월 25일

저자	홍두표
책임 편집	서대종, 정은영, 조은형, 무라야마 토시오
펴낸이	엄태상
마케팅	이승욱, 전한나, 왕성석, 노원준
온라인 마케팅	김마선, 조인선
경영기획	마정인, 최성훈, 정다운, 김다미, 전태준, 오희연
물류	정종진, 윤덕현, 양희은, 신승진

펴낸곳	시사일본어사(시사북스)
주소	서울시 종로구 자하문로 300 시사빌딩
주문 및 교재 문의	1588-1582
팩스	0502-989-9592
홈페이지	www.sisabooks.com
이메일	book_japanese@sisadream.com
등록일자	1977년 12월 24일
등록번호	제300 - 1977 - 31호

ISBN 978-89-402-4068-7 13730

* 이 교재의 내용을 사전 허가없이 전재하거나 복제할 경우 법적인 제재를 받게 됨을 알려 드립니다.
* 잘못된 책은 구입하신 서점에서 교환해 드립니다.
* 정가는 표지에 표시되어 있습니다.